广东培正学院教材建设立项资助

U0648704

21世纪高等院校公共课精品教材

PRINCIPLES AND PRACTICE OF BUSINESS PLANNING

策划原理与实务

王多明 著

东北财经大学出版社　大连
Dongbei University of Finance & Economics Press

图书在版编目（CIP）数据

策划原理与实务 / 王多明著. 一大连：东北财经大学出版社，
2018.9

（21世纪高等院校公共课精品教材）

ISBN 978-7-5654-3205-7

Ⅰ. 策… Ⅱ. 王… Ⅲ. 策划-高等学校-教材 Ⅳ. C934

中国版本图书馆CIP数据核字（2018）第131804号

东北财经大学出版社出版

（大连市黑石礁尖山街217号 邮政编码 116025）

网 址：http://www.dufep.cn

读者信箱：dufep@dufe.edu.cn

大连永盛印业有限公司印刷 东北财经大学出版社发行

幅面尺寸：185mm×260mm 字数：373千字 印张：17.75 插页1

2018年9月第1版 2018年9月第1次印刷

责任编辑：石真珍 石建华 王 斌 责任校对：石越鑫

封面设计：冀贵收 版式设计：钟福建

定价：36.00元

前　言

　　策划作为一种社会行为，伴随人类社会的出现、发展而不断进步和完善。为获取自然界的食物，获取生存的基本条件，战胜凶猛的禽兽，原始部落的首领和他身边的人自发、自觉地进行生存策划。人类各个时代的生产、竞争、战争、和平与发展，是各色策划人在运筹帷幄之中经营的结果。现代社会的大数据、网络、通信、自动化技术，既是策划的产物，也是推动策划科学发展的动力。

　　策划是人类独有的高级思维活动的过程和产物，指导着人们的正常活动，促使人们的行为从自为、自发到自觉、自律、自信。

　　从意识刚刚萌芽的孩童到弥留之际的老人，都会在思维活动后，表现出有意义的行为；社会组织代表本组织若干人的意愿，领导人用智慧策划出实现意愿的路线和策略；每个人和每件事，不是在策划，就是正在被策划。

　　作为现代科学的策划，既要运用各学科研究的成果，又为各学科的发展提供服务。

　　在自身的发展中，策划已从高层的殿堂进入寻常人群里；过去负责策划的谋士、高参如今演化为进入各级各类社会组织承担策划工作的策划人。

　　接受现代教育的学子，将来一定会参与策划，在策划和被策划中产生正能量。学习策划原理与实务，有助于培养未来社会的建设者和领导者自觉、自律、自信地运用智慧，策划出有益于解决各种难题、促进社会发展的思路和策略。

　　本书内容分为上编和下编。上编为"策划原理"，站在泛策划基础上，从学习者立身策划、思维路径、学习工作态度提出要求，介绍策划学科的基础，策划的前提、方向、元素、分类和方法，以及策划会碰到的难题。下编为"策划实务"，首先通过策划人基于社会实践撰写的策划实案，引领学子们直达策划殿堂，接着介绍策划的过程、策划的创意、策划书写作、策划的执行、策划的善后和策划的延展。其中，策划的善后和策划的延展，第一次出现在策划类的教科书中。对于有志于"将策划进行到底"的策划人来说，这两项工作是必不可少的。

　　本教材的创新之处在于：一是内容来自于在策划第一线"摸爬滚打"三十多年的策划实践者；二是从策划人对自身的策划开始，做到"打铁必须自身硬"；三是在"泛策划"基础上解理释疑，将学习者进入策划行列将会面临的难题和解决办法提前告诉读者；四是除专章介绍"策划的创意"以外，在相关章节里也强调创意，充分体现"创意是策划的灵魂"；五是增加"策划的善后"和"策划的延展"，这两项是策划公司难以做到但又极其重要的工作内容。

　　教育，特别是高等院校的教育，既要教书——传道、授业、解惑，又要育材，《策划原理与实务》主动承担双项任务，以"知行合一""实事求是"为定向指导，以"不遗余力""力争上游"为定位准则，书中所选的引例和大小案例，都是浸透着成功人士智慧、心血和汗水的精神果实，是学习者获得"诗与远方"的良师益友。

由于时间和能力有限，书中仍然存在很多不足之处，敬请各界朋友给予批评指正。

王多明

2018年6月

媒体对王多明教授的报道

专家对王多明教授的评价

王多明教授著作年表（1988—2018年）

目　录

上编　策划原理

下编 策划实务

上编　策划原理

第 1 章

策划的要求

学习目标

通过本章的学习，明白策划对策划人及团队的根本要求。本章对策划人及团队的思想方法、行为准则提出了不仅仅限于策划技术层面的要求，从而端正策划人及团队的策划行为。本章是为学好本教材各章内容、为今后做好策划打牢"立身之本"而设计的。

策划的要求：立身知行合一，态度实事求是，服务策划主不遗余力，立志力争上游。

引例

中国斥资 4 亿元在青海建"火星村"

据《参考消息》2017 年 9 月 8 日的报道，香港《南华早报》网站 9 月 6 日刊登作者劳里·陈的报道《登火星有价格吗？中国的火星模拟基地将斥资 6 100 万美元》称，近期拟定的项目蓝图显示，中国内地计划在位于西北部偏远地区的一片高原上修建"火星村"，大约斥资 4 亿元人民币。

报道称，拟建的基地位于柴达木盆地，系青藏高原上的一片干旱的沙漠地区，面积 95 000 平方千米，那里荒芜且多岩石的地貌与火星的地理条件极为相似。

报道称，该基地将由一个向公众开放的大型火星主题旅游区和模拟火星探索营组成。模拟火星探索营有配套的生存设备，有意者可体验在火星上生活是一种什么样的感受。中国科学院专家刘晓群表示，该基地今后可成为科研和教育中心。

报道称，这项雄心勃勃的计划自 2016 年 11 月开始一直在进行策划。德令哈市副市长张标表示，该项目将成为提振地方经济的及时雨。策划者们还希望利用该地区靠近河西走廊的优势，河西走廊有多个与"丝绸之路"有关的旅游目的地。

【分析与思考】

一个项目的策划，要有法理基础，在"需要"和"可能"中间找到平衡。

先说"需要"。地球人对火星怀着各种向往；真正要踏上火星所需要付出的费用那肯定是"天文数字"；在一片酷似火星地表的地方，建设"火星村"，能满足人们不断增长的物质和文化的需要（有市场需求），因此这份策划无疑是大手笔。

再说"可能"。在这一片面积95 000平方千米的干旱沙漠地区，其荒芜、多岩石的地貌与火星的地表极为相似；还可以利用该地区靠近河西走廊的优势，与"丝绸之路"上的多个有关的旅游目的地联系起来。这种"可能"是项目策划的基础和必要条件。

请思考：

（1）你的家乡开展旅游项目的"需要"和"可能"各有哪些。

（2）在青海建"火星村"的策划能施行吗？结果会怎样？

（3）在网上查找有关人类登陆火星的相关资料，认识策划建造"火星村"的意义。

|1.1| 关于策划

策划对于现代人确实太重要了，我们不是在策划，就是在被策划，所以我们要学会策划，做好策划，做合格的现代人。

1.1.1 策划是人类特有的高级思维活动的过程和成果

什么是策划？这是一个目前还没有统一定论的概念。关于策划的含义，比较一致的观点是，如何在全面谋略上指导操作者去圆满地实施对策、计策或计谋，从而实现预期的目的。人们为了实现特定的目标，提出新颖的思路和对策即创意，并注意操作各种资源，制订出具体的实施计划、方案的思考及创意实施活动，就是策划方案的拟制和施行。

关于策划的定义和解释，把策划定位于人类的高级思维活动的过程和成果，这是策划的"纲"，远远高于"传播策划""品牌策划""营销策划""文化策划""活动策划"这些本来只属于策划的"目"的解释。

策划是以"目标"为起点，以"信息"为基础和素材，围绕"创意"这个核心展开的思维活动与实践活动。通过策划主体——策划人及团队——的策划活动，将策划制成方便沟通的文案，并且分步骤地实施执行，运用实用的技法与手段，最终达到相应的具体目标。

1.1.2 策划铸就了人类历史及历史人物

在人类社会的进程中，前人用心血和生命抒写了无数可圈可点的策划。策划在成功的事业中占有纲举目张、举足轻重的地位。人们要达到预期的目的，无论大事小事，都得事先有个安排，在行动中一步一步地接近目标，实现预期的目的。

在浩如烟海的中外典籍中，闪耀着无数策划人的非凡业绩，使灰色的人类历史五彩缤纷。

查阅中华五千年的文明发展史，可以看到灿若繁星的策划人物，他们是黄帝、禹、姜尚、曹刿、吕不韦、孙武、范蠡、孙膑、苏秦、张仪、蒙恬、诸葛亮、李世明、刘基……

外国的著名策划人物，如雅典的棱伦，希腊的亚里士多德，马其顿的亚历山大，设计特洛伊木马的谋士俄底修斯，罗马的恺撒，法国的拿破仑……

现代的著名策划人物，如尤伯罗斯、乔治·索罗斯、卡耐基、李嘉诚、张瑞敏、任正非、马云……

中外策划大师们的策划思想和作为，成为今天研究和学习策划的教材。

1.1.3 策划的作用及意义

《礼记·中庸》中有"凡事豫则立，不豫则废"的名句。"豫"同"预"，是指预测、准备、策划，指事先做好计划或准备，做好策划方案；"立"指成就；"废"指败坏、失败。这句话的意思是，不论做什么事，事先有准备，就能迈向成功，不然就会失败。

根据已经掌握的资源，推测事物发展的趋势，分析需要解决的问题和主客观条件，在行动之前，对指导思想、目标、对象、方针、政策、战略、策略、途径、步骤、人员安排、时空利用、经费开支、方式方法等进行构思和设计，并形成系统、完整的方案，这就是做策划。

在现代社会，几乎各个领域、各个方面都能见到策划的踪迹：从政治领域、军事领域到经济领域、科技领域、文化领域、娱乐领域等，从联合国及各国政府到每一个社会组织、每一个人，从学习、工作到生活，无所不包。留心观察和体会一下，哪一个行为发生之前，人们没有动过一番脑筋、做过一阵策划?!

人与其他动物的最大区别就在于：人拥有一个发达的大脑。人们可以运用这个大脑去认识世界、利用世界、改造世界。而策划，就是人们认识、分析、判断、推理、预测、设计、运筹的过程和结果。这个过程，充满了创造性思维。

闪烁着智慧火花的策划，照亮了我们前进的道路！

策划为我们指明了方向，号召我们、引导我们走向辉煌的明天！

1.策划是实践活动取得成功的重要保证

《汉书·高祖本纪》中有一句脍炙人口的话："运筹帷幄之中，决胜千里之外。"策划，在重要事件中的作用，用这句话来表达恰如其分。

1948年9月至1949年1月，国共两党之间进行了辽沈、淮海和平津三大决战。毛泽东远在千里，指挥若定，作为一个伟大的战略家，从全国战局着眼，对三大战役进行了指挥，人民解放军在短短5个月中就奇迹般地战胜了国民党军队，歼敌154万多人，取得了三大战役的彻底胜利。

2.策划为行动提供指南与纲领

古人告诫我们"三思而后行"。经过反复思考再行动,成功的把握就更大。所谓"先谋后事者昌,先事后谋者亡",就是说:谋划好了再行动,事业就会顺利、兴旺;如果将这一顺序反过来,行动完了再去谋划,就必然导致失败。可见,事前的策划是多么重要!

从哲学原理上看,策划是思维与行动、主观与客观必不可少的联系环节。策划的过程,就是策划人主观对客观外界认知的过程,就是发挥人的主观能动性的过程。符合客观实际的策划,必然使人的实践在其指导下走向成功。

3.策划为人们提供新观念、新思路、新方法

策划的过程,是策划人分析问题、发现问题、认准问题、寻找对策的过程,行动目标、战略、策略、途径、方法、计划等在策划过程中被提了出来,有了开创未来的新观念、打破格局的新思路、解决问题的新方法,就能有效地解决策划主的难题。

另外,策划活动对各种因素、资源进行了优化组合,可以使这些因素、资源发挥更大的效用,产生点石成金、化腐朽为神奇的作用。

1.1.4 策划正被广泛运用

策划作为一个词语或一种职业的行为,在现代社会的各种场合和媒体中,已被广泛运用。国家领导人见面会谈需要周密策划,甚而演练彩排;拍摄电影、电视剧有人策划;举办大型体育、音乐、展览活动有人策划;新建企业,从选址、开工到为产品取个好名字,再到销售渠道、定价、促销组合、媒体选择、不同传播阶段的主题等,都需要周密的策划;城乡的各式结婚典礼需要策划,甚而几个小同学的"恶作剧式"的聚会、开玩笑,也要有人策划……

策与划的本意是什么?我们认为有必要深究它。

策,在《辞源》中有八个义项。其中,有作名词词性的,如"马鞭""杖""简""策书""一种文体""占卜用的蓍草",有作动词词性的,如"以鞭击马",古书中的"策马向前"用的就是其动词义项。策,最重要的也是现在用得最多的义项就是"谋略",这一义项既可作为动词,指"谋",也可作为名词,指"谋术"。

划,在《辞源》中的义项不多,"忽然"这种义项已不多见,"割裂""筹谋"这两个义项被广泛运用。

《辞源》已经把"策"和"划"联系在一起,认为"筹谋"就是策划。这个词解显然无法让现代的读者满意。

过去,"策划"的名词性比较强,与现代的计划、计策、计谋、谋略、对策的意思接近。现代,"策划"一词多数当动词用,有策动、谋划、规划、创意、出点子、想办法、实施、执行的意思。

1.1.5　策划是人类社会生产、生活及发展的综合表现

策划是生产力，是涉及诸多学科的综合性科学和艺术，策划的基础是人类的社会活动。

在人类的生产、生活中，人与自然之间，人与人之间，存在着许许多多的斗争，人们在这些活动中都有自己的预期，为了实现这些预期，就自然而然地出现了各种各样的策划及实施策划的行为。

原始先民为猎取狮、虎、豹等大型猎物，需要多人进行思想交流，有人出谋划策：既要获取猎物，又要保全自己。于是，最初的策划便产生了。学习效仿和人际传播，在原始部落中使策划人成为首领，如巢氏、神农氏、轩辕氏、黄帝、大禹，等等。

确切地说，有集体意识的策划，源于人与自然或者人与人之间的斗争，即人的生存与发展的需要。在人类社会的政治、外交、经济、文化、体育、教育、游戏等领域中，数不胜数的实例可以充分地证明，只有运用策划，才能获取成功。

上古的黄帝和炎帝两大部落联盟联手，战蚩尤逐鹿中原，成为中国古代战争的滥觞。

大禹治水能获得成功，是选择了正确的引水方向和方法，在正确策划指导下完成的。

孙膑能战胜对手庞涓，是了解对手的个性、敌我双方战斗力、交战地地形后实现的。

诸葛亮以两千五百名老弱残兵面对司马懿十五万大军，城门洞开，若无其事地抚琴，对手自己撤退。

中国人民解放战争三大战役，毛泽东"策划于帷幄之中，决胜于千里之外"。

习近平在新时代提出的"一带一路""建设人类命运共同体"的大手笔策划正在实施。

中国许多企业走出国门，投资建厂，招募当地人才，产品就近销售，实现互利双赢。

中央电视台用张国立主持的《国家宝藏》电视节目，以全新方式演绎国宝的前世今生，让国宝活起来。

……

他们和我们每个人都生活在策划之中，或在策划，或正被别人策划着。

|1.2|　知行合一

策划是在知行合一指导下进行的。

策划的理论是"知"，策划的实施是"行"。在科学的策划指导下的实践，成功的概率是很大的，这是被许多事实所证明了的真理。

没有理论指导的实践，是盲目的行动，成功只能靠"碰运气"；不到实践中去运作并接受实践检验的策划，是"空对空"的策划，毫无意义。

"知行合一"是明代思想家王阳明在贵州修文龙场悟道提出来的。它指的是认识事物的道理与在现实中运用此道理是密不可分的。知行合一是中国古代哲学中认识论和实践论的命题，主要是关于道德修养、道德实践的。中国古代哲学家认为，不仅要认识（"知"），而且应当实践（"行"），只有把"知"和"行"统一起来，才能称得上"善"。

"知行合一"是一个理论和实践的问题。有人认为知易行难，懂得理论是容易的，实践是很难的；有人认为知难行易，领悟道理很难，实践很容易。儒学大师朱熹就主张知难行易，悟道是很难的，但执行似乎是很容易的。王阳明却认为：懂得道理是重要的，实际运用也是重要的！要想实现崇高伟大的志向，必须有符合实际、脚踏实地的方法。"知行合一"又是指客体顺应主体。"知"是指科学知识，"行"是指人的实践，知与行的合一，既不是以知来吞并行，认为知便是行，也不是以行来吞并知，认为行便是知。

"知行合一"绝不仅仅是简单的四个字，而是一种高深的处世哲学和生活智慧，足以使人受用终身，所以它看起来很容易，实际上很难。难怪中外那么多有识之士对"知行合一"推崇备至。

1.2.1 "知行合一"的含义

明武宗正德三年（1508年），心学集大成者王阳明在贵阳文明书院讲学，首次提出"知行合一"说。"知行合一"不是一般的认识和实践的关系。王阳明的"知行合一"思想包括以下两层意思：

1.知中有行，行中有知

王阳明认为知行是一回事，不能分为"两截"："知行原是两个字，说一个工夫"。从道德教育上看，王阳明极力反对道德教育上的知行脱节及"知而不行"，突出地把一切道德归之于个体的自觉行动，这是有积极意义的。因为从道德教育上看，道德意识离不开道德行为，道德行为也离不开道德意识，二者互为表里，不可分离。知必然要表现为行，不行不能算真知。道德认识和道德意识必然表现为道德行为，如果不去行动，不能算是真知。王阳明认为，良知，无不行，而自觉的行，也就是知。这无疑是有其深刻之处的。

2.以知为行，知决定行

王阳明说："知是行的主意，行是知的工夫；知是行之始，行是知之成。"意思是说，道德是人行为的指导思想，按照道德的要求去行动是达到"良知"的功夫。在道德指导下产生的意念活动是行为的开始，符合道德规范要求的行为是"良知"的完成。

在王阳明的"心学"体系中，"心即理""知行合一""致良知"是三个比较重要的命题。"心即理"是王阳明哲学的逻辑起点，也可以说是他的宇宙观。他认为

"心"便是天理，是万事万物的根本，又是万事万物变化的归宿。

在此基础上，他提出了"知行合一"的理论，肯定人的能动作用，认为知和行是相互联系、相互依存的。既然知道这个道理，就要去实践，如果不去实行，就不能算是真正的知道。

在方法论方面，王阳明认为朱熹的"格物致知"是错误的，应该是"致良知"。人们应当用自他的"心之本体"，即"良知"主宰和支配一切行为，从而实现自己的人生价值。他相信自他的力量和潜在的能力，否定用现成的规范和教条来束缚身心，主张人们将道德准则融入日常的生活中，以良知代替私欲，破除"心中贼"。只有去掉内心世界的恶欲和私欲，才能拯救个人，解决现实的社会问题。

1.2.2 策划活动中的"知行合一"

首先，必须充分认识到策划是理智的行动，是在理论指导下的有意义和有效的实践。

人的行为是受思想支配的。一个正常人，他现在在哪里？要去哪里？去干什么？达到什么目的？理智指示他，想好了再行动。中国古代寓言中的那两位"南辕北辙""刻舟求剑"者所犯的错误，是"没有想好就行动"；"东施效颦"则是想好了再行动但行动是错误的。

其次，策划是关乎将要做的事，事先知道做事的需要和做成事的可能性，在充分满足这两者的要求后，拟制出逐步实现目标的步骤，在阶段性成果中校正行动的方向，使策划一步步走向成功。

最后，策划是关系全局的大事，"有理走遍天下，无理寸步难行"。引例中建设"火星村"的策划，以周密的调查（即"理"）为依据，把现实条件和将来目标放在一起考察，因为这里的"可能"可以实现未来的"需要"，投资4亿元（即是"行"）也踏实。

1.2.3 "知行合一"不仅仅是策划人的精神境界

"知行合一"应当成为策划人的立身之本，做人要表里如一，一诺千金，诚实守信，绝不负人；做事要照直（道理）前行，敢于担当，坚信真理，善始善终。一个合格的策划人首先应该是一个"善"人，行为端正，让人信任，待人接物"循规蹈矩"，与策划主的正确目标相向而行。实际上策划主选择策划公司或策划人首先是选择口碑好的公司或人。策划人自身的策划，做到了知行合一、立身有本、发展有劲，就不愁在策划业中做不出业绩。

|1.3| 实事求是

实事求是，是指从实际对象出发，探求事物的内部联系及其发展的规律，认识事物的本质，通常指按照实际情况办事，不夸大，不缩小，正确地对待和处理问题，求得正确的结论。

1.3.1 "实事求是"的意义

实事求是，是一切工作的出发点。实事求是，是马克思主义哲学的基本观点，毛泽东思想活的灵魂，中国共产党的思想路线，邓小平理论的基石，习近平新时代治国理政的关键点。

对"实事求是"一语的理解，可以追溯到汉代、唐代和晚清时期。三个朝代都把"实事求是"当成一个形容治学态度非常严谨的学术名词。

"实事求是"最早出现在东汉，史学家班固撰写的《汉书·河间献王刘德传》中有"修学好古，实事求是"的句子。

明代王阳明在宋代朱熹"格物便是致知""理在事中"的基础上，提出了"知行合一"的观点，倡导"实事求是"的学风。王阳明在这里指出"实事求是"是一种严谨的治学态度和方法，是一个经学和考据学的命题，也是中国古代学者治学治史的座右铭。

而对"实事求是"进行哲学论证并赋予新的科学含义的，应当是一代伟人毛泽东。

湖南长沙岳麓书院的中心讲堂——成德堂，房檐前悬有"实事求是"的匾额。青年毛泽东与蔡和森、张昆弟一起寓居岳麓书院求学时，"实事求是"的匾额对他们的思想产生了重大的影响。毛泽东在延安抗日军政大学演讲时就引用了"实事求是"，并将这四个字作为抗日军政大学的校训。

1938年10月，毛泽东在《中国共产党在民族战争中的地位》一文中，首先使用了"实事求是"这一概念："共产党应是实事求是的模范""因为只有实事求是，才能完成确定的任务。"1940年初，在具有划时代意义的著名的《新民主主义论》中，毛泽东再次使用了这个概念。他深刻指出，"科学的态度是'实事求是'""唯有科学的态度和负责的精神，才能够引导我们民族到解放之路"。1941—1942年，抗日战争处于最艰难困苦的时期，党中央在延安开展了整风运动，毛泽东发表了许多文章及讲话，系统地论述了实事求是的思想路线。在《改造我们的学习》这篇文章中，毛泽东给"实事求是"做了这样一个全新的科学定义："'实事'就是客观存在的一切事物，'是'就是客观事物的内部联系，即规律性，'求'就是我们去研究。"

毛泽东具体分析了实事求是与主观主义的根本对立。他把"学风"定位于领导、干部和党员的思想方法，对待马克思主义的立场，以及全党同志的工作态度问题上，这就极大丰富了"实事求是"这个学术概念的内涵。

实事求是概括了辩证唯物主义的物质第一性、意识第二性的基本原则，概括了从物到思想的唯物主义认识路线。它要求我们的一切工作都要从客观存在着的实际情况出发，按照实际情况决定工作方针，坚持理论联系实际，把马克思主义的普遍真理同中国革命的具体实践结合起来。毛泽东思想就是这个结合的产物，中国共产党的历史就是不断地实现这个结合的过程。实事求是是中国共产党的思想路线，也是党的优良传统和领导作风，它在社会主义现代化建设的新时代得到了进一步的践行和发展。在实现中华民族伟大复兴的中国梦的实践中，"实事求是"更是受到了高度重视，已经取得了举世公认的伟大成就。

小案例1-1　　　　　　　　　　　**人生的三个问题**

在去往上海的飞机上，我遇到一位先生。

他坐在我旁边的座位上，在互相寒暄和交换名片后，他看着我的名片问道："职业生涯规划师是干什么的？"

我对他说："职业生涯规划，就是帮助你搞明白三个问题：你是辆什么车，你要开往哪里去，以及如何去。比如说你吧，如果你自己是一辆车，你觉得自己是一辆什么车？"

"我是一辆房车，"他说，"就是那种后面还带着卧室、卫生间、厨房什么的那种车。我可以拉着一家人到处跑，因为我喜欢跟亲人们一起出去郊游。我喜欢准备好所有东西，一切都妥帖周全，途中遇到什么问题，我用我的装备就能解决，这时候我就会觉得特别开心。在以前的公司，我经常叫着我们公司的二三十个人一起出去玩，我们就像是一家人，每次都玩得特别开心。"

"那你这辆房车，希望开往哪里？"我问。

他皱了皱眉，说道："我以前在苏州工作，是分公司的经理。公司不大，团队二三十人，像个大家庭一样。而且公司离家也近，下班回家只需二十分钟，我可以步行到女儿学校接她，她放学晚，我陪她一起走回家。去年因为业绩很好，我被公司调到总部发展，这都已经在总部工作半年了，还是不太适应。"

"为什么呢？"

"公司期望未来把我往国际经理人的方向培养，但是北京的节奏太快了，加上一旦接触海外业务，因为时差问题就需要经常加班。下班提前回家也没劲，因为现在是我一个人在北京住，回去也就是上上网、看看新闻，我的老婆孩子都不想来北京，适应不了新地方。我领导的这个部门虽然有七八个下属，但都是公事公办，没有以前的那种大家庭的感觉了。但不可否认的是，北京总部的平台的确很好。"说到这里，他突然恍然大悟地加了一句："这么说吧，在现在的公司里，大家都把我当法拉利跑车使——银色那种，单座、反应快，他们希望我能参加比赛！"

"那你呢？"我问。

"我还是用房车的速度开。"他苦笑着指了指行李架，说，"这次来上海出差，我要趁机回苏州一趟，回家看看，也顺便给家人和老同事都带点东西。"

我对他说："房车和跑车，差别是挺大的。一个可以慢慢开，四平八稳，一个反应快、转弯半径小，说走就走。如果用开房车的方式开跑车，可真有点别扭。你是想把自己改装成跑车拿第一，还是想做个平稳的房车，带大家去旅游？"

大概半年之后，我收到一条陌生号码的短信："谢谢你，我在和总部沟通以后，放弃了北京，回到了原来的公司上班。现在已经在苏州分部工作一个多月了，我觉得还是这样的生活适合我。我现在很快乐、很安心，谢谢你的指点。"

资料来源　古典. 人生的三个问题［J］. 思维与智慧，2014（6）.

职业生涯规划师，也是策划师。做策划就是帮助策划主搞明白三个问题：你是一辆什么车；你要开往哪里去，以及如何去。要回答"你是辆什么车"，就得实事求是。因事策划，因人策划，一切从实际出发，根据实际情况，决定工作方针，是策划开始要做的工作，也是成功的根本保证。先确定是什么车，才能把"你要开往哪里去，以及如何去"的问号"拉直"。

"人生是短暂的，对这短暂的人生，我们最好的报答就是工作。"爱迪生用自己的人生经验概括了忙碌的价值：忙碌让人生价值倍增，忙碌让生命长度延长。巴菲特如果不忙碌，会有今天世界首富的地位吗？俞敏洪如果不忙碌，会有今天新东方的成就吗？莫言如果不忙碌，会有今天傲人的成绩吗？……面对着人生的忙碌，没有谁愿意停下自己的脚步。因为我们只有忙碌了，才无愧于自己这短暂的一生，这一生才能有它沉甸甸的分量。

美国成人教育家卡耐基说过："要忙碌，要保持忙碌，它是世界上最便宜的药——也是最美好的药。"这句话的确是至理名言。看吧，这味药，它能让我们享受到与时间赛跑的快乐，它能让我们生活的空白得到充实，它能让我们在忘我的奔跑中得到满足，它也能让我们在收获的季节里迎来丰收……

策划人为策划主服务尽心尽力，应该是人群中忙碌的人之一。

1.3.2　策划与实事求是

实事求是是策划的基础，是策划的灵魂，是策划成功的指路明灯。

首先，策划的基础是实事求是。"按照实际情况，决定工作方针。"党和国家的正确决策，一定是建立在实事求是基础上的。

《中外管理》在2017年第7期刊登了一篇题为《中国：必须考虑"思秋经济了"》的文章，作者赵晓在文章中如是说。

小案例1-2　　　　　　　中国：必须考虑"思秋经济"了

人从中年进入老年后就步入了"思秋期"，需保养、调理以减缓老化。如今，中国老龄化速度惊人，经济也将告别"人口红利"。中国能否以"思秋经济"来抵挡、平缓经济增长衰落大势呢？这绝对值得考虑。提供5个建议：

1.大力发展针对"思秋人群"的体检市场。2014年，中国健康检查市场总量突破4亿人次，市场规模达到700亿元。"思秋人群"显然有着最大的体检需要，而近年来基因检测、互联网检测等检测技术的突破，将使得市场供需趋于对接。

2.大力发展针对"思秋人群"的个性化医疗定制，以及包括基因修复在内的全面保养产业。体检，只是第一步，接下来必然是保养和医疗方案的制订，并且不是传统的公费医疗所提供的一般医疗服务，而是互联网时代、个性化时代对"思秋人群"的量身定制，以及"大数据+"的精准医疗。

3.大力发展生命科学、生物工程以及与信息科学相关的基础研发，在大健康基础产业上"弯道超车"。

4.更加注重各类人工智能技术的发展，并与国家整体人口变化趋势、经济发展趋势相协调。过去，一国人口衰落，经济几乎注定日暮途穷。然而机器人以及人工智能时代已经来临，这意味着技术进步可以在很大程度上延缓、抵消劳工增长率下降带来的消极经济影响。

5.重视养老市场的细分研究，不断打造和升级各类"思秋"产品。"思秋经济"不应仅满足于吃、住、行，还要向个性化、多样化、高科技的服务上升级。

资料来源　赵晓. 中国：必须考虑"思秋经济"了 [J]. 中外管理，2017（7）.

中国的老龄化社会现实是什么？对于"未富先老"的国情，对策是什么？这是一篇对策划、制定中国老龄化社会政策有意义的文章，"实事求是"地讲，这是国家层面的策划，也给许多涉老企事业单位的科研、制造、销售、服务等提供了策划方向和研究的理论基础。

其次，策划的灵魂是实事求是。策划的主题和创意从哪里来？是拍脑袋吗？是人云亦云吗？都不是，只能从实事求是的调查研究中来。毛泽东本着实事求是的原则，在《中国社会各阶级的分析》中得出了正确指导革命行动的方针。在《湖南农民运动考察报告》中，毛泽东指出，"因为目前农民运动的兴起是一个极大的问题。很短的时间内，将有几万万农民从中国中部、南部和北部各省起来，其势如暴风骤雨，迅猛异常，无论什么大的力量都压抑不住。他们将冲决一切束缚他们的罗网，朝着解放的路上迅跑。一切帝国主义、军阀、贪官污吏、土豪劣绅，都将被他们葬入坟墓。一切革命的党派、革命的同志，都将在他们面前受他们的检验而决定弃取。站在他们的前头领导他们呢？还是站在他们的后头指手画脚地批评他们呢？还是站在他们的对面反对他们呢？每个中国人对于这三项都有选择的自由，不过时局将强迫你迅速地选择罢了。"

在抗日战争中，毛泽东调查研究后科学地提出了与社会上的"抗日速胜论"和"中国亡国论"相反的"持久战"的结论，进而将持久战分为三个大的阶段，迅速地纠正了不正确的思潮。果然，中国人民抗日战争正是经历了从"战略撤退"到"战略相持"再到"战略反攻"这样三个阶段。

共产党在富于创意的延安时期出台那么多针对性强的政策和策略，保证了共产党在抗日战争中的生存、发展与壮大。

再次，实事求是应该是成功策划的指路明灯。策划能指引事业走向胜利，那么，成功的策划又是靠什么获得的？

实事求是中的"实事"就是策划主面临的客观存在的一切事物;"是"就是解决策划主难题的客观事物的内在联系,即通常讲的规律性;"求"就是要求我们为解决策划主的难题而进行深入调查研究,找出策划对象中带规律性的东西,在它的指引下,端正航向,到达策划胜利的彼岸。这里的"求"是工作的重心,是主要矛盾的主要方面,要求策划人及团队努力工作,寻找获得胜利的规律,科学地、创造性地引导策划的施行者一步步走向胜利的彼岸。

1.3.3　影响策划实事求是的因素

策划人主观上要实事求是,实际上却不尽然,往往会事与愿违。

首先,策划者往往急功近利,为走捷径,不自觉地背离了实事求是。

策划人求胜心切,自以为掌握了全局,放弃了必要的调查分析研究,仓促中做出策划。这种策划成功的希望反而很小。

其次,策划主的意志往往扭偏了正确策划的方向。

现在的策划主,大多是在市场经济的"沙场"中征战多年的老手,他们敢于上镜,自拍传播,自我亮相,不要代言人,节约传播费。他们也喜欢参与策划,左右策划人的创意,甚至中途改变原来已确定的策划方向。这种做法,成功的概率要大打折扣。

最后,竞争对手的策略往往会引起策划人改变初衷。

在《三国演义》"空城计"中,诸葛亮与司马懿有一段精彩的策略对决。因为马谡的失误,诸葛亮手中只有几千老军守城,却要面对十五万司马大军的进攻。不得已,从不弄险的诸葛亮,唱了一曲"空城计"。司马懿对诸葛亮的认识由来已久,断然做出了退兵的决策。

现在有一种说法:司马懿明知是空城,却不进攻,目的是留下将要长期作战的对手,使曹魏政权还要依靠司马懿这颗"棋"搏杀蜀汉,从而为司马家族的生存和发展留下活路。

两位策划高手对策略的应用,是"根据实际情况,决定工作方针""兼顾眼前,更求长远"的典型实例。

|1.4|　不遗余力

策划人从做策划的那一刻起,应该心无旁骛、一心一意地去做好策划主交办的策划任务。在实际策划中,因为面对五彩缤纷的世界,策划人会感到力不从心、难以应对,因而要使出浑身解数,不遗余力地去做好这份策划。

1.4.1　策划人及团队为策划主服务,应该全力以赴、不遗余力

中国共产党不忘初心、继续前进,就是要坚持全心全意为人民服务的宗旨,实事求是,与时俱进,坚持问题导向,破解发展难题,始终维护好最广大人民群众的根本利益,不断开拓中国特色社会主义的新境界。

在广告传播及策划公司中有一条不成文的规则，即一支策划团队不能同时为互为竞争对手的两个企业或品牌做策划，即不能拿自己的左手打自己的右手。品牌代言人也不能为互为竞争对手的两个企业或品牌做代言。

大型的广告传播及策划公司，被两家以上有竞争关系的企业要约时，只能在公司内部组成互不相干的两支策划团队，而且这两支团队一定要分别以"为策划主服务为第一""各为其主"，全身心为唯一的策划主企业或品牌全心全意地服务，并力争使自己团队的策划超过公司另一支团队的策划。

1.4.2　策划人的自满会使他们掉以轻心

有一位在深圳某房地产销售策划公司担任策划和文案工作的资深人士，工作多年，积累了许多面对不同客户的经验，能同时操作几个不同省份楼盘的销售策划。他的大学专业课教师对他说："当年'湖广总督''两江总督'只管两省，你现在同时主持四省不同楼盘的策划，能行吗？"他说："老师你知道，楼盘销售策划无非是卖房，大同小异，首先为它取个吸引人的名称，再挖掘当地的文化老底，写出能抓住买主眼球的文案，最后的销售步骤大体相同，只要策划主通得过就行。"

谁知在他被派回家乡，参加一著名建筑公司的著名楼盘的竞标时，却没有拿到策划权。他反省道："不应该在家乡的河沟里翻船。过去的经验不能像一贴膏药，随处都用。"

在此后接受策划任务时，他的自满情绪逐渐褪去，再也不掉以轻心了。以后的楼盘销售策划比以前的更有创意，业绩自然也上去了。

1.4.3　策划人受到多方面干扰，不能使出全力

策划人受到多方面干扰：

一是内部的干扰。

策划团队内部，几位策划人的意见不一致，谁也说服不了谁，这种畅所欲言的情况看起来很正常，但如果出现了非此即彼的情况就难以平衡了。一个办法是将对立的策划内容写出两份或多份策划案，由策划主选择。也许策划主会接纳这几份不同的方案，建议综合采纳。但是，这么做会使策划团队的力量有所分散，有可能影响策划及执行的质量，因而需要内部调整。

来自内部的干扰，还有策划团队中的新人即新生力量。因为"人微言轻"，他们的创意不受重视；或因"初生牛犊不怕虎"，敢于打破"前辈"的创意。

再就是策划团队中有公司负责人，这些负责人的意见"一言九鼎"，使其他人员"悄悄地"放弃了自己的意见。

二是外部的干扰。

这种干扰有两个方面：其一是策划主不自觉地站到策划的对立面，干扰了策划案的形成；其二是策划标的所指的策划对手的信息发生变动，影响了策划主题的基调。

在策划案形成过程中，为了调查研究的需要，策划人要不断地与策划主接触。策划主在接触中，会打探策划团队的策划主题及主要创意等信息，因而许多细节会从策划公司的客户经理那里流向策划主。有些策划主不关心策划过程，等着策划团队拿出完整的策划案；也有些策划主在策划过程中早早地就发表评论了。他们的话语权分量较重，会在不自觉中站在策划的对立面，这往往会干扰策划的形成，严重的甚而会使策划合同告吹。

任何策划都是有所指的，策划标的的对手一定会进入策划人团队的视线。策划虽说是对战略性全局的思考，但采取有针对性的策略却是适时的。当发现对手在酝酿大的动作时，策划人一定不能掉以轻心，绝不能等待对手"出招"以后才拿出对策，要根据实际情况，及早地、不遗余力地迅速制定新的工作方针，这才是制胜上策。

|1.5| 力争上游

策划人应该是"最不安分守己"的人，总要行进在"力争上游"的路上。

力争上游，说则容易，行则艰难，因为大伙儿都在争上游，万马奔腾，领先者是少数，也许是唯一。尽管现实很残酷，策划人或团队，一定要以敢于攀登险峰的气魄和勇气，以百折不挠的实干精神，面对现实，一个一个地击破难题，去创造自己最好的成绩。

1.5.1 名人也在力争更好

2013年初，周星驰接受柴静专访。对于一个大腕级人物来说，完成一次媒体采访，应该不是什么难事，很快，这次专访在一问一答之间顺利完成了录制，只等着届时播出。可是，录制完成20天后，柴静接到周星驰打来的电话，他要求将节目重新录制一遍，而且态度坚决。一时间，柴静不知如何是好。

后来，柴静与周星驰进行了面谈，在得知周星驰要求重录的缘由后，她没有抱怨周星驰难缠，还对其为人处世之道有了更多的崇敬之情。那么，周星驰为什么要坚持重新录制呢？

原来，在第一次录制的时候，周星驰的普通话说得不是很利索，时不时会"窜"到粤语腔调上，不过，如果配以字幕，观众的倾听应该不会有多大障碍，对于很多被采访的人来说，这点瑕疵都是能够被原谅的。但是，周星驰在录完节目后，却一直对此耿耿于怀。回到香港后，他拿着采访稿，整整苦练了20天的普通话，直到助手们真心实意地说"绝对OK"后，才打电话给柴静要求重新录制。第二次录制，效果果然不一样，节目播出之后，反响极好。事后，柴静在其博客中由衷赞道："这就是周星驰，他个性如此，会在某些事上极为投入、专注……"

周星驰追求更好，说到底，是因为在他的心中始终装着广大观众，作为艺人，追求艺术的完美，就是对观众的最大尊重，周星驰当然深知这一点，所以，他要求返工。从名气来讲，周星驰是名副其实的大腕儿，但是，在观众面前，他甘愿做一名知错能改的"学生",这无疑是一种难能可贵的低调作风。其实,在人前低调是一种大智慧,因为低下去的只是腔调,而立起来的则是格调。

1.5.2　国家也在力争更强

国家层面的策划,时时都在各国发生,让我们先看看他国成功的策划案例。

作者洪艳写了一篇题为《逼出来的"德国制造"》的文章。

小案例1-3　　　　　　　　　　**逼出来的"德国制造"**

"德国制造"的"金字招牌"不是与生俱来的

奔驰、宝马、奥迪、阿迪达斯、西门子等这些经常听到的品牌产地都是德国。"德国制造"在制造业的各个领域,比如汽车、电器、运动用品、服装、文具等都占有领先地位。但是,"德国制造"这块"金字招牌"并不是与生俱来的,在100多年前,它曾是欧洲其他国家眼里的"劣质产品"。

起步于用低劣的材料模仿制造的德国制造

1871年普法战争后,德国实现了统一,社会初步稳定,百业待兴。要想让国家强大,必须大力发展工业。德国苦于没有资金和市场,就开始模仿当时世界第一个工业国家——英国——的产品,而且用低劣的材料模仿制造,再伪造厂商标志,把产品低价销售到各个国家。

久而久之,这不仅影响了英国产品的销售,也影响了其质量上的口碑。英国议会发怒了,四处宣扬德国的劣迹,说德国产品是偷窃设计,伪造厂商标志。

德国产品被扣上了"劣质产品"这顶不光彩的帽子。1887年,英国议会通过新的带有羞辱性的《商标法》条款,要求所有进口商品必须标明原产地,规定从德国进口的产品都须注明"德国制造"。从此"英国制造"和"德国制造"就用来区分优质产品和劣质产品了。

长期稳定发展不能只靠廉价的商品

英国人对德国产品的抵制和鄙视对德国人的打击很大,引起了德国人的彻底反省。德国人也认识到,国家要想长期稳定发展不能只靠廉价的商品,只有产品质量过硬才能走得更久更远。德国企业开始对自己的产品质量严格把关,在设计上勇于创新。

工业家阿尔弗雷德·克虏伯首先在自己的工厂里停止了对英国产品的复制,他找到厂内的科研人员,认真研究如何提升产品质量。德国工人的吃苦耐劳精神和严谨的性格,让克虏伯相信这次的创新改革一定会成功。克虏伯多次到英国学习考察,回国后不但把在英国学习的技术运用到生产中,还把在英国学到的企业管理方法也运用到工厂里。他觉得提高产品质量首先要提高工人的素质。工厂里1万多的工人每天至少在高炉前工作10个小时,工作环境恶劣,高温和灰尘对工人的健康也有严重的影响。克虏伯首先提高福利,保证工人工资,使面包和住房有保障,同时制定了严格的规章制度和考勤系统，工人的行为被严格监督，迟到也会受到相应的处罚。这样既能保证工人安心工作，也能保障产品质量，使工厂效益不断增长。几年后，他公司的产品得到了一致认可，公司的名字也成为质量好的标志。

力争上游才能塑造"金字招牌"

19世纪末，英国人也逐渐认可了德国的产品。劳动力价格低廉使德国产品物美价廉，铅笔、玩具、药物、钟表、啤酒、钢琴、家具等已经出口至英国及其他国家。德国的钢铁、化工、机械等制造业也占据了领先地位。

20世纪初，德国制造的商品每年销售额已经超过了英国，"德国制造"终于摘掉了"劣质产品"这项不光彩的帽子，变成"金字招牌"。如果德国一直复制别的国家的产品而不在自己的产品质量和设计上下功夫的话，就没有现在的领先地位，德国人有时也会开玩笑说"德国制造"是被逼出来的！

资料来源　洪艳. 逼出来的"德国制造"[J]. 思维与智慧，2017（19）.

德国莱卡相机于1913年问世，是最保值、最具收藏价值的相机。一台莱卡0系列 Nr.107相机曾以130万欧元（约合1 200万元人民币）的价格竞拍，M8刚上市时的价格为4 500欧元（约合3.8万元人民币）。

读了这篇案例，我们不禁会思考：（1）"跟着走"与"领路人"有什么区别？（2）"奋力争先"和"安分守己"有什么区别？

1.5.3　企业没理由不力争上游

在"商场如战场"的竞争中，不进则退，没有中庸之道。

在当今经济全球化的背景下，竞争愈演愈烈，企业欲生存和发展，采取有效的竞争战略，了解企业所在行业和市场以及参与竞争的对手，是企业经营者们必须考虑的重要课题，以此提高每一步决策成功的把握。

因此，竞争对手分析是企业制定竞争战略时必不可少的组成要件。

1.企业如何做好竞争对手分析

捷盟咨询[①]在为一家大型民营企业集团做企业竞争战略咨询，并与管理层讨论和分析竞争对手时，发现一个有趣的现象，使人联想到古老的的寓言故事"盲人摸象"：摸到象腿的盲人认为大象像根柱子，摸到象鼻子的盲人说大象像大蟒蛇，摸到象身子的盲人说大象像堵墙……咨询顾问与这家企业的中高层领导研究如何分析竞争对手时发现，不同部门和级别的经理对竞争对手分析的理解不同，关心的内容也各异。销售经理谈了许多关于如何建立竞争对手产品价格跟踪系统、定价、销售队伍的分布、业务能力、薪酬待遇和服务等内容；市场营销经理最关心竞争对手的品牌定位、市场份额、产品的广度和深度、传播开支、分销范围等；生产运营经理

① 全称是北京捷盟管理咨询公司。这家咨询公司的企业文化咨询在业界是一流的，不仅注重文化的提炼和丰富，而且也很注重文化的落地。捷盟咨询的副总裁还出过一本书——《生长——企业文化建设全景解析》，是专门写企业文化的。

非常注重竞争对手制造基地的成本定位、经济规模、供应链问题；研发部经理谈论了许多关于竞争对手的技术路线、关键技术、专利和创新能力等的内容；公司执行总裁们往往更关心财务杠杆、运营回报、合作关系等内容；而集团公司总部的决策者们最关心影响集团发展的技术平台建设、集团纵向整合的程度、经营主体的地域覆盖和地点分布、部门之间的协作以及公司如何跟踪了解对手的资本运营手段和收购路线，以分析评价对手的市场定位和核心竞争力。

那么，竞争对手分析到底包括哪些内容？从总体上讲，企业做竞争对手分析，大体包括以下几个方面：

（1）确认公司的竞争对手。广义而言，公司可将制造相同产品或同级产品的公司都视为竞争对手。

（2）确认竞争对手的目标。竞争对手在市场里找寻什么？竞争对手行为的驱动力是什么？此外，还必须考虑竞争对手在利润目标以外的目标，以及竞争对手的目标组合，并注意竞争对手用于攻击不同产品/市场细分区域的目标。

（3）确定竞争对手的战略。公司战略与其他公司的战略越相似，公司之间的竞争越激烈。在多数行业里，竞争对手可以分成几个追求不同战略的群体。战略群体即在某一行业里采取相同或类似战略的一群公司。确认竞争对手所属的战略群体将影响公司某些重要认识和决策。

（4）确认竞争对手的优势和弱势。这就需要收集竞争者几年内的资料，一般而言，公司可以通过二手资料、个人经历、传闻来弄清楚竞争对手的强弱情况，也可以进行顾客价值分析来了解这方面的信息。

（5）确定竞争对手的反应模式。了解竞争对手的目标、战略、强弱程度，都是为了解释其可能的竞争行动，以及其对公司的产品营销、市场定位及兼并收购等战略的反应，也就是确定竞争对手的反应模式。此外，竞争对手特殊的经营哲学、内部文化、指导信念也会影响其反应模式。

（6）最后确定公司的竞争战略。

2.确定竞争对手分析的三个维度

根据实际经验，在当今企业规模越来越大、国际化程度越来越高的市场环境下，笼统地说企业进行竞争对手分析，而没有确定哪个层级、什么类型、哪些顾客和市场范围、什么时间跨度等问题，就可能出现前文所说的那种"盲人摸象"现象，其实际效果将会大打折扣。因此，我们首先应确定实施竞争对手分析的维度，从而确定从哪里入手进行竞争对手分析最为有效并对公司的决策更有帮助。

（1）决策层级维度。进行竞争对手分析前应该确定的第一个维度是决策层级维度，即由企业的哪个经营决策层确定实施竞争对手分析任务。不同层级的经营管理者所做的竞争对手分析涉及的内容应该有所区别。例如，企业产品销售代理做竞争对手分析的主要目的是在代理竞标中取胜；而销售部经理的竞争对手分析主要会涉及对手产品的价格并预测和评估其新的价格策略；事业部或战略经营单位的经理做竞争对手分析是为了使该部门确立其在市场上的位置；公司的 CEO 做竞争对手分析可能是为了企业的兼并收购或扩张等战略目的。因此，只有确定了是哪个决策层级进行竞争对手分析之后，才能确保竞争对手分析的针对性和实用性。

（2）决策类型维度。在确定竞争对手分析的决策层级维度的同时，我们还可以将其以决策类型进行区分，如操作类型、战术类型和战略类型等。高层管理者关注的是战略类型的竞争对手分析，中层职能部门经理更关心战术类型的竞争对手分析，而一线管理者则最关注操作类型的竞争对手分析。

（3）顾客和市场范围维度。做竞争对手分析时需要考虑的第三个维度是顾客和市场范围维度，即对顾客和市场做详细的定义和描述。顾客和市场范围的确定对于分析成果的使用价值至关重要。例如，一个跨国汽车制造企业对北京的顾客群及市场范围内的竞争对手进行分析与对整个中国的顾客群体及市场范围内的竞争对手做分析是不同的，在亚洲范围内乃至全球范围内的竞争对手分析更会迥然有别。

商场如战场，这是企业家们格斗搏杀的地方。为企业和企业品牌做策划的策划人及团队，更是战场上的尖兵、搏杀的勇士。

青年时代在长沙第一师范求学的毛泽东，在课桌上放有一本《讲堂录》，其中有"懒惰为万恶之渊薮""夫以五千之卒，敌十万之军，非奋斗不可"的座右铭。

作为策划和策划人，我们没有退路，唯有奋勇向前攀高峰、力争上游占潮头。

1.5.4　力争上游是策划的本分

策划为竞争而生，为竞争而长，为竞争而成。做策划的人不能躲避竞争，要知难而上，敢于"以五千之卒，敌十万之军"。

正是策划主在竞争中有为难之处，才需要策划人知难而上，做出策划行为，所以说策划为竞争而生。例如，刘备虽有关羽、张飞、赵云几员万夫不当的大将，还是连连失败，经人举荐，三顾茅庐，请出诸葛亮这位策划人来辅佐自己。

通过策划人及团队的努力，策划案确定了，通过施行策划，策划人和策划主都能有所体会和收获，在竞争中成长，甚至与竞争对手共同成长。

每一次策划，永远都是过程，而不是终结。"太阳每天都是新的"，社会进步只是各种竞争的阶段性成果，广义的策划活动将伴随每天的"新太阳"周而复始地进行，每天都有新成果贡献给社会。

本章小结

通过学习本章的"策划是什么""知行合一""实事求是""不遗余力""力争上游"这几部分的内容，领会策划的重要性，从此变自发的策划为自觉的策划；将策划思想和施行策划的行为都统一到"一切结论产生于调查情况的末尾"这一认识上，用科学的方法求得事物发展的规律，全身心投入到为策划主的服务中，立潮头、争上游、攀高峰，把策划和施行做得更好。

思考与练习

思考：

1.对于在青海建"火星村"的策划的"需要"和"可能"，你能列出细目吗？

2.平心而论，你在策划什么？你又在被别人策划什么？

3."知行合一"的观点提出后，为什么至今仍被人们"身体力行"？

4.策划人为什么要毫不保留地全心全意为策划和策划主服务？

5.试以他国企业和品牌成长的过程为例，说说如何从"中国制造"发展到"中国创造"。

练习：

1.在网络或报刊中，找出几个策划的案例，在小组中传播、讨论。

2.查找王阳明的相关资料，加深对策划要"知行合一"这一观点的理解。

3.实事求是的现实意义不仅在策划中，你能举例说明吗？

4.受人之托，终善其事，在关乎生死存亡的商战中，我们应怎样学习策划，做孙膑不做庞涓？

延伸阅读：王阳明凭啥这么火

| 第2章 |

策划的基础

学习目标

通过本章的学习，掌握策划的基础，包括确定策划的预期——目标——的方法，充分运用现有的和过去的各种资源，在策划思维中产生创意，运用创意。

引例

马云：做别人不愿做的事

马云说：我不敢提"成功"两个字，每次一说"成功"，就一定会出事。

当今世界上，要做我做得到而别人做不到的事，或者我做得比别人好的事情，我觉得太难了，因为技术已经很透明了，你做得到，别人也不难做到。但是，现在选择别人不愿意做、别人看不起的事，我觉得还是有戏的，这是我这么多年来的一条经验。

大家都看好的时候，千万别去惹，比如大家都去赞助奥运会了，你千万别冲过去，因为别人比我有实力，比我能力强。

很奇怪，这几年我可能有点心理"变态"，每次碰上危机时，我就会莫名其妙地激动，感觉机会就要来了。大家都觉得很好的时候，我总感觉到灾难要来了。我一直相信机会永远在危险之中，关键是敢不敢去抓。

"非典"的时候，我们公司被隔离了，600多名员工全部关在家里。那时候真的觉得公司要垮下来了。

600多名员工，每个人都被社区管着，所有人的饭菜都是从窗口用篮子吊上来的。该怎么办呢？

一个公司必须要迎接这样的挑战，互联网公司可能是世界上最有机会面对灾难时在家办公的公司。那时候突然就诞生了强大的企业文化，我们不愿意失败，我们不愿意放弃。

那时全体员工被隔离了 8 天，但全世界的客户没有一个知道阿里巴巴被隔离了。那时我们已有近千万客户。我们所有人把电脑、网线搬到家里工作。你打电话给公司的时候，都自动转到员工家里。电话铃一响，拿起来就是："你好，阿里巴巴！"员工的家属们，甚至家里的老人，拿起电话也先说"你好，阿里巴巴！"

在这 8 天里，我们没有停止过一分钟的服务。

所以，危机时期往往是培养企业文化最重要的时候。

我花时间最多的是研究国内外企业是怎么失败的。因为失败的道理都差不多，就是这么四五个很愚蠢的决定，但是每个人都以为这个错误别人会犯，我怎么会犯。但是你一定会犯，即使提醒过你，你还是会犯。这些失败迟早都会来，关键是想好今天该做什么样的防范。

有人觉得奇怪，为什么我一贯坚持用外行领导内行？我不懂电脑，却领导了一群电脑行家。去领导内行，很重要的是去倾听，去尊重，去学习，去思考。

竞争最大的乐趣是让对手迷茫，让对手愤怒。竞争是有乐趣的过程，如果这个过程中你很愤怒，别人不愤怒，那你就错了。

资料来源　广天响石阿里巴巴研究中心. 马云说 [M]. 北京：中华工商联合出版社，2011.

【分析与思考】

（1）居安思危，常怀忧患，为渡过难关做策划，你还能再举例说明吗？

（2）阿里巴巴的成功与"做别人不愿做的事"有什么关系？

（3）马云研究国内外企业的重点是什么？他为什么这样做？

|2.1| 策划预期

预期是预先的期待，策划的预期应该是明确的，不是随意的"点子""想法"之类的。策划具有超前的战略意义，是统筹全局策略的一贯方针。

"侠客岛"（《人民日报》海外版官方微信公众号）2018 年 2 月 28 日刊登文章说，党的十九届三中全会公报最重要的内容是通过了深化党和国家机构改革的方案。"党政军群"这四大块分别有了改革的目标——预期。

目标是想要达到的境地或标准，就是预先的期待。

策划主请策划人及团队为其服务，总有他的预期。

做经营的策划主开展策划活动，总有自己的目的，这些目的大致如下：

①提高企业知名度，为推销新商品取得更好的效益。

②激发受众的需要，引发潜在消费者的购买动机。

③向受众详细介绍新商品的特殊功能，以引起受众的兴趣。

④营造一种大家都喜欢新商品的氛围，产生二次传播效果。

⑤提高新商品在消费者心中的美誉度，并将这些收集起来，再传播出去。

⑥指导消费者挖掘商品中未发挥作用的那一部分功能。

⑦巩固企业的商品在市场中的占有率，抵制同类商品对自己的市场份额的挤占。

⑧有针对性地向竞争者发起反击，夺回失去的消费者。

⑨反复强调本商品的不可替代性，消除人们因为不了解商品而产生的疑虑。

⑩借用重大政治活动、重大节日、重要人物的影响，宣传企业和商品。

⑪企业组织社会公益活动，进一步提高企业和商品品牌的知名度和美誉度。

⑫企业又推出一种比原有商品更优越的商品，而将两者的关系告诉受众。

⑬介绍企业实力、设备、技术力量、科研成果、社会影响，建立或巩固企业在社会上的地位。

⑭预告企业的科研成果，以及成果与用户的关系。

⑮迅速将现有库存商品在短期内销售出去。

⑯揭露对企业的商品有害的伪劣、假冒商品，实施有力的打击措施。

⑰为满足消费者的需要，一切从消费者出发，开展宣传。

……

对于非营利性质的社会组织，其策划需求主要是形象宣传类的公共关系策划，其策划预期大体有：

①宣传社会组织的良好公众形象。

②宣传社会组织的社会公民形象。

③解除社会组织的信任危机。

④纠正对社会组织不利的言词。

⑤阐明社会组织的形象诉求。

⑥争取更多公众的信任与支持。

⑦揭示某种不利言论的真相。

⑧为推行某种社会意识长时间广为宣传。

⑨支持赞助社会公益活动。

⑩宣传组织的科研方向，以及此类科研成果与用户的关系。

⑪报道国内外与组织相关的科研成果的新动向，进行科学普及宣传。

⑫选拔、推荐特殊典型，主张社会行为导向。

⑬用文化艺术、体育活动等方式，潜移默化地改变人们的价值观。

⑭树立社会信任的公众形象。

⑮为了某种目的，做有益于社会的舆论宣传。

……

当然，面对大千世界，策划主的策划预期还有别的内容，策划人要时刻准备"接招"。

|2.2| 现有资源

现有资源是策划人和策划主在开动策划机器前就有的动力能源。

充分运用各种资源是做策划的基础，"巧妇难为无米之炊"，香喷喷的饭是米煮出来的。

2.2.1　现有资源有哪些

资源是指一国或一定地区内拥有的物力、财力、人力等各种物质要素的总称。资源分为自然资源和社会资源两大类，前者如阳光、空气、水、土地、森林、草原、动物、矿藏等；后者包括人力资源、信息资源以及经过劳动创造的各种物质财富。

资源是相对于人类认识和利用的水平来区分层次的，材料、能源、信息是现实世界三项可供利用的宝贵资源，而整个人类的文明又可根据人类对这三项资源的开发和利用来划分层次。

做策划要充分利用各种资源，其中包括策划人和策划主两方面现有的资源。

（1）策划人的资源有知识结构、社会阅历、曾经做过的策划案例等。

《环球时报》2018年刊登文章说"知识才是大国竞争制高点"，是很有说服力的。策划人的知识，是完成策划任务的重要资源之一。

策划人的知识，是他经过学习积累的、在改造世界的实践中所获得的认知和经验的总和。社会阅历中的"社会"二字是指在特定土地上生存的、由于共同物质条件而互相联系起来的人群中的人。社会在现代意义上是指拥有共同利益、价值观和目标的人的联盟；或者说是共同生活的人们通过各种各样的社会关系联合起来的集合，其中最主要的社会关系包括家庭关系、共同文化以及传统习俗。微观上，社会强调同伴的意味，并且延伸到为了共同利益而形成的自愿联盟。宏观上，社会就是由长期合作的社会成员通过发展组织关系形成的团体，并形成了机构、国家等组织形式。而阅历是指一个人亲身见过、听过或做过，以及他对这些经历的理解和收获的知识。"阅"不仅仅是看，更重要的是经历和经过。

策划人曾经做过的策划案例，可能与此次的策划任务相关，这种资源是极其宝贵的。

（2）策划主经营的项目、经济实力，以及产品之外的个人禀赋、经营品格、学识爱好、当时的处境等都是做策划的重要资源。

策划主操控的品牌，属于什么品类？目前销售情况如何？受众-顾客-消费者的认知、情感、意志指向的程度如何？竞争对手是谁？以前采取过哪些竞争手段，效果怎样？

个人禀赋指策划主的体魄、智力等方面的素质，其中智力是指策划主认知、理解客观事物并运用知识、经验等解决问题的能力，包括他的记忆、观察、想象、思考、判断能力等。

根据策划对象的不同，策划资源也是各有不同的。如在我国西北青海省策划建设"火星村"和在西南某市郊区一个千人小村建设"美丽乡村"的策划资源是不一样的。

2.2.2　现有资源怎样用

策划人及策划团队要充分调动和利用各种资源，全心全意，力争上游，不遗余力地为策划主客户服务。

（1）梳理已经掌握的资源，不能"眉毛胡子一把抓"，而要分清轻重缓急，分出前后次序。

（2）对同类资源要进行细分，分清主次。如同市场营销中细分市场那样，画出"细分目标树"，从主干到分枝，再到细枝，从中找出关键词、关键点。

（3）将策划主需要解决的问题作为中心，绘制思维导图（在第 12 章中详细讲述），从中找出最有效的相关资源。

（4）运用联想思维，摆出问题，罗列资源，画出连线，生发开去。

（5）在头脑风暴中，动员策划人以现有资源为子弹，将火力射向靶心——策划主的问题。

2.2.3　"土"资源的"根本"作用

策划是各种资源的有机整合，尤其是带在"根"上的"泥土"，对于有生命力的策划更为重要。

小案例 2-1　　　　　　　　　　在根须上留点土

有一位在城里工作、父母在农村的盆景爱好者，他尤其喜爱老家后山上那种自然生长的小树木。前些年，他每次回家都会弄些回城里，可是再怎么呵护，就是没有一株成活的。此时，又是一年中栽种树木的最佳时机，他的心又让老家后山上奇形怪状的树木勾了去。父亲见他魂不守舍的样子，便开口询问，当知道他为啥犯愁时，说："今年保管你在城里能种活咱家后山上的树木。"

饭后，父亲领他登上家乡的后山。顿时，他被山上那些自然形成、移栽至盆中就是上好的盆景的树木吸引了。可是，前几次的失败让他记忆犹新，他不敢再次充当"杀手"。

父亲微笑着说："喜欢哪种就取哪种，但不要图轻便、怕负重，一定要在根须上留点这座山上的土。当你把它植入盆中后，它一定会向你展示勃勃生机。"

老父亲的话中有话。

在根须上留点土！他陡然醒悟，前几次为什么会失败了。

他按照父亲所教的方法，将几株比以往要重一些的树木带回了城里。很快，这些树木就一一成活，在城里欢快地安了家，呈现给他一盆又一盆上好的盆景。

资料来源　朱胜喜. 在根须上留点土［J］. 思维与智慧，2014（1）.

"在根须上留点土"，不要只想着给你的旅途增加了负荷，往往就是这么一点点

重量，却能给你带来期盼已久的成功。

树木如此，人也如此，策划也是如此。首先，策划要接"地气"，保留策划环境、背景即"根"上的"营养之土"，就会让策划快速适应竞争道路上一个又一个新的环境。如果丢失属于自己特有的东西，策划就会迷失自我，与成功背道而驰。其次，不能因为怕负重而把重要的东西减掉。最后，从失败中走出来，要找到根本原因。

2.2.4 "势当两立"，才会活得好

策划的策略，出发点是战胜对手，好似"势不两立"。

"势不两立"，出自《战国策》。或东风压倒西风，或西风压倒东风，不过是一种宽度上的局限，一种长度上的障碍。历史的舞台，不只是由某一个巨人独立撑起的；人生的舞台，也不是任由某一个人唱独角戏的；没有对立面的策划是不存在的。

有横扫欧洲的拿破仑，就会有领导滑铁卢之战的威灵顿。"英雄怜英雄"，诸葛亮与司马懿这两位对手，能成就一方之"势"，已是上苍眷顾，赐予其过人的智慧、卓越的能力，还给了一个神一样的对手。

藏族有句谚语："认识了毒草，等于找到了一剂良药；看清了敌人，等于找到了一位老师。"鹿，没了狼的追逐，悠然闲居，是否还健康、敏捷？居安忘思危，是灭顶之灾。没了对手，没了危机感，久之，就会在平静中死去。

对手是一潭清泉，能映照我们的本相，知我们所不足；能化开我们的迷惘，找到前方之路；能滋润我们的灵魂，坚定信念和毅力。江海的前方有巨岩的拦阻，才能激起千层浪花。"真正的对手会灌输给你大量的勇气"，卡夫卡说得很到位。恶狠狠的对手，是潜在的朋友，是实现成功的另一只手，当借此成长为更好的一面。

并立之"势"，之间有一道缓冲余地，叫作强强联手，索尼的井深大和盛田昭夫就是如此，他们相得益彰，其乐融融。这是哲学家叔本华所说的刺猬法则，刺猬凑在一起，保持一定距离，既能相互取暖，又不会刺伤对方。

电影《教父》中的科利昂说："永远不要憎恨你的敌人，因为那会使你丧失理智。"蒙牛和伊利同处一地，在"势当两立"中共同发展，成就了共赢。

康熙在千叟宴上敬了三杯酒，第三杯是敬自己的对手——吴三桂、郑经和噶尔丹等，希望来世再相为敌。他敬的不仅仅是对手，也是对英雄气魄的怀念。《英烈传》第六十七回："只是不曾逢着敌手，天下哪有常胜的。可恨我不曾与他们对手。"有识之士，当如是：敬对手一杯酒，真诚地欣赏对手。

百事可乐一度经营不善，先后两次主动谋求被可口可乐"吞并"。可口可乐没有落井下石，借机除掉对手，竟然还设法帮助对手渡过难关。所以，它们至今仍牢牢占据碳酸饮料行业数一数二的地位。对手之间的争斗，是惨烈凄厉的，但他们也会惺惺相惜，相互扶持。多年对手成知己，这是策划的成功。

"势不两立"，你死我活，是生命运动的减法；"势当两立"，荣辱与共，是生命

运动的加法。对手就是自己的同根兄弟，彼此为对方而存在，成就着对方，也成就着自己，这才是策划的辩证法。

2.2.5　通过过去看现在，通过过去和现在看到将来

我们用逆向思维，先认识衰落的征兆，再寻求预防的办法，这是未雨绸缪的策划。

衰落的征兆有哪些？知名媒体人侯昌总结了"公司衰落的10个征兆"：

①不再受关注，包括被"黑"，退出人们视线。

②公司不再是人才的首选。

③公司不仅慢，而且傲慢。

④产品和服务渐渐被习惯。

⑤提出很多未来设想，但短期没有产品。

⑥不能以开放的心态看待本领域的竞争。

⑦开始进入自己产品的上下游。

⑧开始高调进军其他成熟市场。

⑨对传播抱以不切实际的期望。

⑩越来越注重公关。

这些看似平常的现象，背后的本质是什么？能否透过现象看到本质，这就要看策划人的本事了。

|2.3|　创意思维

策划是人类高级神经活动的产物，开动策划人的思维机器产生新的想法，才能解决策划主的难题。

2.3.1　思维是什么[①]

创意，离不开思维，创意是人的思维的结果。要产生伟大的创意，必须对人的思维进行深刻的理性的学习和训练。

思维是什么？

思维是在特定物质（如大脑）结构中，对客体深远区层实现穿透性反映的物质运动。

自然界的进化，产生了人脑（主体）这种可以对客体进行穿透反映的复杂物质结构。人脑处于反映主体与被反映客体相互作用的关系之中。对于反映主体来说，客体分为表近区层对象和深远区层对象。可直接感知的是表层对象，可直接接触的是近区对象；不可直接感知的是深层对象，不可直接接触的是远区对象（远区又有空间上的远区和时间上的远区之分）。对于表近区层对象的反映是直接摄取方式，

---

① 王多明. 创意思维法大观［M］. 北京：中国广播电视出版社，2008.

对于深远区层的反映则是穿透、复制方式。

所谓穿透，就是透过表层捕捉到深层的信息，通过近区转录到远区的信息。复制，则是把深远区层的信息还原为对象的实在状态或真实映像。穿透和复制是穿透性反映的两个基本环节。

我们平常所讲的"由表及里，由此及彼，去粗取精，去伪存真"，就是对于穿透性反映的通俗描述。对客体的穿透性反映是思维的基本特征。穿透性反映是由一定的物质（大脑细胞）能量承担的。

脑科学的研究表明，思维是人脑神经元中物理的、化学的、生理的运动形式的综合，是一种复杂的物质运动形式。人体内承担反映机能的物质运动表现，有感性活动与理性活动之分，对客体深远区层的反映即思维属于高级意识活动范围。因此，思维又可说是脑中的理性意识活动。理性意识是对客体深远区层穿透反映的决定性环节，是实现对处于客体深层的本质性规定的活动。

思维主体对客体深远区层实现穿透反映，可以运用抽象、概括等各种思维工具，也可凭借直觉。不论运用什么方式，反映的结果必须和客体深远区层的实在状态相一致。这是因为：思维主体之所以要对客体深远区层实现穿透反映，是为了在更高的水平上适应客体，包括对客体（自然界和社会）的改造，如果反映不一致，就不能达到此目的；主体对客体表近区层的反映，一般可以自然地实现同一（反映结果与实际状态相一致），不同一是例外。例如：一眼看去就能区别人的形状和动物的形状，极少把人看成其他动物，有生理缺陷（如色盲）和病态（神经、精神、心理疾病等），或处于某种特定状态的人，可能产生歪曲的反映结果或产生错觉，这些属于例外情况。但是，对客体深远区的反映就不同了，例如对于人体的内脏，虽经多方观察，也难以完全查明它的真实情况。对于深远区层的反映，反映结果与实际状况不同一的现象是经常的、大量出现的，因此对深远区层的反映，就特别要求反映结果与实际状态必须一致。只有在反映结果可能与实际状态相同的情况下，对客体深远区层的反映才会开始，只有在反映结果能够与实际状态相同的情况下，对深远区层的反映才能持续下去；否则，这种反映就不会开始或必然会中止。反映结果必须与客体深远区层实际状态相一致，这是思维的基本规律，被称为反映同一律。

主体对客体深远区层的反映结果与其实际状态经常、大量地不同一，而思维的客观规律又要求必须同一，这就是基本矛盾。解决这一矛盾的一个办法就是对信息进行系统加工（包括信息的采集和筛选在内）。我们平常说的"去粗取精、去伪存真"就是对信息加工的通俗描述。因此，在这个意义上可以说，思维就是主体对信息的系统加工。主体对客体表近区层的直接反映并非对信息的系统加工。思维是信息引发的物质运动，也是导致信息变换的物质运动。

思维发生于人的认识的理性阶段，思维一旦发生，又可以反过来渗透于感性阶段。事实证明，人脑在认知的感性阶段就具有对客体深远区层进行穿透反映的能力，但这不是人的感性原来就有的功能，而是思维反渗于感性的结果。

思维发生于人脑，但它一旦发生，又可以扩展于人脑以外的和人脑结构具有某种相似性（可能不完全相同）的物质，如计算机、智能机和某些灵长类动物可以具有人类思维的某些功能就是证明。但是机器的思维、动物的思维不能和人的思维相提并论，前二者是模拟性思维，后者是原发的思维。三者的物质能量结构、功能和发展程度很不相同。20世纪计算机的发明和灵长类运动的思维训练实验结果，扩大了思维的概念。

2.3.2 创意思维又是什么

1.创意思维的含义

人人都能思维，在思维过程中产生出创意，才能称为思维创意。

创意思维是一种高度发展的人类思维形式。

周恩来对创意思维的结果——灵感——说过，它是"长期积累，偶然得之"的产物，既神秘又平常。

目前，人们对创意思维的研究还比较肤浅，考察的视角也不尽相同，故各家对其含义的表述还比较纷乱。创意思维有广义与狭义之分。一般认为，人们在提出问题和解决问题的过程中，一切对创造成果起作用的思维活动，均可视为广义的创意思维。狭义的创意思维则指人们在创造活动中直接形成创造性成果的思维活动，诸如灵感思维、直觉思维及顿悟等非逻辑思维形式。通常人们讲的创意思维多指狭义的创意思维。

在《创意思维法大观》一书中，作者写道：

创意思维——

是一把能打开旧锁的钥匙；

是一叶能把策划人送达彼岸的小舟；

是一副能射中目标的雕弓神箭；

是一口蕴藏丰富宝藏的深井；

是一条通往胜利之境的充满荆棘的小道。

"策划在传播业这种知识密集、技术密集、人才密集的高新技术产业中，起着市场经济的先导的作用。"

策划公司为客户服务，"出售"的是自己的"智力"，产品就是"策划"和"创意"。

策划人是最善于思考的人，虽然与常人生活在同一时空里，但他们的大脑处于高速运转中，产生与众不同的想法，创造出"惊世骇俗"的解决难题的答案。

人类，这个万物之灵长，在漫漫进化发展中，从混沌到清醒，从适应自然到改造社会，从依靠体力"挖山不止"到设计用TNT或核武器粉碎将向地球迎面撞来的小行星，从结绳记事、划道道记日到制造和操作电脑，借助电脑再创造物质的和精神的财富。

不知经过多少人的艰苦努力，不知有多少哲人、智者、科学家苦心孤诣地概括和总结，才为人类交出了340多种创意思维的方法。我们正在享受前人的辛勤劳动的成果，用这些成果丰富我们的生活，解决我们面临的困难和问题。我们更应该继续研究、发展这些成果，让几千年来的人类知识的结晶在我们这一代人手中发扬光大、增效增值。

策划创意人，生活在日新月异的今天，立身在天地之间，他们吮吸天地之精华，博采几乎所有学科的灵气，为策划寻找"前人从未走过的路"，做"看似平常，思之伟大"的事业。

2.创意思维的特点

创意思维有别于一般思维的主要特点是：思维形式的反常性；思维过程的辩证性；思维空间的开放性；思维成果的独创性；思维主体的能动性。

（1）思维形式的反常性。

这经常体现为思维发展的突变性、跨越性或逻辑的中断，这是因为创意思维主要不是对现有概念、知识的循序渐进的逻辑推理，而是依靠灵感、直觉或顿悟等非逻辑的思维形式。

（2）思维过程的辩证性。

这主要是指它既包含抽象思维，又包含形象思维；既包含逻辑思维，又包含非逻辑思维；既包含发散思维，又包含收敛思维；既有求异思维，又有求同思维。两者之间分别构成对立面，既相互区别、否定、对立，又相互补充、依存、统一，由此形成创意思维的矛盾运动，推动创意思维的发展。创意思维过程的这种辩证性又经常体现为创意思维的综合性，即创意思维实际上是各种思维形式的综合体。

（3）思维空间的开放性。

这主要是指创意思维需要多角度、多侧面、全方位地考察问题，而不再局限于逻辑的、单一的、线性的思维，由此形成了发散思维、逆向思维、侧向思维、求异思维、非线性思维及开放式思维等多种创意思维形式。

（4）思维成果的独创性。

这是创意思维的直接体现或标志，常常具体表现为创造成果的新颖性及唯一性。

（5）思维主体的能动性。

这表现了创意思维是创造主体的一种有目的的活动，而不是客观世界在人脑中简单的、被动的直接反映，充分显示了人类活动的能动性和主动性。

3.创意思维的活动过程

创意思维的活动过程，一般包括准备期、酝酿期、豁然开朗期及验证期等四个阶段。

在准备期与验证期两个阶段主要依靠分析、综合、归纳、演绎、比较、外推、类比等逻辑思维。而在酝酿期与豁然开朗期两个阶段，主要依靠想象、灵感、直觉及顿悟等非逻辑思维。此时，通常负责非逻辑思维的大脑将承担主要工作。创意思维形成的生理、心理学机制甚为复杂，至今人们还知之不多。大致可以把它理解为，人脑神经元间由电脉冲和化学神经递质构成的暂时神经联系系统的时空模式，由于某种原因发生了变化而导致有新的表象和概念生成的过程，也可以看作是认知结构自身发生的重构与选择过程。人的创意思维能力是人的创造力的核心，对人类的文明、世界的进步意义极大。

策划中的创意思维要遵循一定的方法，这些方法是进行策划创意的门路、程序。一个方法是一个操作系统，它规定了操作的一定顺序，而且这些顺序大都是不能调换的。因此，创意方法是一个有方向的量。如智力激励法（头脑风暴法）对如何进行相互激励、如何评价设想、如何筛选设想，都规定了操作步骤的顺序，这个顺序不能颠倒。

方法植根于某种理论，一般都有假定和原则。如智力激励法的理论依据是解决问题的设想越多，越能找到较好的解决方案。人们之间的思维撞击，能引起连锁思维，能克服个人的思维阻碍，打破个人的思维定式。智力激励法的原则有：数量原则——设想的数量越多越好；平等原则——每一个创造者在任何场合都有平等的权利和义务，谁也不能干涉谁；暂缓批判的原则——对设想的评估、褒贬应放在特定的而且是较后的步骤中，在其他环节不许批判和评价等。方法的运用和发展总是有限的，一般不脱离初始原则的框架。

当前已总结出来的创意思维方法有230多种，可将其分成若干大类，如列举法、设问法、类比法、组合法、分析法、联想法、卡片法、变换法、移植法、物场分析法、心理法等。各类方法中还有更为具体的方法，如列举法中就有特性列举法、缺点列举法、优点列举法等，组合法中有功能组合法、技术组合法、功能技术组合法、商品组合法、信息交合法等。[①]

创意思维方法与创造技法有一定的区别，主要表现在前者的方法有一定顺序，而后者是标量，没有方向性。在日常使用中，人们常常忽略上述界限而笼统地加以使用。

|2.4| 综合运用

策划人解决策划主的难题，好似中医看病，在"望闻问切"后开出的药方，由十几味或更多味的中药组成，综合运用各味药的药力，达到治愈的目的。

2.4.1 因势利导，做客户需要做的事

有创意的用心人，因势利导，整合资源，做客户需要做的事。有一则吸引人们到咖啡馆里避暑的策划被传为佳话。

---

① 王多明. 创意思维法大观 [M]. 北京：中国广播电视出版社，2008.

小案例 2-2　　　　　　　　　　　**到咖啡馆里避暑**

迪拜因富有而闻名世界，那里的人们有钱有闲，慢慢地品一杯咖啡自然成为当地人的生活习惯，因此，无论是繁华的广场，还是安静的小巷，咖啡馆都遍地开花。

阿布拉也是咖啡馆的常客，大学毕业后，他决定开一家小小的咖啡馆，一边当老板一边优哉游哉地品尝咖啡，实在是一件很美的事。可是，咖啡馆开业后，一直生意冷清，虽然发了许多传单，也做了许多促销活动，但客人始终寥寥无几。自己的咖啡馆位置并不差，咖啡的味道也很纯正，还得到了顾客的称赞，可为什么就没生意呢？这让阿布拉百思不得其解。

一天，一位客人大汗淋漓地走进咖啡馆，点了一杯热咖啡。虽然店里空调开得很足，但客人一直嚷热，一杯咖啡喝了很久。为了让客人感觉不那么糟，阿布拉打开了电视，屏幕上正闪现出冰天雪地的异国风情，客人一看，无限神往地说："如果能坐在冰块上喝一杯热咖啡，一定爽极了！"

客人一句无心的话让阿布拉陷入了沉思。迪拜处于沙漠地区，常年气温偏高，每年下雨天数不超过 30 天，且集中在冬季，夏季酷热，气温常常在 40℃ ~ 50℃。在这样炎热的天气里，喝热咖啡实在是一种"酷刑"。尽管迪拜人热爱咖啡，但夏季还是会减少进咖啡馆的次数。阿布拉的咖啡馆正不合时宜地选择了在夏季开业，难怪生意惨淡。

是啊，正如那位客人所言，如果此时能坐在冰天雪地里，一边避暑，一边慢慢品尝一杯热咖啡，实在是人生最大的享受。

为什么不把冰天雪地的情景搬到自己的咖啡馆呢？

阿布拉撤掉了咖啡馆里所有的桌子椅子，然后买来厚厚的冰块，做成桌子椅子的模样，墙壁上也镶嵌上一层晶莹的冰块，木质地板也换成了冰块地板。吧台、墙上装饰物、盘子、杯子、酒水单，所有的东西全部由冰块切割而成。为了防止冰块融化，也为了更好地营造冰天雪地的情景，室内温度一直保持在零下 6℃。

这样的寒冷环境会不会冻坏习惯了高温天气的迪拜人呢？阿布拉也早有考虑，他准备了毛皮垫子、防寒服、棉靴子、棉手套、毛皮帽子，如果客人感到冷，可以租用这些防寒用品。

阿布拉为焕然一新的咖啡馆重新取名为"冰冷咖啡馆"，并且打出了"请到咖啡馆里来避暑"的广告语。

到咖啡馆里避暑，这实在是一件有趣的事，很多人好奇地走进来，然后，立刻被冰天雪地的情景所吸引，一边四处张望，一边不停地发出惊叹声。当冷意袭满全身时，他们当然会租一套防寒衣，坐在冰凳子上，慢慢地品一杯热腾腾的咖啡。

有人为了安心享受一杯咖啡而选择冰冷咖啡馆，还有人完全为了避暑走进来，甚至有人是为了欣赏冰天雪地的美景，因为在当地，实在难以见到这样的景色。

冰冷咖啡馆很快声名鹊起，当地居民和外地来的游客都喜欢到里面坐一坐。为了让更多的人享受这种凉意，阿布拉设置了"客人最长停留时间为40分钟"的规定。40分钟，外加一杯热咖啡，收费100元。如果客人想多待一会儿，还得继续交费。

一个小小的策划创意，让阿布拉的咖啡馆起死回生，财源滚滚。现在，他再也不用愁客源，愁的是怎样租到更多的店面，让冰冷咖啡馆开遍迪拜。

资料来源　汤园林. 到咖啡馆里避暑［J］. 幸福：悦读，2014（9）.

2.4.2　创意不期而遇，要善于抓住它

创意是人的灵感的闪现，及时抓住了，可以为人所用，一旦错过，再难获得。

| 小案例2-3 | 抓住不期而遇的创意 |

美国科罗拉多州有一家以种植南瓜为主的农场。这里出产的南瓜曾经极受追捧，每到南瓜收获的季节，来这里购买南瓜的商贩和个人便会排起长队。

但是，随着人们饮食习惯的改变，越来越多的人开始钟情于汉堡、薯条之类的快餐，南瓜的销路变得越来越差。最近几年，已经有大量的南瓜卖不出去，只能眼睁睁地看着它们腐烂掉……

23岁的哈尔斯是一个很有头脑的年轻人。他在逆境中接过父亲手中的"接力棒"，并且着手寻找农场的改变之道。他坚信，只要找到正确的方向，农场一定可以重现辉煌！

一个周末，好友威尔邀请哈尔斯出去喝酒。两人来到镇上一家新开的中国餐馆，随意点了几道菜。本来只是随性而点，可是菜品一端上桌，哈尔斯竟然眼前一亮！他迫不及待地品尝了其中一道以南瓜为容器的菜品，那种香甜适口、软糯绵香的美妙味道瞬间征服了他所有的感官。

哈尔斯风卷残云般吃光了这道菜，最后把作为容器的南瓜也吃了个一干二净。他兴冲冲地找到这家餐馆的老板，向他咨询与这道菜有关的情况。餐馆老板说："这道菜名为'八宝南瓜盅'，是一道非常有名的中国菜。不过，这道在中国取材很方便的菜，在这里竟然给我出了一个大难题：这里的南瓜太大了，根本不适合做南瓜盅，以至于虽然这道菜极受人们欢迎，却经常因为没有合适的南瓜而不得不向客人说抱歉。"

听完老板的介绍，哈尔斯心中大喜！他问老板道："如果有足够的南瓜，您一年可以卖掉多少这种南瓜盅呢？"

"如果有足够的南瓜，一年内我和朋友们开的几家餐馆，至少可以卖掉1万个以上。"

"如果我能为您提供适合的小南瓜，您愿意收购吗？"

"当然！只要南瓜的品质好，我可以大量收购。而且据我所知，我有很多在这

里开餐馆的同乡都有着同样的困扰,如果您有货源的话,我可以做您的代理商,有多少我都可以帮您卖掉!"

一听这话,哈尔斯的目光骤然闪亮!当即,哈尔斯通过餐馆老板联系到中国的一家种子公司,买了一批最适合做南瓜盅的南瓜种子。回到农场,他立即组织人手,将农场500英亩土地都种上这种小南瓜。

当这种"袖珍南瓜"熟透时,哈尔斯兴奋地带着一车样品来到上次吃饭的餐馆。当老板看到这些外观端正美观的"袖珍南瓜"时,顿时喜上眉梢。最后,两人以每个小南瓜5美元的价格成交,并且签订了长期合作的协议!

相对于以往种植的每个二三十磅重却只能卖到2.5美元至3美元的大南瓜,这种种植密度高、结果数量多,而售价却高出近一倍的小南瓜,帮助哈尔斯将农场的年销售额整整提高了80%,创造了农场有史以来最好的销售纪录!

资料来源 于永海. 小南瓜里的大财富〔J〕. 思维与智慧,2014(1):18-19.

看似不起眼的小小南瓜盅,在常人眼中只是填饱肚子或犒慰口舌的菜品,而在哈尔斯的眼中却成了收获财富的聚宝盆!策划的创意在小小菜品上创造了成绩。

一位作家曾经说过:"太阳底下,宝贝遍地!"是的,财富给人们的机会是均等的,唯一不同的,便是有没有一双善于发现它的眼睛,能及时地把创意装进策划之中!

有人在创意来临的一瞬间抓住了它,而更多的人却熟视无睹,策划人要善于抓住不期而遇的创意。

本章小结

修房造屋、建桥修路,都需要打基础,做策划同样要有基础。首先,要明确策划的目标——解决策划主需要解决的难题,然后把策划人及团队的各种现有资源与问题对应起来,运用创意思维这把钥匙,去开启策划主需要解决的难题这把锁。

马云能做别人不愿做的事,关键是马云知道他的团队有别人没有的资源。

打铁的匠人都知道"本身硬"的道理,策划人没有过硬功夫,怎能解决别人的难题?

思考与练习

思考:

1.策划要获得成功,有许多必要条件,你认为最重要的是什么?

2.面对策划任务,可以利用的现有资源有哪些?

3.综合运用各种资源的好处是什么?为什么?

4.创意并不神秘,怎样理解"长期积累,偶然得之"的灵感?

练习:

1.对班级组织的一次小活动提出有预期、有步骤的方案。要使方案成功实施，要有哪些基础？

2.分析同学们现在接受策划任务，有哪些可用资源，尚缺的资源怎样去获取。

3.回想找中医治病的经历，体会整合资源的重要性。

4.认识创意思维后，回想你曾经有过灵光闪现的体会吗。说出来，大家共享。

延伸阅读：在三线城市发现中国式机会

第 3 章

策划的前提

📖 学习目标

学习本章要认识策划中"我、你、他"三者及其相互的关系，明白主要矛盾的主要方面，学会寻找到策划的支点，初步掌握解决策划难点的方法，从策划的重点突破中获得成功。

🔍 引例

香港珠宝大王郑裕彤：借名人的光，成就自己的事业

1984年，因公司发展需要，香港珠宝大王郑裕彤准备建造一个当时香港现代化水平最高的展览及会议场所，其中包括一幢豪华的大厦、两幢高级酒店和一座高达55米的展览中心。

这条消息发布之后，引起社会各界的广泛关注。可是，规划完成后，郑裕彤将动工的日子一拖再拖，大家都搞不明白他这样做的目的是什么。

就在外界对此事议论纷纷的时候，郑裕彤突然揭开了谜底——开工日期是英国女王1986年10月21日访问香港的那一天。

消息一发布，媒体竞相报道，舆论一片哗然。要知道，英国女王访问香港可是一件天大的事情，因为当时的香港还没有回归中国，仍在英国的管辖之下，而女王又是英国的最高元首，再加上这是她在中英两国达成1997年7月香港回归中国的协议之后的首次访问，将对香港的未来产生重要影响。因此，这次女王访港是世界关注的热点，就连美国、日本、法国、德国等国家的媒体也对此事进行了跟踪报道。郑裕彤居然选择在这样一个特殊的日子开工，难道他想与女王争锋？实在是有些不明智，大多数人都这么想。

身边的商业伙伴纷纷劝郑裕彤提前或拖后开工，郑裕彤只是笑而不答。就在英国女王访问香港这天，郑裕彤也开始忙了，他命人挂了巨型的条幅，又放飞了许多

第 3 章/策划的前提/ 37

各式各样的彩色气球，气氛非常热闹。

可是，女王已经来到了香港，全港的官员和企业界精英都一同去迎接女王了，新闻媒体也报道女王访港的事情去了，几乎没有人关注郑裕彤这片尚未开发的会展中心。那么，郑裕彤为什么非得选择在这天宣布开工呢？

几个小时后，谜底终于向世人揭开——英国女王亲自来参加奠基仪式了。英国女王站在会展中心地基前，亲自铲下了第一锹土。

在场的所有人都欢呼雀跃，记者们也纷纷记录下这令人动容的一幕，全世界在这一刻也都知道了香港国际会议展览中心和它的主人郑裕彤。

这样的传播效益有多大，是无法想象的。不管花多少钱，拍摄多少条广告，都比不上英国女王的那一锹土。如此一来，郑裕彤为自己的会展中心做了一次惊人的传播。

资料来源　何亚歌. 借力改变自己［M］. 北京：企业管理出版社，2013.

【分析与思考】

一个有声望的人即使只是给你一句平淡的称赞，也要比一群普通人长篇大论的赞辞更有威力。但是，重要的是，能够抓住借助名人之"光"的机遇。

借名人的光，成就自己的事业，有几个前提：一是信息要灵，知道某事将发生，而且可以借光；二是方法要对，即策略是正确的；三是恰到好处，适可而止，不要延展；四是不能有损"发光者"的形象。

请思考：

（1）郑裕彤为什么将香港现代化水平最高的展览及会议场所的开工日期选择在英国女王访问香港这一天？

（2）策划要成功需要思考哪些前提条件？要克服哪些困难？

|3.1| 策划的三方（我、你、他）

做策划无外乎处理好策划人（我）、策划主（你）、策划对象（他）三方的关系。

策划从调查开始。毛泽东在《中国社会各阶级的分析》中提出："谁是我们的敌人？谁是我们的朋友？这个问题是革命的首要问题。"经过调查分析，他得出："综上所述，可知一切勾结帝国主义的军阀、官僚、买办阶级、大地主阶级以及附属于他们的一部分反动知识界，是我们的敌人。工业无产阶级是我们革命的领导力量。一切半无产阶级、小资产阶级，是我们最接近的朋友。"

在策划活动中，对于谁是策划的主角、谁是策划的发起者、谁是策划的对象，以及三者的位置和关系，一定要清楚，这是做好策划的首要问题。

3.1.1 策划三方中的"我"

策划三方中的"我"，是策划公司、策划人及其团队，是策划的主角。策划这台"戏"要由他们登台领衔来唱好它。

1.策划人要有自信心

《三国演义》中，27岁的诸葛亮这位策划人才，自比春秋战国时的管仲、乐毅，当刘备领着关羽、张飞到茅庐请教他时，"让他们多跑几次"，一是考验刘皇叔求教的真心，二是认真调查时局，三是拟制"三分天下"的策划书。一番"隆中对"确立了诸葛亮在刘备阵营中的地位。

2.策划人要善于学习

每一次的策划面对的都是新课题，策划人不可能预知下一项任务。策划主在社会和经济领域都是"老手"了，遇到难题才找策划人，诚恳的态度也比刘皇叔差远了。要帮助策划主解决难题，策划人及团队要在最短时间内熟悉策划对象的情况，甚至在某些方面要超过策划主。

3.策划人要灵活善变

放之四海而皆准的策略和方法是没有的，策划人要坚持知行合一、实事求是，使出浑身解数，全心全意为策划主服务，在社会及市场的各种变动中，审时度势，打破"一定之规"，以最佳状态及时调整策略和方法。

在研究策划人、策划主、受众这三方情况的时候，我们要端正一个态度——"千万别用别人的眼光看你"。策划人面对别人的认知、情感和行为时，要有独立见解，不受外界的干扰。

小案例3-1　　　　　　　　　**千万别用别人的眼光看你**

美国科研人员进行过一项有趣的"伤痕实验"。他们向参与其中的志愿者宣称，该实验旨在观察人们对身体有缺陷的陌生人做何反应，尤其是面部有伤痕的人。

好莱坞的专业化妆师在他们的左脸上做出一道血肉模糊、触目惊心的伤痕。志愿者被允许用一面小镜子照照化妆的效果后，镜子就被拿走了。

关键是最后一步，化妆师表示需要在伤痕表面再涂一层粉末，以防止它被不小心擦掉。实际上，化妆师用纸巾偷偷抹掉了化妆的痕迹。对此毫不知情的志愿者，被派往各医院的候诊室，他们的任务就是观察人们的反应。

规定的时间到了，返回的志愿者竟无一例外地叙述了相同的感受——人们对他们比以往粗鲁无理、不友好，而且总是盯着他们的脸看！实际上，他们的脸上与平常并无二致。

这真是一个发人深省的实验。原来，一个人内心怎样看待自己，在外界就能感受到怎样的眼光。同时，这个实验也从一个侧面验证了一句西方格言："别人是以你看待自己的方式看待你。"

一个从容的人，感受到的多是平和的眼光；一个自卑的人，感受到的多是歧视的眼光；一个和善的人，感受到的多是友好的眼光；一个叛逆的人，感受到的多是挑剔的眼光……如此看来，一个人若是长期抱怨自己的处境冷漠、不公、缺少阳光，那就说明，真正出问题的，正是他自己的内心世界，是他对自我的认知出了偏差。内心的世界一旦改善，身外的处境必然随之好转。毕竟，在这个世界上，只有你自己，才能决定别人看你的眼光。

资料来源　佚名.“伤痕”在哪里［J］. 中外健康文摘，2009（5）.

受试者脸上的伤痕已经被化妆师用纸巾偷偷抹掉了，但伤痕仍在他们心上，他们是在用"伤痕仍在他们心上"的眼光代替别人看自己。

3.1.2 策划三方中的"你"

策划三方中的"你"，是策划主这一方。

策划主是客户。在签订服务性协议或合同时，客户是甲方，策划公司、广告公司是乙方。

策划主是发出策划邀约的一方，是活动的发起者、出资人，直接的受益者，当然也是策划案的批评者、验收者。策划主可以是党政军群部门、社会组织、企事业单位或自然人。

策划主与策划人的关系，绕不过乔布斯说过的一句话："消费者并不知道自己需要什么，直到我们拿出自己的产品，他们就会发现，'这就是我要的东西'。"

在策划人没有拿出自己的产品之前，策划主虽然对策划的发起、目标的确定、策略的制定、策划的施行及费用各个阶段都有话语权——体现在支配权、参与权、决定权上，但他要的是什么东西，他并不清楚。如果他完全清楚了，就会让策划人"失业"。

1.策划主的支配权

策划主投资做策划，对策划有绝对的支配权。在企业营销决策中，其支配权在策划主自己手中。

（1）将策划活动交给哪家代理公司做的支配权。

确定了由策划代理组织实施策划活动的想法后，再进一步经过选择，策划主完全有权利决定把自己的策划费交给哪家代理公司为自己做策划，也有权选择由策划代理公司全面代理还是部分代理，全程代理还是局部代理，综合代理还是单项代理等。

（2）策划预算支配权。

策划主根据企业的营销目标，预先算出在策划活动中需要投资多少钱。

（3）策划调查的干预权。

在策划活动正式展开前，要做策划调查。如果策划主自己做策划，则由企业内部派人搞策划调查；如果策划主委托策划代理公司做策划，则由策划代理公司派人搞调查，或者企业人员与策划代理公司人员共同搞调查。无论是哪种调查方式，在开展调查活动前、中、后，策划主都有干预权。

（4）策划媒体的选定权。

策划活动中最花钱的地方是购买媒体的时间和空间，因此，策划主在媒体的选定上要行使他的支配权。

（5）参与确定策划目标。

策划目标是策划主通过策划活动所要达到的目的，策划主最基本的目标是把信息传播出去，最重要的目标是促进销售，客观目标是产生社会影响。在现代策划活动中，策划主希望策划活动实现多重目标，一举多得。因此，他要在确定策划目标时主导此项活动。

其方式为：

第一，由策划主确定目标，让策划代理以此目标为基础，围绕目标开展策划活动。

第二，由策划代理根据策划调查结果，提出关于策划目标的建议，由策划主确定提升或降低或维持目标。一般情况下只有在策划费用难以承担时，策划主才会答应将策划目标降低。在多数情况下，策划主希望策划代理在策划费一定的前提下，将原有的策划目标再往上提升，至少是维持不变。

2.策划主的参与权

策划是对整体战略的运筹规划，策划主对策划极其重视，不会花大笔策划费给未经策划的活动。

策划主参与策划的方式为：

第一，策划主自己或组织团队做策划，将策划的结果交由企业内部人员去实施。

第二，由策划代理公司人员策划，策划主听取或审阅策划代理公司的策划书，再提出批准、修改或重新策划等意见。

第三，策划主自己或派企业内部人员加入到策划代理公司的策划班子里去，参加策划会议，发表策划意见，与策划人员讨论。

第四，在策划活动实施过程中，策划主发现原来的策划需要修改，可以令策划活动暂停，重新策划后再继续进行。

3.策划主的决定权

在策划活动开展之前，策划主根据策划主、策划公司相互的责任、权利、义务依法订立书面合同，明确各方的权利和义务。一经各方签字盖章，做策划的决心就下了，就决定做策划了。在此之前，策划主可以对做不做策划、做多大规模的策划、在什么时间做策划、在什么地方做策划、由谁来做策划、委托哪家策划公司代理等，做出决定，对这些内容的决定表现在与具体策划公司签订的合同里。

多数策划主对主观愿望"说不清，道不明"，直到策划人拿出了策划，他们才发现，"这就是我要的东西"。

3.1.3 策划三方中的"他"

策划三方中的"他"，是策划的对象物或事，是策划主的指向和策划人工作的对象——策划的标的。经过策划人的劳动，产生的改变策划对象的文字、图形、数据，PPT、提案或口头方案，一般称为策划书或策划案。

策划"我、你、他"三方的"落脚点"是"他"，"他"是策划主的需要，也是策划人辛勤劳动的成果。

现代策划范围之广、规模之大、对象之多、情况之复杂，超出想象。策划中的"他"，已出现了无所不至（各个领域，上至联合国、国家之间，下至朋友聚会）、无所不通（上天入地下海，快速通达，全被信息、物流网住）、无所不包（军事、政治、外交、经济、文化、教育、体育、娱乐、服务、个人生计）的情况。

策划人对策划主的最好的服务，是通过策划带策划主去他不知道的地方，站在更高视角上，充分发挥策划主的资源，创造一个新的"他"。

3.2 寻找支点

策划人要成功，前提是要做到三点——寻找支点、突破重点、解决难点。支点是一个物理学名词，是杠杆发生作用时起支撑作用固定不动的那一点（除动滑轮外），引申为事物的关键、中心。

策划活动要寻找支点，找出支撑策划的关键或中心，就可以起到事半功倍的作用，或者说"牵一发而全身动""牵牛鼻子——老牛跟着娃娃走"。

3.2.1 "给我一个支点，我可以撬动地球"

撬动地球容易，寻找支点太难。策划人和策划团队就是那些寻找支点的人。

做策划容易，策划是否有创意、有价值，对社会正能量的影响力有多大，也取决于"支点"的情况。

从一篇关于"中国泡菜'攻陷'韩国市场"的报道，可以看到小支点做成的大事。

据环球网 2018 年 1 月 18 日报道，韩国关税厅 17 日发布的贸易统计数据显示，2017 年韩国泡菜的贸易逆差为 503 亿韩元（约合 3 亿元人民币），比 2016 年增长 11%。与此同时，韩国泡菜的进出口数量差距也创下新纪录，2017 年韩国进口泡菜 27.56 万吨，是出口量（2.43 万吨）的 10 倍。这一连串数字背后的一个原因是，中国生产的泡菜物美价廉，大举进入韩国市场。中国产泡菜在韩国进口泡菜中占比达 99%。对此，韩媒惊呼"中国产泡菜攻陷韩国市场"。

韩联社 17 日以"泡菜宗主国的羞辱"为题报道称，韩国各餐厅普遍使用中国产泡菜，促使韩国进口泡菜的规模逐年高于出口规模。韩国泡菜进出口价格相差巨大，是韩国泡菜每年进口规模加大的原因之一。以 2016 年为例，韩国产泡菜的出口价格为每千克 3.36 美元，而进口泡菜的单价仅为每千克 0.5 美元。

《韩国日报》17 日称，由于中国产泡菜物美价廉，与韩国产泡菜相比具有竞争优势，被韩国国民广泛接受。在中国山东、辽宁、吉林等地有 100 多家泡菜工厂与韩国建立贸易关系。

"给我一个支点，我可以撬动地球"的故事也发生在斯里兰卡一位年轻人身上。

《莫比玛》周报是斯里兰卡最畅销的周报之一，每期发行量高达100万份。一年春天，这家报社公开招聘一批大学四年级实习生。凭着优异的专业课考试成绩以及面试表现，来自斯里兰卡一家普通大学新闻专业的学生维纳辛甘成为其中的一员，他也是他们学校进入这家报社的唯一的大四学生。

在《莫比玛》周报一位记者的引导下，维纳辛甘投入到实习工作中。寻找采访线索，构思选题，奔赴现场采访，撰写新闻稿件，维纳辛甘忙得不可开交，他每天早早开始工作，经常加班，有时会工作到很晚。几个月以来，维纳辛甘在每周的实习生考核中总是名列前茅，虽说如此，但他心里还是没底，因为最终被录取者只有一名。

6月的一天晚上，因为工作的缘故，维纳辛甘很晚才回到公寓，他从包里将《莫比玛》周报掏出来津津有味地读了起来。读着读着，几只蚊子飞来，维纳辛甘的手臂上被咬了几个包，他感到奇痒难耐，就去拿驱蚊剂。可驱蚊剂昨晚已经用完了。维纳辛甘只好用苍蝇拍打蚊子，忙了好一会儿将它们消灭。这件事突然使维纳辛甘联想到，斯里兰卡属于热带季风性气候，终年高温，每年都有不少人因感染登革热病毒死亡。维纳辛甘进一步联想到，如果报纸的油墨中添加驱蚊成分，那读者在读报时蚊子就不敢靠近了。这样一来，报纸不仅可以报道新闻，而且可以为国家环境卫生的维护做出实际的贡献。

维纳辛甘连夜撰写了自己的创意方案。第二天，他将想法告诉指导编辑，并将创意方案递交给指导编辑。维纳辛甘的创意令指导编辑十分惊喜，连连称道。后来，这份创意方案被层层递交到报社社长手里，社长看到后高度重视，与印刷部门的负责人开会研究后认为此方案完全可行，于是就让印刷部负责执行了。

《莫比玛》周报在头版头条报道了变身为驱蚊报的消息，很快就被抢购一空，很多读者为抢不到报纸而遗憾不已。在这一天，《莫比玛》周报的发行量猛增30万份，之后的几天，又递增了几万份，而后大致维持在140万份左右。维纳辛甘成为《莫比玛》周报几年来唯一招聘的记者。

很多平常事物，让我们司空见惯，却蕴藏着创新的"支点"，而这，正是很容易被忽略的地方。

3.2.2 怎样寻找"支点"

其实"支点"就在身边，就看有没有"慧眼"发现它。查尔斯·史考伯有眼力，找到了"支点"。他用写在黑板上的一个字，打破了"生产产量上不去"的僵局。

查尔斯·史考伯是美国一家钢铁公司的经理，三十出头的他擅长经营管理。

公司下设了一家暖气机工厂，经济效益下滑，工人们都怨声载道。他想了解一下原因，把工厂厂长叫到办公室。

他还未发问，厂长就开始抱怨："我们这个工厂的效率实在太低，工人总是磨磨蹭蹭，每个月都无法完成工作任务。"

他问："你作为厂长，想过用什么办法来解决这个难题吗？"

"当然想过了。"厂长回答，"我一开始是向工人们说好话，鼓励他们好好工作，可是他们无动于衷。后来，我生气了，经常批评他们，还威胁他们，不好好干就减薪开除，可还是没有什么效果。"

查尔斯·史考伯想了想说："你现在带我去车间，我和工人们见一见。"

厂长把他领到车间。此时，白班的工人快要下班了。

他问身边的一名工人："你们这一班今天制造了几部暖气机？"

"6部。"工人答道。他没有说话，径直走到黑板前，用粉笔写下一个大大的"6"字，然后离开了。厂长和工人都愣在原地，不知道经理的葫芦里卖的什么药。

过了一会儿，夜班工人来接班了。他们看到了黑板上那个"6"字，就问是什么意思。

白班工人解释道："经理刚才来了，问我们制造了几部暖气机，我说6部。他就写在黑板上了。"

第二天早上，经理又来到工厂，发现夜班工人已把"6"擦掉，写了一个大大的"7"字。原来，夜班工人认为他们比白班工人强，当然要向白班工人挑战。他们加紧工作，超越了白班工人。

等白班工人早晨来上班时，当然看到了那个醒目的"7"字。那天晚上，白班工人下班之后，黑板上留下一个"9"字。

黑板上的数字逐渐增大，工厂的境况也随之好转。一段时间后，这家产量一度落后的工厂终于迎头赶上，产量跃居美国同行业前列。

查尔斯·史考伯貌不惊人、语不出众，却有着一手鼓舞人、激励人的绝招，这成了他拥有的最大资产。他在1921年38岁时被美国钢铁大王安德鲁·卡耐基看中，被提拔为美国钢铁公司第一任总裁，成为美国商界中年薪最先超过100万美元的精英。

大手笔的策划，用一个小小的"支点"可以"四两拨千斤"。

有时候，当用常规方式无法激发别人的信心和斗志时，不妨突破惯例，逆向而为，往往能获得意想不到的效果。

黑板上的一个字就是支点，这个支点被查尔斯·史考伯找到了，他撬动了"工厂的效率实在太低，工人总是磨磨蹭蹭，每个月都无法完成工作任务"这个"地球"。

那么，我们怎样寻找"支点"呢？

（1）处处留心皆"支点"。正如生活中处处都有美，就看你会不会去发现。做生活的有心人，于无声处听到惊雷。作家从闲谈中获得创作灵感，实例不止三四个。

（2）站在巨人的肩上能获得新的更高的"支点"。任何科学研究都不是从头做起的，总要利用间接知识充实自己，"吃进草，挤出奶"。

（3）养成随时能将思维机器高速运转起来的习惯，应对各种策划任务。培养"以五千之卒，敌十万之军"的奋斗精神，不涩滞，不推诿。

（4）在观看、学习别人做策划时，设身处地地当是自己在做，多角度、多侧面地思考，获得"柳暗花明又一村"的新发现、新支点。

（5）在游戏、玩乐中获得解决问题的支点。有哲人说"人类的进步起于游戏"，在人生如戏、戏如人生中，可以发现支点就在眼前。

（6）经常训练自己，将各种有用或无用的知识"画"进"思维导图"，养成善于运用创意思维的习惯，"长相思，勿相忘"。

（7）在智能手机、平板电脑、笔记本电脑中，建立创意资料库、"支点"抽屉，随时随地把想到的、看到的、听到的装进去。

著名电影大师卓别林的《城市之光》中，有个被人津津乐道的镜头：卖花的盲女在听到重重的车门响后，以为碰到了阔人，就向前兜售鲜花，不忍心拒绝的流浪汉，就用自己口袋里仅剩的两角五分钱买下了一束鲜花。

人们称赞卓别林天才般地还原了真实，可卓别林在听到人们的赞扬后，并没有做丝毫的表示，脸上甚至连一点喜悦的表情都没有。后来有个莽撞的观众非得让他讲一下是如何产生那个天才方案的，卓别林见躲不过，就淡淡地说道："这没什么，我只不过设计了342个方案罢了，然后全都拍出来，选了你们看到的那个。"

戏中天才的方案并不是从一开始就能自动产生的，它往往伴随着痛苦的挣扎、辛勤的摸索，还有尝试百遍的勇气和决心。

3.2.3　策划的支点有哪些

香港珠宝大王郑裕彤，借名人的光，成就自己的事业，他找到了"撬动地球的支点"。在寻找"支点"时，还有许多"思路"供策划人选择。

1.意想不到中有支点

美国律师克里姆创新了一项业务，叫作"最后的念头"，即客户把"临终遗言"在正常情况下先说出来，交给他的公司存起来，需要时再拿出来告之亲友。

创新这项业务的由头是克里姆30岁那年搭乘飞机遇上气流，飞机上下摇摆、险象环生时，他忽然心生惊悸、百念丛生：双亲知道他爱他们吗？如果他就这样走了，他的狗谁来喂？后来，他平安回返家门，便辞去了律师的工作，开创了一家别开生面的网络服务公司，号称"最后的念头"（策划创新业务来源于"怕死"），推出了"遗言电子邮件服务"——客户生前先选好一名亲朋好友当"守护天使"，由他在第一时间里将客户去世的消息通知该公司，该公司便立刻发出预存的"遗言电邮"，使客户在逝世后仍能向所有亲友发送告别语（人人都会死，但死法不同），免得一些来不及说的话从此被遗憾地带进坟墓去。

迄今，已有来自80余个国家的1万多人订购了这项独一无二的服务（那么多人成了他的客户）。

人，只能活一次，而这一次，就只有短短数十个寒暑。因此，我们必须充分利用"降生于世"这个"千载难逢"的机会，痛快淋漓地活出自己的风采，活出自己的个性，将一个真实的我活灵活现地演绎出来。

实际上，真正幸福的人，是那些认认真真而又快快乐乐地过完一生的人。他也许长寿，也许短命，但是，在活着时，每一天该说的话、该做的事，他都说了、做了，他死而无憾。

策划的关键是，有人来关心人们"最后的念头"，把它当成事业来做，而且成功了。

2.再往前迈一步，就抓住支点了

有人说，真理住在谬误的隔壁。它们之间确实很"亲近"。

朴康焕是三星公司的一名普通员工，负责在三星手机生产线上做检验工作，尽管工作单调，但他乐此不疲，以做一名三星员工而自豪。

朴康焕拥有两部手机。每天晚上，在卧室里充电的手机就有好几部，他还专门加了两个充电插座（策划因手机充电而引起）。

一天深夜，充电的手机发出刺眼的颤动光芒，明明灭灭，刺激他的大脑与神经。朴康焕愤怒地坐了起来，将手机的充电器拔了下来。

朴康焕经过调查，发现几乎所有的三星手机，在充电时都会发出刺眼的颤动光芒。他专门走访了设计部门，得到的结论是：没有人在意充电时的光有多么强，无须紧张。

这怎么可能不是一个问题（策划是为解决问题而做的）？朴康焕搜集了相关证据，将自己的设想和创意送到了设计部，在方案中，他提出了设计"睡眠灯光"的想法，但3个月过去了，没有得到任何回复。

朴康焕没有灰心，他愤怒地将自己所有的想法发到了总裁的电子邮箱里。

一周后的一个下午，朴康焕收到了主管的电话，要求他3点左右到公司第一会议室开会。

会议室内座无虚席，他进门后，总裁便率先站起身来，为他鼓掌。

"你的创意改变了一个时代。"总裁紧紧握着他的双手。

"没有人在意充电这个微小的环节，而朴康焕却注意到了，灯光是至关重要的，我们的设计部门却疏忽了，灯光不好，会引起人的愤怒情绪，灯光忽明忽暗，更会造成人的失眠。"总裁挥舞着大手。

一个小小的发现，竟然引起了一场关于手机充电灯光的大变革，继三星之后，联想、小米竞相在充电灯光上下功夫，促使灯光人性化，有益于人的睡眠。

不要疏忽一个小小的灯光，有时候，从致命到制胜，仅一步之遥。

3.敢想、敢干，就能抓住支点

大卫·弗莱德格是谷歌公司的产品部总经理。每天上班时他都要经过一家小型山地车行。他敏锐地发现了一个现象：只要一下雨，这家车行就会关门歇业。一天，大卫特意进去询问其中的原因，山地车行老板告诉他："这是为了节省开支，下雨天很少有人来买车。"老板无奈地说，他最害怕雨季长的年份，因为那样店里的营业额会下降很多，这一年也就难有利润可图。

从山地车行出来后，大卫想：类似农场、剧院、室外游乐场等地方，它们的经营和收入状况都会跟山地车行一样，受天气影响很大，有时甚至要"望天收"，经营状况非常被动（提出了要解决的问题）。

一个月后，大卫决定从谷歌辞职（敢想敢干），他觉得自己发现了一个商机，打算干一项别人从未干过的事业——创办一家"坏天气保险公司"（策划人的品格所至）。

创业伊始，大卫便将公司的客户群定位在那些受天气影响大的行业领域里（市场细分后的策划定位）。首先是美国农民，大卫表示自己可以为他们提供天气意外保险，有意向者可以先在电脑上模拟或预测未来一年或几年有可能出现的破坏农业生产的各种坏天气，如冰雹、飓风和海啸等，然后再选择能为他们设计好的合适的农业保险投保。一旦协议签订、保费到位，如果在受保期内发生天气灾害，大卫将对他们进行赔偿，这样农民便可以将坏天气带来的损失降到最低点。如今，坏天气保险公司已经拥有了100多万名投保客户，涉及100多个行业领域。

记住，敢想、敢干，就能抓住支点，做出成功的策划。

4.设身处地，能抓住支点

参见第8章引例"张静：量身定枕，优枕无忧"。

5.专注专业信息，获得支点

恒源祥的刘瑞旗，获得百万元购买澳洲羊毛的机会，这一机会来自澳大利亚总理对媒体发布的信息（参见第7章引例）。

贵阳护理职业学院本是小女生聚集地，痛经是常见和多发的。女教师们本身是医生，她们选取最有效、最方便组合的中药配方为女学生解除痛苦，多年来的效果就是成功策划的支点（参见第9章的"案例五"）。

3.2.4 换个角度看问题

"横看成岭侧成峰，远近高低各不同，不识庐山真面目，只缘身在此山中。"

回头看一看，侧身瞧一瞧，翻过来琢磨一下，横过来试一下，也许答案就出来了。

朋友圈有人发来一条微信，点开看是四幅图，第一幅是只青蛙，第二幅是个花瓶，第三幅是"天使与魔鬼"，第四幅是"老妇和少女"。图片间有文字：你看到了什么？青蛙？花瓶？天使？老妇？那么请你换个角度看一下，你又看到了什么？

按照提示，换个角度来欣赏图片。第一幅图横过来看，青蛙变成了一匹马；第二幅图看白色的部分是个花瓶，但看旁边黑色的部分则是两个女孩的头像；第三幅图，看白色的部分是很多身穿裙子的小女孩组成的一幅美丽的图案，再看黑色的部分则完全成了面目狰狞的怪物；第四幅图正着看是位老妇，将手机倒过来，看到的竟然是一位漂亮的妙龄少女。

这条微信告诉我们，换个角度看问题有多么重要！

青蛙和马、花瓶和女孩、天使与魔鬼、老妇与少女，有的风马牛不相及，有的是美丑的对立，有的是人生的两端，可是在一定的条件下，呈现在人眼前的影像，竟然可以互换。

想起盲人摸象的寓言，摸到耳朵者，说像簸箕，摸到大腿者，说像柱子，摸到尾巴者，说似绳子。苏轼的诗《题西林壁》指出由于人们所处的位置不同，看到的往往是事物的局部，有片面性。要认识事物的真相与全貌，必须超越狭小的范围，摆脱主观成见，左看右看，横看侧看，才能看到各种影像，从而得出全面正确的结论。

鲁迅先生说，一部《红楼梦》，经学家看见《易》，道学家看见淫，才子看见缠绵，流言家看见宫闱秘事，这也是说不同的人，对同一事物，会产生不同的阅读、观察结果。

换个角度看问题，换个方法看问题，同一个人会对同一个人和物产生不同的看法。

大千世界，无奇不有，任何事物都存在着两个方面，硬币有两面，人生也有正面和背面。阳光鲜花，青春美貌，友谊爱情，事业成功……这些都是正面，但"人生不如意事十之八九"，谁都会经历坎坷挫折，疾病衰老，可能面临背叛失误，生活暗淡无光，郁闷、烦恼、惆怅、痛苦……这样的时候，倘若能够调整思维方式，调整心态，换个角度去看问题，或者换个积极的活法，生活也就充满了希望和快乐。

台湾作家刘墉的一位朋友与一个离过两次婚的演员结了婚，当别人为刘墉的朋友感到不值时，刘墉的朋友说："我开个旧奔驰，虽是三手货，但马力很足。就像我太太，在演艺圈20多年，见过多少场面，现在老了，收了心，没了以前的娇气、浮华，却做得一手好菜，又顾家。其实，她真正最完美的时候反而被我遇上了。"当别人又说她看不出当年的风采、并不完美时，他又反驳说："我自己也不完美，谁没有往事，谁不是千疮百孔。正因为我们经历过一些事，所以都成熟都知道珍惜，这种不完美正是一种完美啊！"①

人人都有烦心事，遇到烦心事，试着换位思考，让乐观主宰自己，可能就会有好心情，继而带来好运气。在"山重水复疑无路"的困境中始终保持一种积极的心态，凡事往好处想，积极努力，可能很快就会"柳暗花明又一村"，那时你会觉得豁然开朗：世界原来如此美丽！

|3.3| 突破重点

同类事物中的重要的或主要的方面称为重点。解决难题时有"突破一点，其余自解"的问题。打仗时，攻下重点，其余便会不攻自破。

3.3.1 找到打开旧锁的钥匙

如果在解决难题时出现了暂时无法解决的状况，"推不开的门，可以拉开"，找到突破口，换一种方法（策略）也许能获得超出预期的效果。

---

① 佚名. 换个角度看问题［N］. 安庆晚报，2017-08-16.

小案例 3-2　　　　　　　　　　　房子只送不卖

　　马克是英国一位很有成就的歌唱家，2017 年 11 月，他和儿子一起通过网络在全球范围内策划推出了一项"爱心活动"——免费赠送"意大利的梦想生活"。他们在广告中说，在意大利，他们拥有一座建造于 17 世纪的豪华庄园，愿意免费赠送给某位幸运的游客，让他或她真正过上"意大利的梦想生活"。马克父子反复强调，这座庄园只送不卖，他们就是要给那些普通人一个机会，而不是简单地卖给一位百万富翁。

　　在广告中，马克父子展示出了庄园的精美照片。庄园内部装潢考究，有 3 个厨房、3 间客厅、7 间卧室、1 座小教堂、5 个卫生间，另外，还有面积超大的花园和游泳池。看得出来，庄园完全是建筑艺术的杰作，至少值 100 万英镑（约合人民币870 万元）。看过这些照片的人，没有谁不动心。

　　那么，谁会成为幸运儿呢？马克父子设计了一个公平的遴选办法，那便是幸运抽奖——参与活动的游客，只需购买一张抽奖券参加抽奖就行。抽奖券也不贵，才2 英镑（约合人民币 17 元）。

　　马克父子一共印制了 57.5 万张抽奖券，同时开展线上和线下抽奖。活动一推出，参与的人便络绎不绝，短短一周时间，就有近 10 万人参与。通过销售抽奖券，马克父子已经轻轻松松获得了 20 万英镑（约合人民币 174 万元）。活动还在继续，他们相信，实现 100 万英镑的销售额只是时间问题，如果抽奖券全部售出，他们将获得 115 万英镑（约合人民币 1 000 万元），比庄园估价多出 15 万英镑。父子俩笑逐颜开，为自己能够策划出这个金点子而深感得意。

　　这个所谓的免费赠送"意大利的梦想生活"的活动，其实是马克父子的一个营销策划的创意。这座庄园为马克 8 年前所买，由于种种原因，他想以 100 万英镑的价格出售，却苦于无人接盘。后来，有个富豪想接手，但出的价格不能令马克满意。于是，马克和儿子另辟蹊径，打出情感牌，来个"只送不卖"，没料到效果还真不错。

　　资料来源　孙建勇. 房子只送不卖［J］. 启迪与智慧，2018（1）.

　　策划创意就是财富。郎加明在《创新的奥秘》中说过这么一句话："对于创新来说，方法就是新的世界，最重要的不是知识，而是思路。"
　　将卖不掉的高价房转变为抢手的"赠品"，就是用新策划创意打开了"旧锁"。
　　打开旧锁的方法很多，这里概括地略举一些。
　　1.将"赋、比、兴"用于策划创意
　　在《策划书写作教程》第 7 章中，作者介绍了 10 种成功策划的方法，指出"通向成功的路有很多条"，策划人为策划主做策划，招数多多，不拘一格。
　　对赋、比、兴的简要解释是：赋，是平铺直叙，开门见山。比，是比喻，是赋、比、兴中最基本的手法,用得最为普遍。兴,是起兴,先言他物,再说要说的对象,借他物引出所要描绘的事物,先言他物以引出所咏之词。

应用"赋"的方法,将要策划的事直接铺陈开来,不转弯抹角,让阅读策划书的策划主对这份策划书的意义有直观的认识,因为开门见山,直陈本意,产生的传播效果就很好。

这里用"比",可以在时间概念中做纵向的比较,又可放到空间概念中做横向的比较。通过纵横的经纬,凸显策划主体的定位。

世界是物质的,任何物质都是不断运动和普遍联系的,策划人要证明自己的观点,可以用"兴"的手法,即先言彼再言此,这在策划手法中经常运用。

2.在策划创意中,熟练运用"起、承、转、合"

起、承、转、合的简要解释为:起,开头;承,承接上文加以申述;转,转折;合,结束。策划案要打开策划主的心锁,使他接受策划人提出的创意策略;施行策划是要打开受众-顾客-消费者的心锁——天生的防备心理——捂住自己的钱袋子。要讲清道理,编好故事,循序渐进地晓之以理、动之以情,将受众-顾客-消费者当作策划创意人的亲人般地设身处地地说给他们听,做给他们看。

3.志存高远,为"高、大、全"做策划创意

有数据显示,目前我国铁路快餐一年有70亿~80亿元的市场规模,而旅客对火车上的传统餐品很不满意,于是有了"外卖"加入高铁,迫使列车餐品不仅是让旅客"果腹",还要按照消费层级的需求,让旅客获得"美味"的享受。在网上提前订餐,让旅客"走一路吃一路"的策划,如美国做到"享受一顿标准的西餐,是坐火车的一部分"那样,就是用高、大、全策划打开铁路餐饮多年受诟病的"锁"。

4.用数据说服,让难题变得容易

曾有一家军转民企业生产洗衣机,在诉求中,它用了一句"本机保证5 000次运转无故障"。明智的受众想想,这台洗衣机每天用一次,能用13年,每周用一次,可以用96.15年,他们对产品的信赖便不言而喻了。

5.求同存异,在类比中获答案

要证明难度较高的策划思想,可以将其放在人们较为熟知的与它同类的物品中进行说明。"画龙点睛"这句成语,在许多地方运用,策划人的"点睛之笔"能为解决许多难题做出贡献。

3.3.2 精彩之处,犹如爆竹,响到恰当处

中国的爆竹,外国的礼花,在开始和结束时,总有惊人的一响。首因效应,引起人们注意;近因效应,引起人们回味。在关键处要用精彩之笔,浓墨重彩,才能突出重点。

王蕾在《策划理论及案例分析》中的"策划的方法"这一章里,写了"策划的基本方法""策划的一般方法""策划的专用方法",精彩之处详细介绍了"罗列分解法""重点强化法""借势增值法""逆向变通法""连环伏笔法""移植模仿法",

从基本到一般，再到专用，如上台阶，登峰造极。

3.3.3　编写一则有矛盾的故事，更容易让受众记住，说服力更强

例如，故事一：国王死了，然后王后也死了。故事二：国王死了，王后伤心地死去。显然，受众会更容易记住第二则故事。第二则故事中国王、王后的死亡，不是简单地先后发生的，而是有着情感联系的。故事一是事实报道，而故事二更有"意义"。按照信息理论，本来故事一应该更容易被记住，因为它报道了事实，可人们的大脑并不是这样理解的，情感更动人。

讲述一则产品故事的传播，比理性地罗列产品优点的传播效果更好。事实上，产品的故事只是附带物，可人们的大脑喜欢听故事。谷歌在2010年美国"超级碗"节目中插播的"谷歌巴黎之爱"，就出色地证明了这一点。

在对乌当区新场镇保寨村神农银杏王的传播中，策划人把从村寨老人那里听到的故事进行编写后，由民俗画家绘出四组连环画，制作成大喷绘贴在树下的墙上，向游人更直观地宣传了神农银杏王的神秘感，产生了很好的传播效果。

|3.4|　解决难点

策划的本质是解决难题，难题中的关键点，即是难点。辩证唯物论讲述了事物的对立统一中存在矛盾的双方，这对矛盾存在着主要矛盾和次要矛盾，在主要矛盾中又存在起决定作用的那一方面。解决了"牵牛要牵牛鼻子"的问题，策划难题中的难点便迎刃而解。

3.4.1　解开束缚思维的绳索

人们的思维定式、直线思维等一般不适于创新创意，而逆向思维、发散思维、想象思维等创意思维则是策划人应时时使用的思维利器。

"粉笔还可以横着画"就是一个例子。

一群大学生就要毕业了，在最后一堂课上，他们都显得无比自信和轻狂。对此，教授想给他们再上一堂人生课。

于是，教授用粉笔在黑板上画了两个点，让学生用直线连起来。两点确定一条直线，对于一个即将毕业的大学生来说，这真是再简单不过了。一位学生想也没想，径直走上去就将这两点连了起来。教授没有说什么，他在黑板上另外画了两排点，横竖各两点，共四个小点，排起来就像是一个"口"字。

教授说："再画一条直线，把这四个点连起来。"那位学生一下子就愣住了，因为不管怎么画，一条直线最多只能连接其中的两个点。班上的其他学生也纷纷表示，这根本就是不可能完成的事。这时，另一个学生胸有成竹地走上讲台，他把粉笔横压在黑板上，用力画过之后，一条粗粗的直线就将那两排点全部覆盖了。

看到这里，教授满意地点了点头，在场的所有学生也向他报以热烈的掌声。

多年以后，这名学生经过努力打拼，成为全球著名的投资大师，他就是沃伦·巴菲特。[1]

在许多人看来，粉笔无非就是直着写字而已。实际上，粉笔除了直着画，还可以斜着画、横着画。打破常人的思维定式，另辟蹊径，解开束缚思维的绳索，这便是投资大师巴菲特的成功之道！

3.4.2　站在高处不仅看得远，还看得清

"欲穷千里目，更上一层楼"，登高可以远望。其实要看得更清楚，俯视是最好的选择。

当中国的共享单车难题不好破解时，德国人却解决了共享汽车的难题。他们的做法为我们提供了"往高处走"的借鉴。

顺丰快递之所以能够高效运营，是因为顺丰的分配模式凝聚了一群高效工作的人。原宅急送总裁陈平说过这样一段话："顺丰的收派员和企业是分配关系，不是劳务上下级关系。这就是王卫聪明的地方。"

王卫设计出两种收入分配模式：一是承包制，每个快递员就是企业中的"个体户"，像当年包产到户一样，每个快递员在城市里有自己的片区，别人不会来抢你的，如果你的片区业务量增长缓慢，一段时间内没有起色，你就会被裁掉。二是计件工资制。这样的制度，保证了顺丰一线员工的高收入，高收入支撑着顺丰以快为核心的高质量服务。

顺丰收派员的基本工资并不高，试用期一个月1 800元，过了试用期就是1 500元保底，派一件快递提成1.5元，收一件快递最低提成2元。每个快递员根据工作业绩获得提成，每个月的收入都是可以预期的。在顺丰，每个快递员都是自己的老板，他们的报酬，全系于勤奋以及客户的认同，月薪上万的收派员，在顺丰早已不是特例。

有人问王卫，是如何管理好二三十万员工的。他轻松地回答说："员工要尊重，给他尊重；要收入，给他收入。人性都是趋利避害的，弄清这点，即便是40万人，也没什么难管的。"

当然，王卫的高明之处在于，他还非常注重对员工个人品牌形象的打造。

在一般人眼中，快递行业就是一个技术含量低、靠劳动力吃饭的行业，王卫要改变快递员靠出卖劳力搬货的宿命，他要将快递员赚钱的模式从手脚过渡到嘴巴，从体力转向脑力，从注重公司品牌形象转向重视员工个人品牌形象。

王卫说："如果我们不能从出卖劳力赚钱的传统模式中解放出来，顺丰就不算真正蜕变成功。"在这样的分配模式下，每一个人不仅获得基本的尊重，而且获得丰厚的物质回报，这样一来，顺丰的整体效能想不飞跃都难。

顺丰老总的管理策划"站在高处看得清"，是成功的。

---

① 秦湖. 粉笔还可以横着画［N］. 健康导航，2013-11-15.

3.4.3 深入究里，从细微处解决难点

有许多难点在人们的反复认识中，在鞭辟入里时，自然就化解了。

有一个剖析、研究快餐店摆放广告牌的逻辑的实例，说的是一家快餐店常在门口布置各种各样的广告牌、海报和悬挂饰物来吸引顾客的注意，后来的研究表明，根本就没有人看这些东西。当你走进快餐店时，你要找的东西无外乎两个：柜台或洗手间。

把广告牌放在通向洗手间的过道意义也不大，因为这时人们脑海中想着更重要的事情。但是，如果广告牌正对着从洗手间出来的人，那效果还是不错的。

人们来到柜台边，就在考虑要吃什么了。在快餐店里，他们只会看前面挂着的大菜单牌，并不会去看菜单上的每个字，只是浏览一下，然后找自己想要的东西。如果是店里的常客（多数购物者都是），心里已经想好了要什么，就根本不会去看菜单。

如果排的队很长，购物者就有时间好好看一下菜单及其他视线内的东西。点完食品之后，菜单牌和柜台区的广告牌仍然能受到人们的关注。麦当劳发现，75%的人点完餐之后，在等餐期间——平均为1分40秒，还会看菜单牌。这段时间很长，而且在这段时间之内，因为已经付完账，找过零钱，没什么别的事，有什么东西，人们都会去看。这时就是进行广告宣传的好机会，可以宣传那些能吸引顾客下次再来光顾的东西。

拿到自己要的食品后，消费者们要么离开柜台，要么去拿调味品，那么就可以在放调味品的地方放些促销资料，不过如果在那儿放汉堡的广告就没什么用了，因为太晚了，但这时是向就餐者宣传餐后甜点的好机会。这个就是广告牌和宣传设备在摆放逻辑上的经验。某些信息告诉顾客太晚的话，他们就来不及采取行动，这样的宣传也就毫无意义。比如，在排队交钱的队伍前面放上广告牌是个不错的主意，但如果广告牌上宣传的商品放在离收银台较远的地方，就没什么用了。

几年前，在快餐业掀起过一场清除所有就餐区杂乱物品的行动，包括广告牌、悬挂饰物、海报和"桌面帐篷"（用三面纸板围起来的东西）。结果表明，那场运动是个错误，因为餐馆的策划者根本没注意到他们自己店里正在发生的变化，尤其是没有注意到典型的快餐消费者带有的社会属性。

策划者考察过两类餐馆里面的"桌面帐篷"——家庭式餐馆以及快餐连锁店。在家庭式餐馆的就餐区，只有2%的就餐者看了"桌面帐篷"上的内容，但在快餐连锁店，却有25%的就餐者看了"桌面帐篷"上的内容。

造成两者之间如此大差异的原因很简单：在家庭式餐馆，通常是2~4人或整个家庭成员共同就餐，他们一直忙于交谈，根本没注意到桌面上的牌子。但是快餐店的消费者往往是独自就餐，消费者渴望有一些消遣的东西，如果给他印着字的盘子垫，他肯定会去看上面的字；给他即将出版的斯蒂芬·金的小说的第一章，他也会看。策划者建议快餐店赛百味在餐巾上印广告，大力宣传他们的三明治比汉堡要健

康得多，还建议它在餐巾上印上脂肪含量的对照表。事实上，在快餐店就餐的顾客肯定会去浏览在别的地方可能忽视的信息。这方面有一个很明显的例子，就是他们会阅读谷类食品盒子背面的广告。

策划者认为越往餐厅里面走，广告内容就可以越长。在快餐店门口只用两三个字，而餐巾上则可用小号字写满信息。有一次，策划者路过一家快餐店，看到它的橱窗广告牌非常不错，上面写着"大汉堡"三个字。走进店里以后，会看见另一块广告牌对外面那个简短且令人好奇的广告做了解释（正在出售……大汉堡包）。这就是很精明的广告设计：将整个广告信息拆成两三个部分，在顾客进店的过程中，每往里面走一点就能多看到一部分信息。也许有人认为每个广告牌都应该是独立的，而且信息完整，这种看法不仅缺乏想象力，而且也没明白人类大脑的工作规律。正是广告牌的先后顺序使其成了美式幽默的象征。

每间实体店都会向顾客传播销售、服务的信息，经过剖析研究，策划人把自己当作顾客，站在顾客的位置了解顾客想看什么、需要什么，设计、摆放顾客需要的传播内容，一定会解决过去那些代替顾客思考的"费力不讨好"的难题。

本章小结

要做成任何一件事，都要明白做成事的前提是什么。本章从做策划的"我、你、他"三者入手，认清寻找支点的方向，学会抓住重点进行突破，提供解决难点的方法。本章既从道理上厘清策划的前提，又在诸多实例中让学习者获得解决问题的方法。

思考与练习

思考：

1.处理策划中的"我、你、他"三者关系时，主要矛盾和矛盾的主要方面是什么？

2.关于分析处理策划的支点、重点、难点，你还有什么招数，说出来，做到"疑义相与析"。

练习：

1.在本教材第9章中任选一篇案例，找出其中的策划支点、重点和难点。

2.到策划公司走访策划人，采访其做好策划创意的前提是什么。

延伸阅读：争当淘宝体验员的爷爷奶奶级应聘者

第4章

策划的方向

学习目标

通过本章的学习，懂得遵章守纪对坚持策划正确方向的重要性，了解将社会效益放在经济效益之上的辩证关系，认识成功的策划对形象塑造能产生良好作用的道理。

引例

凯恩："最佳捆绑"能致富

致富，是每位有志者的追求方向。如何在致富路上不断策划新方向？看一看凯恩是怎样做的。

美国有一个叫凯恩的年轻人，渴望过上富裕的生活。但是，他没有一技之长，在一家普通的公司打工，也没什么家庭背景。他能做的，就是不断地寻找致富方法。

他有一个爱好——粉刷自己的房子，很多朋友都说他粉刷的房子特别漂亮，非常专业。凯恩听后，无奈地摇摇头，自己不可能以粉刷房子为职业，毕竟那只是蓝领工人的工作，无法获得更多财富。

但有一天，事情有了转机。

那天，他听了创富大师艾克的一堂课，这堂课的主题是"极速自助"。创富大师艾克送给他一句话：我如何在睡觉时，也能向人们提供我的价值、我的产品、我的服务？

凯恩受到启发。他想，我粉刷的房子非常好，可以把它变成自己对外销售的一种产品、一种服务、一种价值，我该如何销售呢？手把手去教不行，再怎么努力，所创造的财富毕竟有限。

所以，要转变思维，寻找即使在睡觉时也能教别人的工具。最后，小伙子想到了录制录像带。

凯恩把自己粉刷房子的所有细节，制作成一套录像带，名字就叫"自己如何粉刷房子"。

他想：我该去哪里销售呢？

最初想到的渠道是他家附近的零售店、超市。一段时间后，销售业绩并不理想，因为录像带是一项低成本制作的产品，包装不精美，自己又不是公众人物，很多人没有看录像带的习惯，更谈不上去购买。

很快，他有了新的想法。

他联系涂料销售商，说："你可以把我的录像带放到你的店里一起销售吗？这样的话，如果人们来买你的涂料，自然而然，他们就可以依靠这些录像带自己学习如何粉刷房子。"

销售商听取了他的建议，把它放到店里，结果还是无人问津。

凯恩依然没有放弃，他开始寻找更好的合作伙伴。他直接打电话给本地区规模最大的涂料生产商。他说："你们是生产涂料的，可能你们还不知道，你们的客户喜欢自己动手粉刷房子，如果你把'自己如何粉刷房子'的录像带放在你的产品旁边，作为赠品，赠送给买涂料的用户，就能够增加你的产品价值。"

涂料生产商接受了凯恩的建议，他们制订出一套新的围绕录像带的促销计划。凡是买5加仑以上涂料的用户，可以免费得到一套"自己如何粉刷房子"的录像带。

这个点子实施之后，用户的反响非常好，很多客户的确有自己粉刷房子的想法，不是为了省钱，而是为享受这种自己动手的过程。

一段时间后，涂料生产商非常开心，打电话给凯恩："我们愿意订购更多的录像带。"

凯恩高兴坏了，他和工厂签下10万份录像带的采购合同，然后拿着这份采购合同，找到录像带生产厂。于是，他们开始批量生产录像带。通过这种方式，凯恩一次性赚到10万美元。

凯恩采用许可授权销售的方式赚到了钱，他没有停住脚步，又想到更多的方法，很快成为百万富翁。

资料来源　钱伯鑫. 最佳捆绑 [J]. 故事家·微型经典故事，2013 (5).

【分析与思考】

确立致富的方向是不难的，难在遇到"墙壁"挡道，怎么办？凯恩发挥自己所长，但很多次都没有成功，"人生的成功策划，就差那么一步"。如果他像我国有一年高考看图作文题那样，"这里没有水，换个地方挖"，浅尝辄止，再努力许多年，也难以成为百万富翁。

请思考：

（1）凯恩成功的基础是什么？

（2）策划的方向与理想的成功有什么关系？

|4.1| 法规规范

做策划的一个根本规定，也是方向性的规定，就是守法依规，一定要在法律法规允许的范围内思考和行动。

小案例4-1　　偷窥王亚伟账户跟买股票　两兄弟盈利三百余万元获刑

2018年7月10日，中国裁判文书网披露了《涂欣、涂健利用未公开信息交易二审刑事裁定书》，让一起21亿元"老鼠仓"大案浮出水面。

这起"老鼠仓"案发生在为证券账户开户与结算的中国证券登记结算有限责任公司，即中登公司。案件的主角是两兄弟，身为中登公司员工的哥哥涂健利用职务之便查询私募基金、券商资管计划账户的交易记录，跟踪王亚伟、孙建冬、陈锋等明星私募动向，并告知其弟涂欣跟随买入。

涂健在业务部门的代理机构（实时开户）稽核岗和证券账户管理岗工作期间，因业务需要，拥有账户资料及变更（敏感账户除外）、账户拥股及变更的查询权限。其正是利用拥有证券账户查询的权限，知悉了相关信托产品、金融机构资管产品的股票拥有及变动情况等未公开信息。为逃避监管、不被发现，他通过不记名手机卡，以电话短信等方式告知弟弟涂欣。最终涉案金额超过21亿元，二人非法获利347万余元。

2018年1月2日，深圳市中院做出一审判决。涂欣不服，提出上诉。2018年5月，广东省高院决定驳回上诉，对该案维持原判：涂健犯利用未公开信息交易罪，判处有期徒刑3年，并处罚金人民币200万元；涂欣犯利用未公开信息交易罪，判处有期徒刑2年，并处罚金人民币150万元；违法所得人民币347万余元依法没收，上缴国库。

资料来源　陈晨. 偷窥王亚伟账户跟买股票　两兄弟盈利三百余万元获刑 ［N］. 每日经济新闻，2018-07-11.

"君子爱财，取之有道"。道，则是依法依规。违法的"生财"策划，败露是早晚的事。策划人骨子里应该牢固建立依法依规做策划的理念。

早些年山西太原市"精心策划公司"因"请大家关好门窗，来自雁门关外的'四不像'，国庆期间将进入千家万户，注意观察"的创意，引起了市民恐慌，受到处罚。

有违法律、法规的策划，在每年的"3·15晚会"上多有曝光。一经曝光，即宣布这种产品被"开除"，策划者彻底失败。

做策划一定要走阳光大道，千万不能踩法律法规的红线。

|4.2| 社会效益

唐代学者陆贽曾说过"以人为本，以财为末"。做策划一般分两种：一种是应策划主的邀请做策划；另一种是为自己的事业或企业做策划。无论哪种策划，策划人都应该遵循"以人为本，以财为末"，把策划的社会效益放在经济效益之上。如果是为自己的事业或企业做策划，策划人的主动权很大，这时，更应该把策划的社会效益放在第一位。

4.2.1　社会效益是什么

社会效益总的来说是指最大限度地利用有限的资源满足社会上人们对美好生活的追求。

策划人追求的社会效益是指项目实施后为社会所做的贡献，也称外部间接经济效益。

社会效益是什么？一是为社会发展增加正能量，二是合理利用资源，三是缴纳利税，四是提供就业机会，五是环境友好，六是品牌形象与示范效应。很明显，社会效益应该"利国利民"。

效益来自管理，管理就是对最佳效益的不断追求，在争取最佳的社会效益的同时，实现最佳的经济效益。具体做法如下：

（1）企业把效益的总目标定在社会效益第一、经济效益第二的基点上，不动摇。

（2）企业把提高效益摆在管理工作的中心地位，以经济效益保证社会效益的实施。

（3）在任何情况下，都坚定以社会效益的增长促进经济效益的实现，"得人心者得天下"。

（4）正确处理社会效益和经济效益的内在矛盾，实现经济增长方式的根本转变。

4.2.2　策划人怎样把社会效益放在第一的位置

用几个实例来看策划人应怎样把社会效益放在第一的位置。

1. "拉厚挡风玻璃中间的PVB胶片，客户的安全永远是第一位的"

那一年曹德旺——福耀集团执行董事兼首席行政总裁，去武夷山游玩，在一个拐弯处，与一辆突然出现的轿车相遇，结果撞上了路边的钢筋护栏。他轻微擦伤，撞碎的玻璃导致司机右眼失明。

这次车祸，在他心底留下了深深的烙印，也激发了他改做汽车挡风玻璃的"宏图目标"，他决心做一片属于自己的玻璃。

挡风玻璃中间有一层薄薄的胶片，这是一种PVB胶片，它的厚度是0.76毫米，是汽车玻璃中成本最贵的，每平方米约5美元。

那天在公司业务会议上，有人提出一个建议："如果我们在加工时，把这个胶片拉成0.38毫米那么薄，用户根本看不出来胶片的厚薄，这样每平方米我们就可以省下2.5美元，既节省了成本，又对销售不产生任何影响，岂不一举两得？"他断然呵斥道："你减掉一半，这个厚度只能用于建筑玻璃，你知道0.38毫米的距离有多长吗？那是生与死的距离，客户的安全永远是第一位的！"秉承着这一理念一路走来，当那些贪图短期利润、不择手段赚钱的企业消失得无影无踪时，他的公司却从国内低端的汽车维修市场一直走到了国际市场，目前仅次于日本的旭硝子，成为世界第二大汽车玻璃供应商。

企业间的竞争，不仅仅是策略、技术和创新的竞争，0.38毫米距离的背后彰显的是一种商业道德，这也是曹德旺胜出的关键。诚信永远是企业一种无法量化的竞争力，是企业经营的底线。0.38毫米既是顾客与商家的距离，更是做人"诚信"的厚度。

2.相信诚信策划能产生经济效益，更能产生社会效益

李克军在2017年7月11日的《中国花卉报》给读者介绍了一件"用500万的态度赚1块钱"的事。

2010年初，23岁的上海郊区姑娘方小兮来到城区的一家化妆品专卖店打工。她在工作中发现，店里会把厂家送给顾客的小样化妆品扣押下来当成员工的福利，然后月底由员工们填写原本应该由顾客填写的调查表"反馈"给厂家。方小兮觉得这样做既欺骗了厂家又欺骗了顾客，因为顾客有权体验新品小样，而厂家也要根据小样调查表才能研制出更好的化妆品，但不诚实的零售商却把这条纽带给生生切断了。

在对这一现象侧目的同时，一个全新的主意也涌上了方小兮的心头。她搜集了各化妆品厂家驻上海办事机构的联系方式，然后自信满满地找上门去说："只给我1元钱，我就帮你们做市场调查！"事实上，厂家早就因为小样调查的事头疼不已了，当他们听了方小兮的点子后，纷纷拍手叫绝，很快，倩碧、SK-Ⅱ、雅诗兰黛、丝芙兰、兰蔻、美宝莲、欧莱雅等品牌的厂家都纷纷加入进来。当年7月，方小兮在上海浦东新区的一条繁华小街上经营起了一间30平方米的小店，店内有数十个知名品牌的上千种化妆品，它们没有任何标价，只要花1元钱就可以心满意足地将它们装入购物袋。虽说是样品，但样品也是化妆品呀，还是最新款的化妆品呢，这简直就是天上掉下个大馅饼！一时间，小店内人潮涌动。

当然，顾客用1元钱"买"走3样名牌化妆品的同时，带走的还有3张调查表，并且缴纳30元的保证金，等到来店里交回调查表的时候，保证金一分不差地又会重新回到顾客手中。现在网上那些售卖化妆品样品的，看不到实物不说，价格动辄数百元上千元，"1元名牌"就不一样了，不仅琳琅满目，各个名牌聚集一堂，而且价格低到不能再低了，所以很快就受到了顾客们的青睐，当月就创造出了5万元的销售额。

到现在7年时间过去了，方小兮的"1元名品"已经为她创造出了500万元的身价。别人都说方小兮事业有成，但方小兮却觉得她的事业才刚刚开始，眼下她正策划在武汉、杭州、南京等城市开连锁分店。她经常这样踌躇满志地说："哪怕是只赚1元钱，我也要拿出赚500万的态度来诚实做事，只有这样，这1元钱才有可能真的变成500万，甚至更多！"

通过方小匀的成功策划可以看出，"人品出作品"，策划人是大写的人，人品好，心术正，才能做出社会效益在先，经济效益也会很好的事例。

3.服务方向决定步骤和方法

印度的送餐工每天要准时把20万份午餐送到被服务者手中，差错率仅有800万分之一，他们是怎么做到的？

当所有快递公司都在穷尽一切手段提高效率时，一群被称为"达巴瓦拉"的印度送餐工，却依靠一套"人肉"操作系统，每天准时把20万份午餐送到顾客手中，差错率仅有800万分之一。

单从统计数据来看，达巴瓦拉已经完胜众多快递巨头了。

（1）无须公司运营却组织严密。

达什拉斯是一名"老资格"达巴瓦拉。每天一早，他就会推着手推车走街串巷，收集家庭主妇为丈夫准备的午餐盒。这些午餐盒将通过一套严格的流程，在中午之前被运送到对应的顾客手中。

达巴瓦拉在印度已经存在了120年，类似于中国重庆因山地而形成的力夫"棒棒军"，孟买庞大的铁路网络催生了达巴瓦拉这一独特的职业。

火车是孟买主要的通勤工具，住在市郊的上班族，必须依靠铁路往返于工作地点和住所之间。而这些上班族习惯吃家里准备的午餐，他们选择让达巴瓦拉送餐，每月只需付出150卢比至300卢比（1元人民币=10.4801卢比）。

如今，达巴瓦拉的送餐服务每年收益超过两亿卢比，已然成为一桩大生意。然而，管理运作5 000名达巴瓦拉的并非一家公司，而是一个具有营利性质的民间协会。

达巴瓦拉有着扁平化和高效率的组织设计，组织结构仅有三层。最高层是协会执行委员会，负责组织、协调、薪资福利和对外交往；第二层是小组负责人，大约有20多人，一般由经验丰富的老员工担任，负责管理200多个小组的工作运行；第三层是负责具体配送的达巴瓦拉。

这种扁平的组织结构降低了策划管理决策的成本，为现场解决问题创造了良好条件。比如，在饭盒递送过程中，一旦发生问题，每个小组可以就地解决，无须汇报总部，确保了处理紧急事务的效率。

达巴瓦拉还建立了良性的竞争机制：每个小组的财务独立，团队成员要为团队整体收益努力，这意味着不同小组要为争取更多的顾客而激烈竞争。但同时也规定，任何小组不允许以低价进行恶性竞争，避免内部矛盾。达巴瓦拉平均每天工作12小时，月收入在5 000卢比左右，高于孟买的出租车司机。

达巴瓦拉与协会是成员关系，而不是雇佣关系。达巴瓦拉每月要上交15卢比作为协会管理费；工作满半年后便可以入股，享有分红的权利。同时，协会还为他们提供紧急援助、健康医疗及帮助子女就学等福利。

也就是说，达巴瓦拉不是为某个老板打工，而是在做自己的事业。所以，达巴瓦拉的职业忠诚度和幸福感非常高，从未出现过罢工的情况，人员流失率极低。正如达什拉斯所说，"我们追求简单和快乐"。

（2）遵守流程铁律关键在自律。

达巴瓦拉没有严密的组织结构和科层体系，却能把一个 5 000 人的团队运作得有条不紊。

一盒午餐从顾客家里到办公室要经过 5 道程序，对应有 5 组达巴瓦拉经手。具体流程是：

上午 8 点，A 组的取餐员挨家收取餐盒。取餐顺序和路线都经过详细考虑，每人要负责 30~40 名顾客。

10 点半，A 组赶到距离最近的一个城郊火车站，将收集来的餐盒交给 B 组，并按照目的地进行分拣、归类。

B 组将分拣后的餐盒交给 C 组带上开往城区的火车。

10 点 40 分至 11 点 30 分这段时间里，火车会在途中停靠各个站点，每个站停留的时间是 2 分钟。此时，在各个站台上等候的 D 组送餐员，将接过 C 组的餐盒，按照顾客的工作地点，再次进行分拣，并落实到 E 组头上。

12 点半前，E 组送餐员把餐盒送到顾客指定的地点。顾客吃过饭后将餐盒放回原处，达巴瓦拉就会按照来时的方法，在下午 5 点半前把它运送回顾客家中。

达巴瓦拉的送餐流程可谓严丝合缝，所有业务一环扣一环。这样，每个人各司其职，做好自己的工序，效率和差错率都能很好地控制。

达巴瓦拉的时间管理能力还源自信条："无论发生什么，必须准时送达。"这是达巴瓦拉不可打破的铁律，所有成员必须遵守。

有一次，英国王储查尔斯王子访问印度，指名要见达巴瓦拉负责人。但达巴瓦拉协会告知王子殿下需要提前预约，而且只同意在送餐汇合地点简短见面，因为这样不会影响送餐时间。还有一次，一名达巴瓦拉遭遇车祸身亡，同伴们赶到后，有人处理善后事宜，有人立即继续他未完的工作，当盒饭到达目的地时，只比平时晚了 10 分钟。[①]

达巴瓦拉为在郊外的就业者提供送家里人做的午餐的服务，全世界绝无仅有，其策划的效益体现在：一是让就餐人安心工作，午餐一定会准确无误地送来；二是为社会提供了就业岗位；三是让在家做家务的人放下"亲人吃不上可口饭菜"的担忧。这些以社会效益优先的策划，让服务者和被服务者都有饭吃。

|4.3| 经济增长

策划的结果是解决问题，商务策划的成绩，要体现经济效益的增长。

策划人要为企业解决难题，要为企业的经济收入的增加，提出创造性的策略和办法。

---

① 黎晓峰．"完胜"快递巨头的印度送餐工［J］．恋爱·婚姻·家庭：青春版，2017（2）：35.

我们选取若干经济增长与策划创意休戚相关的实例，其实这种实例随时随地都在上演。

4.3.1　转换思路做策划，别有洞天

策划人为解决难题而来，策划主有为难之事，策划人要顶风逆行；为自己做策划也是在不断调整中前行。

小案例 4-2　　　　　　　　超前思维成就亿万富翁

　　第二次世界大战期间，美国有家规模不大的缝纫机工厂，生意冷清。工厂厂主汤姆看到战时除了军火生意外，百业凋敝，但是军火生意却与自己无缘，于是，他把目光转向未来市场。经过一番思索后，他告诉儿子保罗："我们的缝纫机厂需要转产改行。"

　　保罗问他："改做什么？"

　　汤姆说："改做残疾人使用的小轮椅。"

　　尽管保罗并不明白父亲的深意，他还是遵照父亲的意思办了。对设备进行改造后，工厂生产的第一批轮椅问世了。正如汤姆所预想的，很多在战争中受伤致残的人纷纷前来购买轮椅。工厂的产品不但在美国本土热销，还吸引了很多国外客户。

　　保罗看到生产规模不断扩大，实力也越来越强，非常高兴。但是在满心欢喜之余，他不禁又向父亲请教："战争马上就要结束了，如果继续大量生产轮椅，其需求量可能就少了。那么，未来的几十年里，市场又会有什么需求呢？"

　　汤姆胸有成竹地笑了笑，反问儿子："战争结束了，人们的想法是什么呢？"

"人们已经厌恶透了战争，大家都希望战后能过上安定美好的生活。"

　　汤姆点点头，进一步指点儿子："那么，美好的生活靠什么呢？要靠健康的体魄。将来人们会把健康的体魄作为主要的追求目标。因此，我们要准备生产健身器材。"

　　生产轮椅的机械流水线被改造成了生产健身器材的流水线。头几年，工厂的销售情况并不好。这时，老汤姆已经去世，保罗坚信父亲的超前思维，继续生产健身器材。十几年后，健身器材开始走俏。当时，美国只有保罗这一家健身器材厂，他根据市场需求，不断增加品种，扩大产量。随着企业规模的不断扩大，保罗跻身亿万富翁的行列。

　　资料来源　杨传书. 超前思维成就亿万富翁 [J]. 农村百事通，2007（21）.

让你的思维前后左右纵横驰骋起来吧。记住，策划思路一换，别有洞天。

4.3.2　从"一粒尘埃"策划中，获取优厚经济效益

策划的有心人不放过细枝末节，"于无声处听惊雷"，用创意改变自己。

竟然有用"尘埃"策划作画，获取优厚经济效益的事。

　　　　　　　　　　　　一粒尘埃

那天，美国画家艾莉森收拾完房间，坐在沙发上休息，正准备喝一杯热咖啡。她无意中抬起头来，发现空气中飘浮着很多的尘埃颗粒，忍不住突发奇想："如果能利用这些尘埃来绘画，一定会产生意想不到的效果！"

朋友听说了她的策划创意，纷纷摇头，感觉不可思议。

艾莉森不是一个轻易会认输的人，她决心要尝试一下。

接下来，她先用油画的方式，画出一个作品中的人，然后将画布中的其余部分全都涂满胶水。接着，她用吸尘器将房间清扫了一遍，把吸尘器中的尘埃全都搜罗出来。最后，她把这些灰尘均匀地喷洒在画面上。这样慢慢操作的结果，是创作出了各种各样的背景图案，栩栩如生，却又有着朴素的怀旧气息，让人耳目一新。

很快，用尘埃可以作画的消息不翼而飞，很多人慕名前来求画。艾莉森苦恼于收集不到那么多尘埃，只好委托亲友们帮忙，四处寻找可以用来绘画的尘埃。一般来说，创作这样一幅画，通常需要几个星期的时间。

如今，艾莉森用尘埃绘制的画，已经可以卖到每幅1 000美元。虽然价格略高，但来求画的人还是络绎不绝。

资料来源　张绍义. 一粒尘埃［J］. 思维与智慧，2014（2）.

艾莉森用自己的实际行动告诉人们，只要你愿意，一粒微不足道的尘埃，也能创造奇迹。

4.3.3　饭店老板"亮丑"一鸣惊人

勇敢者敢于揭自己的"短"，何况自己并不"短"，用主动"亮丑"的策略，更能吸引人。

有一家饭店，一直默默无闻，生意萧条。一次，饭店老板灵机一动，在旅游旺季，在自家门前挂起了一块牌子，赫然几个大字"全国最差的饭店"。这样一来，顾客不仅不讨厌这家饭店，反而纷纷前来吃饭，要见识见识，全国最差饭店的食物究竟差到什么程度。一吃才知道，这家饭店做的饭菜色、香、味都是一流的。这一下，名声传开了，饭店生意越来越好，赚的钱也越来越多。

饭店老板之所以会将最差饭店的牌子挂起来，无疑是想让人注意到这家饭店。此举确实惊人，但光凭这一举还不够，饭菜的质量水平也要高，这样才能使之声名远播。

老板在策划挂出"全国最差的饭店"牌子时，心中有数，哗众取"羞"，必定会反弹，因为成功把握在胸，才故意"亮丑"。

策划赚取受众的眼球，仅是开始，获取经济效益，才是硬道理。策划的目的和方向告诉我们，不要做"赔了夫人又折兵"的亏本生意。

|4.4| 形象塑造

形象是能引发人们的思想或感情活动的具体形状或姿态，人的记忆是以图形为基础的，策划的内容少不了社会组织的形象塑造。

为纪念改革开放 40 周年，纪录片《厉害了，我的国》对中国国家形象进行了塑造。其中，"凝固的音符"的建设者已经走出国门，在世界各地留下许多作品，其意义尤为重大。

中国建筑工程总公司（简称中国建筑）项目团队通过前期合理的策划，使中国制造走出国门，不仅在全球建造了越来越多的超级建筑，更是创造了历史。

据中新网报道：全球一半的超高层建筑都是由中国制造的。

2017 年 5 月，由中国建筑承建的肯尼亚内罗毕顶峰塔（原哈斯塔）举行开工典礼，该项目建设内容包括一座 300 米高的商务办公楼，建成后将成为新的非洲第一高楼。

由中国建筑承建的刚果（布）国家 1 号公路是唯一横贯刚果（布）东西全境的双向四车道国家级干线公路，全线长 535 千米，西起非洲第四大港口城市黑角，东至刚果（布）首都布拉柴维尔，穿越沿海平原、马永贝原始森林、尼亚黑河谷、巴塔赫高原，被称为刚果（布）交通史上的"梦想之路"。

2018 年 3 月 24 日，总高度 303 米的印度尼西亚（简称印尼）一号双塔工程顺利完成地下 7 层"逆作法"建设，这栋由中国建筑承建的印尼第一高楼，地下共 7 层、基坑最大开挖深度达 30 米，地上为双子塔结构，建筑高度达 303 米，刷新了印尼基坑开挖深度之最。

不仅如此，世界最长全预制桥梁文莱淡布隆跨海大桥、欧洲第一高楼俄罗斯联邦大厦、世界最高宣礼塔阿尔及利亚大清真寺、马来西亚吉隆坡标志塔、助推埃及国家复兴计划实现的埃及新行政首都 CBD 项目……都来自中国制造。

世界上的优秀建筑企业那么多，为何中国建筑可以从中获胜，中标这些地标性建筑的建设并顺利施工？中国建筑相关负责人在接受采访时表示，中国在超高层建筑方面的相关技术能力居于全球领先地位。

以印尼一号双塔项目为例，印尼一号双塔采用桩筏型基础，一次性混凝土浇筑量达 10 000 余立方米，这是印尼史上最大规模的底板混凝土浇筑。中建八局一公司的施工项目团队因地制宜，引进了中国的溜管法施工技术：借助混凝土自身的流动性，设置一系列的管道，将混凝土从地面"溜"至待浇捣的地下室底板工作面，这不仅解决了施工效率的问题，还克服了雨季混凝土施工等难点。

在大底板浇筑过程中，当地 6 个搅拌站同时供货，在雅加达这个世界上最堵的城市，项目团队通过前期合理策划，实现了 1 400 辆次罐车有序进场，创造了 52 小时浇筑 10 000 立方米的新的纪录。"按照传统施工，我们至少需要 100 小时，你们让我体会到什么是中国速度！"有着 26 年施工经验的业主代表 Michael Lie 表示。

顺利建设还离不开中国建筑的本地化发展。"中国建筑在海外的这些年，为什么能够不断发展，能成功进入美国、中东、新加坡这些发达国家市场，而且成功跻身当地的先进承包商的行列？这完全得益于我们的本土化发展。"中国建筑有关负责人还介绍，中国建筑的海外公司的本土化程度已经达到很高的水平，基本实现了员工和材料的属地化。

为世界各地留下"凝固的音符"的中国建设者，其作品耸立在异国的国土上，被建筑所在国印在当地流通的货币上，其意义不言而喻。

中国建造的建筑物被印制在别国流通的货币上，是种什么体验？这样的体验，"中国制造"目前已经有两次：科威特5第纳尔的纸币上印制的科威特中央银行新总部大楼来自中国制造；2003年泰国新发行的20泰币上面印制的泰国拉玛八世皇大桥的主桥施工来自中国制造。

4.4.1 为加深印象，藏起来的招聘启事

20世纪末，迪士尼公司打算开辟网络传媒业务，需要招聘电子工程师。迪士尼公司在当时已经有相当大的规模和名气，在薪资待遇以及发展前景上都具备很大的优势。因此，很多人听闻之后都摩拳擦掌准备简历，等着招聘启事发出来后一试身手。

然而，就在众人翘首以盼之时，迪士尼公司却宣布招聘已经结束，而且是公开招聘。

众人疑惑不已：招聘启事都没发出，招聘就结束了？这时，在这次招聘中被录取的一名员工说："招聘启事确实有，就在公司的官网首页。"众人更加不解，官网首页除了一个大大的标识和公司的简介之外，什么都没有呀。

"它被藏起来了。"这名员工笑着揭开谜底。原来，官网首页的公司标识是由一串代码组成的，这些代码中间就藏着招聘启事的具体事宜。他正是在浏览官网时，发现这个"秘密"，得到面试的机会，最终获得这份工作的。

为什么好好的招聘要搞成"捉迷藏"的游戏？负责招聘的工作人员解释说，鉴于公司的名气，前来应聘的人可能非常多，而公司招聘的人数有限，这就意味着会有一大部分人被淘汰。这中间有一些人可能根本不适合这份工作，这无疑会浪费公司的人力，也耽误应聘者的时间。隐藏招聘启事能把不适合的人过滤掉，发现招聘启事的人，无疑已经具备了过硬的专业技能以及敏锐的观察力。

"我们需要不按常理出牌的人才，所以采用了不按常理出牌的招聘方式，找出招聘启事，你就已经过了第一关哦。"最后，工作人员说。

这个招聘策划的独到之处是充分利用迪士尼的形象资源，选定正确的方向，花最少的精力，招到了最想招聘的专业人才。

4.4.2 马克龙访华为何先到西安

法国总统访问我国，首站不是北京，其新闻价值值得探究。

| 小案例4-4 | 西安，马克龙访问中国第一站 |

据2018年1月8日媒体报道，法国总统马克龙的专机抵达西安，开始访华行程。

马克龙访华的首站没有选择北京，而是西安。这不仅因为西安是中国古代文明的摇篮，也由于西安是古丝绸之路的起点以及"一带一路"的重要节点。2014年3月，习近平主席访问法国的首站选在里昂，里昂正是古丝绸之路的终点。两国元首的两个"落脚点"，形成了呼应。

马克龙总统在西安缩短了在秦始皇兵马俑博物馆的参观访问，延长了在西安大雁塔的参观时间。据说这是因为他在访华前夕会见了法国的汉学家。在与汉学家探讨之后，他做出了这个更改决定。大雁塔又称大慈恩寺塔，始建于公元652年（唐永徽三年），是为保存高僧玄奘法师经丝绸之路带回长安的经卷佛像而建，是丝绸之路的重要地标。

此次，包括空中客车、达索、欧尚、索迪斯等50多家法国大型企业的商界领袖随马克龙一同来中国。据《欧洲时报》报道，一些法国传统优势项目，有可能出现在此次访问的成果清单中，例如空客的飞机、赛风集团的航空发动机等。

就在当月，马克龙的亲笔自传——《变革》中文版上市。他在书中表示，中国是一个强大的国家，并将成为全球最大的经济体。"我们必须改变对中国的看法。如果我们能够放弃成见，调整做法，中国对我们来说不但不是威胁，反而是机会。"

策划要为形象塑造服务，从马克龙访问我国的第一站选择西安就可以明显地看出来。

马克龙是2018年首位访华的外国元首，也是十九大之后首位访华的欧盟国家领导人。法国总统每年年初都要在爱丽舍宫举行系列团拜会，与司法、行政、议会、企业、媒体、外交使团等的代表共话新年和展望未来，阐述政策主张，相关活动要进行到1月15日左右。马克龙对这一传统做出较大改革、压缩和精简，"挤出"了3天访华时间。据他自己说，访问中国是"头等大事"。

据《欧洲时报》报道，爱丽舍宫总统办公室曾在吹风会上表示，此次选择西安作为首访城市，表明了马克龙总统希望传递出欧洲和中国将在"一带一路"建设的框架内加强合作的信号。

马克龙在西安的行程只有1天，去哪里是一大看点。此前来过西安的三位法国总统密特朗、希拉克和萨科齐，都曾参观兵马俑，因此兵马俑本来是马克龙西安之行的重点。

当然，马克龙尽可能全面地感受了西安的风土人情。一个上午的时间，他先后去了兵马俑、大雁塔、大清真寺。下午1时许，马克龙来到大明宫遗址公园，向全场1000位嘉宾发表公开演讲。

马克龙在演讲中，回顾了中法两大文明交流互鉴的悠久历史，高度评价了"一带一路"倡议，展望中法关系未来发展的广阔前景，并表示中法两国有可能在核能、基建等领域展开合作。

这种策划是两国共同进行的，国家形象塑造肯定要放在第一位。

4.4.3　形象策划要准确定位

我们从以下"中国崛起还得打持久战"的阐释中，获得了要有明确的策划方向，必须从多方面入手的认识。

《环球时报》2018年1月9日刊登学者王文的文章说，中国经济总量从2008年占全球份额的7.3%上升到2017年的约15%，增长了8%左右。但国人必须清醒认识到，中国与全球唯一超级大国美国的综合实力差距仍很大，仍需要很长时间才能赶上和超越。

第一，中国经济总量赶超美国仍须经历较长时间。2017年，美国GDP总量在18万亿美元以上，中国超过12万亿美元。保守地假设，如果两国汇率未来大体稳定，经济增速按中国6%、美国2%计算，那么，至少到2035年中国经济总量才能与美国持平。

第二，传统强国对中国经济"份额侵蚀"的抵制与恐慌感在急剧上升。近年来，在澳大利亚、德国的媒体舆论中，常常能听到对中国的捧杀、棒杀声。在未来，如何在贸易、金融、产业等政策上协调与这些传统强国的关系，并不是一朝一夕能做到的，而是高度考验中国对外政策的耐心、恒心与精细度。

第三，中国发展面临着"社会期望过高"的压力与风险。按照十九大要求，中国今后3年要重点抓好防范化解重大风险、精准脱贫、污染防治三大攻坚战。在这个过程中，中国社会舆论的期待值普遍提升。调适与回应社会预期、真抓实干，是一项漫长而细致的工作。

第四，中国本身的价值观与社会理念很难在短期内令全球心悦诚服。当代中国的社会核心价值观实际上仍处于不断整合的阶段。要呈现并令世界接受一个明确、清晰且完整的"当代中国价值"并非是轻而易举的事情。

以上资料都说明，策划的规模，小到个人立志创业，大则涉及国家发展前瞻。

📚 本章小结

汽车驾驶员在驾驶汽车时，目视前方，双手紧握方向盘，在他的操纵下，才能到达目的地。学习本章，要牢记策划一定要遵守法规规范。在策划中随时把社会效益放在首位，优先策划，宁可有损暂时的经济效益，也不能本末倒置。认识了社会效益的含义，做策划就有了长远目标和方向，坚持不忘初心，挚意前行，成功就会在不远处等着我们。当然，金钱不是万能的，没有金钱又是万万不能的，策划人要为企业解决难题，当然要解决他们的经济效益问题，离开经济效益的策划则是空谈，不会被企业欢迎。企业形象塑造很重要，国家的形象塑造更重要，本章介绍了塑造形象的案例，无论在宏观上还是在微观上都要把策划放在大环境中全盘开展。

思考与练习

思考：

1.确定策划方向，为什么要把遵守法规规范放在首位？

2.在策划过程中怎样将社会效益和经济收益更好地结合？

3.在形象塑造方面，为什么说从个人到企业再到国家形象的塑造都需要策划？

练习：

1.到纸质媒体和网络中，查找因策划失当违反法律法规的案例，在小组讨论中分析其原因和影响，指出改过的方法。

2.从能接触到的传播信息中，过滤出哪些是形象塑造策划的产物，哪些是以经济收益为主的策划。

3.从本教材第9章中找出以社会效益为主的策划案例。

延伸阅读：人生需要战略策划

| 第5章 |

策划的元素

学习目标

通过本章的学习，认识策划的元素，了解策划的历史沿革，认清策划的现时状况，明确策划的现象和本质，达到准确利用策划的各种元素，在实际策划中完成策划的目标。

引例

事业成功的秘诀
——哈佛大学对100位60岁以上老人的调查

哈佛大学曾对100位60岁以上的老人进行过调查，让他们写出5件令自己最后悔的事情。调查结果显示：75%的人后悔年轻时努力不够，导致一事无成；70%的人后悔在年轻的时候选错了职业；62%的人后悔对子女教育不当；57%的人后悔没有好好珍惜自己的伴侣；49%的人后悔没有善待自己的身体。也就是说，在被调查者当中，占比最高的一生中最后悔的事，莫过于事业没有成功，其他的尚在其次。

针对这项调查，哈佛大学进行了进一步的研究。研究的重点是：许多人怀揣梦想，年轻时也都曾努力奋斗过，但为什么最终一事无成呢？经过深入的探讨，哈佛大学得出了一个关于成功的论断：人的差别在于业余时间，而一个人的命运决定于晚上8点到10点之间。每晚抽出2个小时的时间用来阅读、进修、思考或参加有意义的演讲、讨论，人生就会悄然发生变化。坚持数年之后，事业一定会成功。

哈佛大学在此观点之上，又提出了相应配套的成功准则，即适当增加追求成功的必要投资。无论你的收入是多少，都要记得分成5份进行规划投资：增加对身体的投资，让身体始终好用；增加对社交的投资，扩大你的人脉；增加对学习的投资，加强你的自信；增加对旅游的投资，扩大你的见闻；增加对未来的资本投资，增长你的收益。只要好好规划落实，人生就逐步会有大量盈余。

由此，哈佛大学给出了事业成功的秘诀：如果能长年坚持利用好每天晚上8点到 10 点的时间,专注于事业,同时又能将收入进行合理投资的话,成功就离你不远了。

此外,谈到事业的成功,哈佛大学认为,一个人的成就,不是单独以金钱衡量的,而是一生中你善待过多少人,有多少人怀念你。生意人的账簿,记录收入与支出,两数相减,便是盈利。人生的账簿,记录爱与被爱,两数相加,就是成就。

资料来源 孔晓云.事业成功的秘诀 [J]. 家庭之友:爱侣,2014(5).

【分析与思考】

哈佛大学对 100 位 60 岁以上老人的调查与分析,提出普遍存在问题的解决方案,即成功的准则是适当增加追求成功的必要投资。

无论你的收入是多少,都要记得分成 5 份进行规划投资:增加对身体的投资;增加对社交的投资;增加对学习的投资;增加对旅游的投资;增加对未来的资本投资。

这就是在人生成功的策划中,抓住 5 种规划投资,这 5 个方面就是策划成功的元素。请思考:

(1)人人都企望成功,但成功人士必定是有限的。成功与不成功的原因都有很多,哈佛大学课题组提出的"每晚阅读 2 小时"的成功秘诀,能成立吗?理由是什么?

(2)我们请教一下自己的老一辈人,成功的要素除了"5 种规划投资"还有哪些?

(3)我们在年轻时就开始策划人生,根据自己的情况,要在哪些方面进行投资?

|5.1| 策划的元素

元,指开始的,如元旦;为首的,如元首、元勋;主要的、根本的,如元素等。策划的元素,是策划及施行中主要的、根本的、不可少的部分。

策划的元素有策划主、策划人(撰写策划书、策划者)或策划团队、策划对象、策划依据、策划方法、策划程序这 6 项。

5.1.1 策划主

策划主(在本教材第 3 章"策划的三方(我、你、他)"中的"你")是发出策划要约的一方。他有做策划的需求,委托别的策划企业或个人为其做策划。策划主可以是党政军群、社会团体、事业单位、经济组织和社会的自然人。

5.1.2 策划人或策划团队

撰写策划书的策划人(在本教材第 3 章"策划的三方(我、你、他)"中的"我")是接受委托做策划的个人或组织,有自由策划人,也有策划公司、广告公司、咨询公司、品牌管理公司的策划部负责做策划的人。

在党政军群、社会团体、事业单位、经济组织中设置的宣传部门或综合部门,也有秘书、策划等分工,他们的主要工作是做策划或监督、执行策划。

有些文艺、体育、游乐部门专设策划部,在电影电视字幕中、书籍的封底上有

"策划：×××"字样。

策划者是策划书的撰写者，有的还是策划过程的执行者。在现代策划业中，策划大多由策划公司执行，具体由策划公司内部的策划人或团队来完成。策划团队就是策划写作主体。

5.1.3　策划对象

策划对象（在本教材第3章"策划的三方（我、你、他）"中的"他"）是策划的对象物或事物，也是策划委托中的标的。策划总是为了一定的策划运动或策划活动而进行的，没有对策划运动或策划活动的委托，策划也就失去了存在的必要。

5.1.4　策划依据

策划元素除了"你、我、他"三方以外，还包括策划的依据、方法、程序等。

策划依据分为内部依据和外部依据。内部依据又分策划主依据和策划人依据两部分。策划的外部依据是策划对象的市场情况、竞争对手情况，当时当地的政治法律、社会文化、经济技术环境情况，以及策划主企业的过去和现时的市场营销策略。

5.1.5　策划方法

策划涉及的内容非常丰富，需要获取和分析的资料比较复杂。王蕾在《策划理论及案例分析》一书中介绍了多种策划的方法。策划的基本方法有"拍脑袋"法、点子法、创意法、谋略、计谋法、运筹学法和阴阳五行与矛盾运行法。策划的一般方法有系统分析法、综合分析法、逻辑分析法和人文法。策划的专用方法有罗列分解法、重点强化法、借势增值法、逆向变通法、连环伏笔法和移植模仿法。策划的特殊方法有热点移用法、争当第一法、甘居老二法、拦腰切入法、概念提升法和加减乘除法。

策划方法很多，第一，策划者可以灵活应用，随时改变方法，活用已有的方法。第二，策划方法自身在不断变化，再成熟的策划方法也不可能一成不变，它会因方法应用者的删减、添加、改造而有所不同。第三，策划就是创新，策划方法随着策划人的智力创造而不断涌现。

5.1.6　策划程序

策划是按照特定的程序进行的。策划的内容与步骤是一种程序，策划书的撰写格式是一种程序，策划公司对策划运作的组织也是一种程序，这些程序是使策划沿着正确的方向行进并且获得预期效果的保证。

1. 策划缘起

策划主邀请做策划，或策划人自主做策划。

2. 策划公司安排策划人或组织策划团队

3. 开展策划调查

运用各种调查形式获得调查的内容；调动策划人的知识能力等储备。

4.策划研究会

剖析各种因素—权衡利弊—运用创意思维方法—寻找创意方向。

5.提出初步方案

确立主题—创意—表现策略—媒体选择。尊重否定方案的理由。寻找多种检验方案的方法。与策划主有分歧时，修改、补充方案。如果无法解决，则停止策划。

6.否定初步方案——重新调查

7.撰写策划书

由专人撰稿、审阅、修改、补充，直至定稿。

8.与策划主沟通

拟制提案或制作PPT，与策划主沟通并取得一致。如无法取得一致，则拟制新方案，重新研究。

9.策划施行

组织施行团队，寻找施行合作的公司。

10.策划效果检验

效果好，则继续施行；否则，产生新的策划案。

策划活动流程如图5-1所示，策划运作图解如图5-2所示。

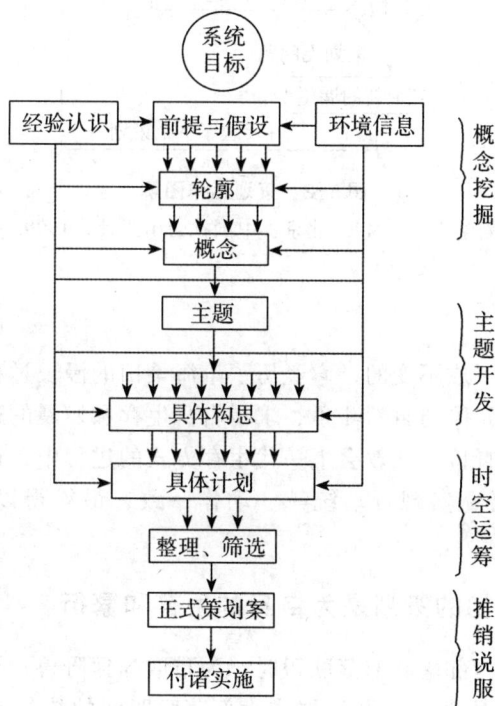

图 5-1　策划活动流程图

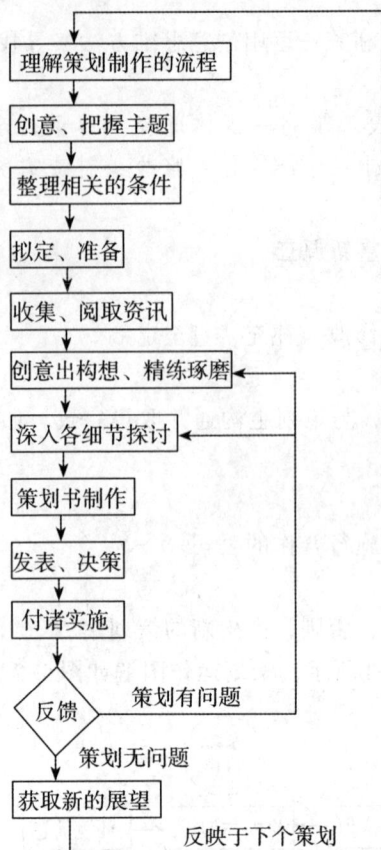

图 5-2 策划运作图解

资料来源 胡屹.策划学全书［M］.北京：中国社会出版社，1999.

|5.2| 历史沿革

策划的元素不是一成不变的，它经历了沧海桑田的漫长过程。策划是人脑高级活动的产物，在人类先民与自然斗争，求得自身生存和发展的过程中，最原始的策划是合伙猎取凶猛的野兽，在教会下一代生存方式的过程中，运用行为、语言、符号、文字等相互沟通，实现行动统一、动作一致，最终得以实现"想"做到的事情。

5.2.1 先民最初的策划是为自身的生存和繁衍

母系社会发展成为部落和部落联盟时，为猎取凶猛野兽、寻找适宜生存的环境或为争夺生存环境的争斗，逐渐发展成为部落联盟间的战争。面对你死我活的争斗，总得有人出来领头，当首领，做策划。此时的策划元素原始且简单。

小案例5-1   **黄帝用猛兽助阵战胜蚩尤**

据说蚩尤部族与炎帝部族首开战端，蚩尤部族的部众勇猛剽悍、骁勇善战，而且又善于制作精良坚利的兵器，"以金作兵"，战斗力很强，"威震天下"。其推进到今河北涿鹿县一带（古称涿鹿）后，首先同先期抵达那里的炎帝部族展开了一场厮杀。蚩尤部族实力强大，攻势猛烈，炎帝部族根本抵挡不住，被迫撤离"九隅"，向西败逃，同时向同集团的黄帝部族请求救援。

黄帝部族为了履行同一联盟中兄弟部族互相救助的义务，维护华夏集团的整体利益，就应允了炎帝部族的吁请，收拢炎帝部族溃散的族众，将势力推向东方。这样一来便同风头正劲、踌躇满志的蚩尤部族再度在涿鹿一带遭遇了。一场腥风血雨的大鏖战就此箭在弦上，势在必发！

当时蚩尤部族集结了所属的9个氏族83个支族的人马，在力量上占有相对优势。所以，双方的兵力接触后，蚩尤部族便依仗着自己人多势众、武器比较精良等条件决定先发制人，气势汹汹地向黄帝部族发起攻击。战争一开始，不知蚩尤使用了一种什么魔法，竟造起漫天遍野的大雾，把黄帝和他的军队团团围在当中，也辨不出东南西北。在这一片白茫茫的大雾中，只见一个个额上长角的勇士在雾中或隐或现、时出时没，逢人就砍、见人便杀，直杀得黄帝的军队马嘶人叫、狼奔豕突。经过初次交锋，黄帝感到蚩尤的军队确实强悍，不可小视，于是便乘休战之机下令所属各部落首领迅速率兵前来助战。

黄帝看到各路兵马云集、士气高涨，心里踏实了许多，但他觉得自己军队的人数虽然超过了蚩尤，但如何才能破蚩尤的毒雾阵还需要认真谋划。他想到前次在阵中见蚩尤的兵马个个打扮成长角野兽的模样，又想起自己部落中正喂养着的那些虎豹熊黑，便计上心来。

原来那时山林中的猛兽极多。人们将其捕获以后，一时吃不完的就暂时喂养起来，等到以后再食用。黄帝现在见蚩尤的兵马犹如猛兽一般，便决定利用这些野兽打头阵。为了使这些猛兽能够临阵应战，他派了许多勇士进行训练。这些勇士一律穿上蚩尤军队士兵的服装，成天手持木棍去逗弄那些猛兽。待那些猛兽野性发作时，他们又拿来野兔之类的小动物进行引逗。这些小动物也都穿上衣物，装上双角，乍一看就像蚩尤的兵士一样。引逗一会儿，勇士们就将其投入笼中让猛兽吃掉。过了几天，猛兽们一见到这些怪模怪样的东西就狂吼着张开血口将它们吞噬。

不久，蚩尤再次来挑战。黄帝面临强敌方寸不乱、镇定自若，率领以熊、黑、狼、豹、雕、龙、鸱等为图腾的氏族沉着应战。这时，黄帝的兵士已经将准备打头阵的猛兽们训练好了。他们用笼子装好猛兽暗暗藏在阵中，然后令一小股兵士前去迎敌。且说蚩尤的部队经过一段时间的休整，斗志更加旺盛。他们见黄帝一方只来了区区一小股兵士，哪放在眼里，便令吹起号角，兵士们怪叫着冲上前去。

不料双方刚一交锋，黄帝的兵士掉头就跑。蚩尤不知是计，还以为黄帝的兵士怯战，率兵穷追不舍。黄帝见蚩尤的大军已被引来，便一声号令让兵士打开笼子，放出猛兽。这些猛兽看到面前跑动的正是近来吃惯了的美味，便不顾一切地猛扑过去。蚩尤的兵士哪里见过这阵势，他们虽然勇猛、剽悍，也抵不过这些虎豹熊罴啊！他们有的被猛兽的尖牙咬断了脖颈，身首异处；有的被猛兽的利爪扒开了胸膛，血流满身。侥幸活下来的也吓得丢魂失魄，没命地逃窜。

资料来源　田长广.历代策划案例选［M］.北京：北京大学出版社，2008.

5.2.2　战争使策划上升为国家层面

人类的战争最能体现策划的重要性。中国大地上，传说中的黄帝战胜蚩尤，秦统一中国，刘邦战胜项羽，诸葛亮辅佐刘备，李世民成为唐太宗，赵匡胤黄袍加身，忽必烈入主中原，朱元璋战胜陈友谅，女真人杀进北京城，所谓"名将之花"阿部规秀凋谢在太行山上，毛泽东运筹于帷幄之中，决胜千里取得解放战争"三大战役"的胜利等，都可见策划的重要作用。

古代特洛伊城木马计，十字军东征，以及拿破仑策划战争，苏联的卫国战争，英国战胜万里之外的阿根廷……策划主要源于战争的需要。这个时期，策划人是国家的领袖和他身边的辅臣们。以主要领袖的意志为主，以听取大臣们的策划意见为辅助，是历史人物策划的特点。

在战争中，还有一种是派出去代表中央政权处理事务的大臣或将帅，有所谓"将在外，军令有所不受"，因为传递信息的障碍，为争取战机，而需要当机立断做策划。

5.2.3　古代遗迹是极其宝贵的策划的产物

除了历史上的各种战争，能让我们领略策划人的风采，古人留下的建筑物，也让现代人惊奇于当时高超的策划方法（不仅是设计和计划）。很多古代建筑奇迹，现代人想象不出当时是怎样做成的！埃及的金字塔、狮身人面像，墨西哥的玛雅建筑，柬埔寨大小吴哥的石结构宫殿和庙宇，我国古代大禹治水疏导开凿龙门，春秋战国时秦国及北方燕赵等国修筑的长城，隋朝开凿南水北去的古运河……这些都是有人领衔策划，成千上万人执行策划而留下的。

历朝历代在政治斗争、外交权衡、经济发展、文化传承、体育赛事、人才教育培养等各领域，策划是必不可少的。策划的元素在保持基本宗旨的同时也在渐变中。

5.2.4　策划与人们的行为相伴而行

自从人类诞生以来，策划活动就与人们的行为相伴而行。人们为了增强行为的目的性与有效性，充分运用大脑的功能，策划出一个个成功的方案，导演出一幕幕生动壮观的历史。在人类历史的天幕上，闪烁着无数策划实践放出的光芒！

|5.3| 现时状况

策划走到今天，进入了全面发展的时代。人们自觉地运用策划引领社会进步，在与时俱进中不断提出新课题，不断增加新方法，不断产生新工具，也不断创造新成就。

5.3.1 策划元素的现代化，以策划对象和策划人队伍的变化为特征

进入21世纪，策划在中国被人们高度重视和广泛实践，策划"热"起来了。

1.在知识经济时代，策划是"知识"最重要的一种资源，是最活跃的生产力要素之一

当今社会已进入信息时代、知识经济时代，世界每时每刻都发生着变化。新的信息不断发布出来，新的知识、新的思想、新的技术、新的方法如潮水般地涌来，我们必须迅速地接收它们、分析它们，及时地、有所选择地运用到我们的事业和生活中去，这需要我们用脑力甄别；大量的信息，给我们提供了取之不尽、用之不竭的精神生产资源，使我们的策划活动有无数可开采的矿藏，大脑加工厂始终处于原料充足状态，必须开足马力，加紧策划。

2.随着人类自身的发展，对策划越来越需要、越来越重视

人类高层次需求的发展，物质和精神生活的充实、富有，事业领域的选择与开拓，人生价值在更高层次上的实现等，都需要人们进行认真的策划。人类对自身大脑的开发、运用也越来越自觉，越来越主动积极了。

3.市场经济为策划搭建了更广泛的舞台

市场经济体制的实行，使行为主体的自主性增强、自由度增加，人们既面临着更多的机会，也遇上了更激烈的竞争。为了规避风险，为了在竞争中取胜，为了抓住更好的机遇，为了创造更好的效益，人们更积极地进行各种策划。

4.现代化的发展，使策划拥有了更好的条件

政治民主化的推进，让人们有更多的参与策划的机会；文化的相互交融，给策划提供了更多的思路和角度；经济的繁荣发展，为策划开辟了更多的实现目标的渠道；科学技术的发达，向人们展示了更多的空间和更丰富的手段……

5.决策的科学化、程序化、效能化等，使理性分析在策划中占有更重要的位置

科学知识和手段运用得更多，操作程序更加规范，经验化、即兴化、随意化的决策逐步被废弃。

6.策划主体增多，策划向专业化、职业化发展

策划从社会生活中脱颖而出，成为备受青睐的对象。

7.策划的核心力量是创意

策划人认识到要使自己的策划出类拔萃、脱颖而出，创意是核心，也认识到产生创意在于思维的方法要科学、符合辩证法。

另外，与传统的策划实践相比较，当代策划显示出更鲜明的自身特点。科学性、系统性、规范性与专业性的特点使策划真正成为一门专业和一项职业。与此同时，策划的个性化及创新性都有了更大发展：新的创意不断涌现，雷同的东西在减少，具有个性的策划受到大众普遍欢迎与认可，而其产生的各方面效益及综合效益也有目共睹。

从古代领袖帝王身边的跟随者做辅佐策划之事，衍变至今，策划人中的绝大多数已经走进寻常百姓的队伍中。

哈佛大学对100位60岁以上老人的调查，就是一种策划活动，有目标、有策略、有步骤、有分析、有结果，提出了解决社会问题的意见，其策划人是教育系统的人员；现如今策划咨询公司、广告策划公司、信息传播公司、公共关系公司，基本是以策划为主业，新闻媒体、生产（经营）企业、服务行业、专司建筑设计的公司等几乎都设有"策划部"。国外的咨询业、顾问业、信息服务业、公共关系传播业，其工作内容就是提供策划方案和组织方案的施行。

5.3.2 策划已深入人心

策划之于现代，已经成为人们的口头禅了，大到联合国的活动，小到统一几位小朋友的行为，甚至犯罪分子抢商店、偷汽车也是在"策划"。

现代社会的开放、民主，信息传播的方便、快捷，使普通人也能对各种策划发表意见，实际上策划受众也进入了策划人的位置，评议策划，提出修改策划的建议。

杭州市推出王力宏版的城市宣传片，很快就有市民提出"失望"。其理由是宣传片里只有扮演的各种各样的角色，而缺乏杭州市民这个活生生的主体。他们指出，"其实，城市里的最日常的普通生活，才是一个城市真正的形象，每一个平常人的鲜活人生，就是一个城市真实的面孔"。这就是普通老百姓参与政府策划的充分例证。

许多人撰文批评有"利益集团正'重新定义'人类健康"，指出："近期，随着一些年销售额高达几十亿元、治不好病也吃不死人的'神药'不断曝光，现代医疗产业让人没病'生病'的问题也浮出水面。专家表示，一些药品利益集团为攫取巨额利润而'发明'疾病和'神药'，严重损害群众利益。"普通老百姓已加入到批评这种社会策划的队伍之中。

5.3.3 策划的多种称谓

我们通常把策划叫"出谋划策"，西方国家把策划提升为"科学咨询"。平常人说的创意策划，除了运筹、统筹、谋划、企划、提出谋略、咨询、预测、规划、制订方案等，出点子、拿主意、想出个好办法等也都有策划的意思。

5.3.4 策划在多种场合的叫法和作为

有的把策划专门叫作公关关系，把策划指为运筹、谋划一件事情，从头到尾，做出方案，一步一步实施，还有的提前预测出结果。

（1）市场策划。这是通过策划经营思想、运作，借助媒体、工具、关系，制造一种新理念，提出新的价值观，并且让之广泛流行，达到促进销售的目的。

（2）谋略策划。这是指为点子策划、公关策划、市场策划、战略策划等提供总体思路的实施、运作方法、实施准则和操作手段等策略方面的创意意见。

（3）策略、方略策划。这是指为策划提供方向、原则、框架和准绳，指出实现的步骤和方法，以及其中可能出现的问题及其解决方案。

（4）项目策划。如建设项目、大型活动、大型展会等，使其中的创意、策划、战略、谋略在规划、操作的过程中一一都具体化、对象化。这种项目策划，一切思想、创意、设计都要落实在项目标的的施行上。

（5）行业策划。各行各业都有自身运作的规律，行业策划指对其进行策划、创意、战略指导和谋略，提出实施意见和建议。具体策划方案由相关行业拟制。

（6）专业策划。每个行业、每个职业又有众多的专业，每个专业又都有自身运作的规律，专业策划是为各专业提供的策划。具体策划方案由相关专业拟制。

（7）战略策划。这是指通过长期调查研究，汇聚政、学、商界思想，进行预测、规划，制订方案，为重大事件提供全局性的情报咨询、信息汇总，提出决策方案和实施规划。其基本流程是：由相关部门拟制出方案，上报后，领导机构审核方案，提出修改、补充意见，最后批准方案，指示下级执行。在执行过程中和结束后，上级派检查组检查或验收。

从具体的策划业务来看，现代意义的策划除党政军群等部门的策划，在内容层面上还可分为新闻策划、广告策划、产品策划、公关策划、促销策划、CI 策划、竞争策划、危机策划、专题策划、运动策划等。

5.3.5　美国人、日本人的叫法

在美国，策划被称为"软科学"，也叫咨询业、顾问业或信息服务、公关传播。

美国许多大公司之所以能够称霸世界，靠的就是科技领先、人才荟萃，再加上无数"兰德公司"所充分施展的无所不至、无所不通、无所不包的战略策划。

20世纪50年代初，美国的兰德公司对"中国会不会出兵朝鲜"进行广泛咨询，在大量调查后提出了咨询（策划）结论。但正确的策划结论没有被美国的决策者们采纳，所以才导致美国"在错误的时间、错误的地点，和错误的对手，打了一场错误的战争"。

策划在日本被叫作企划。日本稍微成规模的企业都有自己专门的企划部。早在20世纪70年代末，日本汽车大举进入中国市场，考虑到中国消费者的抵日情绪，丰田车就策划了一句仿唐诗的广告词：车到山前必有路，有路必有丰田车。用这种方式讨好中国消费者。

|5.4| 现象和本质

策划的现象是策划在发展变化中所表现的外部形态和联系，而策划的本质则是策划本身固有的，决定策划性质、面貌和发展的根本属性。策划的本质是隐蔽的，要通过对现象的分析研究，透过纷繁的表象去掌握。

策划的现象是"你"（策划主的过去、现状）和"我"（策划人的责任和能力）等外部形态和联系。策划的本质是为"他"提出解决方案和决策，以实际效果解决策划主的难题。

5.4.1 策划与计划、打算、想法、安排、预计等是有明显区别的

"计划"是工作或行动以前预先拟定的具体内容和步骤（策划与计划的区别见表 5-1）；"打算"是关于行动的方向、方法的考虑；"想法"是未行动之前，思索所得的结果，也当意见讲；"安排"有分先后次序有规划地处理事物的意思；"预计"是预先计算的意思，有计划或推测的含义。

表 5-1 　　　　　　　　　　　　策划与计划的区别

策 划	计 划
关乎全局性、整体性的战略决策	具体的、可操作的指导方案
准确掌握原则与方向	处理程序与细节
策略具有新颖性与创意	常规的工作流程
What to do（做什么）	How to do（怎么去做）
超前性	现时可行性
灵活多变	按部就班
挑战性大	挑战性小
由长期专业训练的人员施行	接受短期培训的人员也可施行

以上这些活动（计划、打算、想法、安排、预计等），虽然也是人脑在肢体行动前的思维活动，但它们讲求的是实事求是、按部就班，不会把创意放在首位。策划与它们最大的区别，是以创意为核心，创造性地工作和行动，创新方法与打算，开创性地解决面临的难题。

我们说策划是一个综合系统工程，从策划的定义可以看出，它是为实现特定的目标，提出新颖的思路对策，即创意，并注意利用信息等资源，从而制订出具体实施计划方案的思维及创意实施活动。

5.4.2 目标——策划的起点

就策划而言，目标就是策划所希望达到的预期效果。

从目标的高低层次上分，可分为总目标和分目标；从目标的重要程度上分，可分为主要目标与次要目标；从策划的实施主体来分，可分为团体目标与个人目标。

目标对策划的作用与意义在于：规定策划涉及范围的定向作用；集中策划灵感的凝聚作用；激励人们行动的动力作用；控制策划实施的标准作用。

由于策划涉及人们社会实践的方方面面，因此，策划目标从内容上可以分为：政治策划目标、军事策划目标、企业策划目标、体育策划目标、文化策划目标、市场营销策划目标……

策划目标还具有明确性、可行性与可塑性特点。

1. 明确性

古人向目标射箭，现代人用枪、导弹、鱼雷打靶，目标明确。任何社会组织进行策划活动，都是奔着解决问题去的。策划的灵魂是创意，创意主题的来源，即"三点一线"：第一点——策划元素"我、你、他"中的"他"，枪指向的靶，即策划的目标；第二点——策划元素"我、你、他"中的"我"，枪的准星，即策划人能为策划主解决的难题；第三点——策划元素"我、你、他"中的"你"，枪的缺口，即策划主的需求。

2. 可行性

策划的目标应该是可以操作并能实现的。违反法律法规的策划，违背社会伦理道德的策划，其目标都是不可行的。策划人应该是高尚的人，脱离了低级趣味的人，通过自己的策划，为社会增加正能量。

3. 可塑性

在逐步实现策划目标的过程中，要"根据实际情况，决定工作方针"。已经确定的目标，在实践中可以不断补充、修正，甚至推倒重新确定，但不要"南辕北辙"，明知错了还要坚持下去。

在策划的施行过程中，改变策划预期的情况有：

其一，在策划前的调查过程中，因方法不当、认识有偏差，使策划目标定位不准确。

其二，策划人和团队向策划主提出不同的策划目标（提供的几套方案中，策划目标不尽相同），策划主在选定了方案并实施后，又改变了主意。

其三，在确定的策划目标的施行中，社会环境、竞争环境等发生了变化。

其四，策划主的资源（例如资金）中断了，策划目标要改变或策划施行暂停等。

5.4.3 资源——策划的基础、素材

从通俗的角度来理解，资源是人的精神产物的内储和外化，又是人的物质财富的储存和可资利用的部分，即有价值的知识与消息及可用物品等的总和。

孙子在《地形篇》中曰："知彼知己，胜乃不殆；知天知地，胜乃可全。"知彼知己，胜利就没有危险；懂得天时地利，胜利就有完全的保障。如果从信息分类角度来看：知彼——公众信息；知己——主体信息；知天——时机信息；知地——环境信息。一项成功的策划，离不开这四类信息。获得资源中的正确信息，是成功策

划的基础。

成功的策划，本质上乃是正确创造性思维的过程及结果。更具体地说，是策划人及团队把多种信息资源在头脑中组合成创意、灵感，使多种灵感有序组合的产物。每一项成功的策划，都包含着策划者对特定信息资源的选择和运用的思维组合。

未来学家托夫勒在《第三次浪潮》中预言的"信息社会"的特点为：信息增长迅猛；信息传递手段多样；信息传递速度迅捷。他概括的信息社会的三个特点，对现阶段的策划产生了极大的影响。

5.4.4 创意——策划的核心

"创意"就是创造性的意念。它是一切思维成果的最初萌芽和最富价值之所在，是一切创造思维主体最宝贵的思维结晶和生命价值的体现。

无数成功人士的成功经验，表明了创意的意义：松下幸之助的事业起始于研制新型电灯插头的创意；亨利·福特创建汽车王国起始于13岁时看到一台"会移动"的蒸汽机所产生的创意；而威廉·波音成为飞机制造业的"大哥大"，则源于他由木材商人转而生产模型飞机的创意……可以这么说，当你产生了一个绝无仅有又切实可行的创意时，一连串的相关灵感就会相继产生，策划很快就会形成，成功也就会大踏步向你走来。

创意为整个策划提供一条全新的思路。创意虽然只是一个小小的意念，一闪而过的灵感，也许用一句话就可以表述，一个手势就可以涵盖，但它却如一颗种子，包含了整个策划最主要的因素。

创意灵感一旦产生，在整个策划思维中就会起到一种核心作用，策划行为中的其他因素和行为都会以创意为核心而展开。

|5.5| 循序渐进

策划是依照严格的规律出现、生成、成熟、可行的，在实际运作中，大体要经历七个环节。

5.5.1 策划调查

策划调查是为开展策划而进行的调查，是策划运作的起点，如商务策划，目的在于精准地了解市场、产品、受众-顾客-消费者的动态，为开展策划活动打下基础，为策划提供直接依据。

1.分析环境，明确要求

对策划将要覆盖的策划发布环境进行深入、细微的分析研究。这种环境包括政治、政策、经济、技术、社会、文化、竞争等方面。要明确企业总体目标、营销目标及策划目标，掌握企业内外部各方面对策划可能产生的影响，摆正策划对象在市场中的位置，从而确定策划的定位。

2. 分析策划对象（策划中的"他"），即分析策划的商品、服务或观念

要对策划对象进行深入地了解和研究，掌握其个性，充分挖掘出与其他同类主体不同的特点，把握住其"闪光点"。如果是商品，要从商品生产历史、生产过程、生产设备、制作技术、原材料使用，商品外观、系统、类别、配套服务、使用价值、精神价值、生命周期，商品适应性和商品色彩、风味、规格、式样等方面进行分析研究。

3. 分析受众-顾客-消费者，找准潜在市场

市场就是受众-顾客-消费者，有消费者就有了策划主和策划人的市场。消费者包括工商企业和事业单位用户，社会个体消费者。改革开放使中国国力增强，许多企业走出国门，与外国企业合资合作，产品就地销售，开拓出新的市场。通过对受众-顾客-消费者需求动机、消费习惯、消费特征等进行调查后，要对相关资料进行认真分析。为维持生产和发展事业，工商企业和事业单位用户的需求动机相对稳定；社会个体消费者的需求动机十分复杂、相对多样，有生理需要、安全需要、社交需要、尊重需要和自我实现需要等。影响消费的因素包括经济、社会、心理、消费者对商品的购买方式和使用方式等方面。工商企业和事业单位购买量大、集中、次数少，需求受价格波动影响小；社会个体消费者的购买行为具有分散、零星的特点，包括习惯型、理智型、求廉型、冲动型、感情型、从众型、疑虑型、随意型等多种类型，有经常性购买、选择性购买和考察性购买等多种购买方式。

通过这些调查研究，找准策划对象的潜在受众-顾客-消费者，才能针对目标市场进行事半功倍的策划。

5.5.2 确立策划目标

在集中对策划环境、企业目标、企业营销目标、策划对象、策划客体等进行调查了解、分析研究的基础上，由策划主与策划人确立策划活动的目标。

5.5.3 确定策划主题与创意

为了实现策划目标，还要确定策划主题（实施"三点一线"的创意思维），将策划内容统率起来，再根据策划主题表现的需要，经过策划人和团队的创造性思维，想出新的点子和主意，构思出策划创意，用精练的话语或图形表现出来，即"广告语"或效果图。

5.5.4 确定表现策划的策略

为实现策划的主题，可以采取以下具体策略：策划媒体策略、策划时机策略、策划表现方式策略、策划促销策略、策划差别（无差别）策略、针对竞争对手采用的策略等。

广东广旭广告公司为云峰酒业集团"小糊涂仙"酒所策划的"小糊涂仙"系列

酒，是依托茅台镇的土壤、气候、水质条件，采用当地特产糯高粱、小麦和天然山泉为原料，秉承茅台镇传统酿酒工艺，结合现代生物技术精酿而成的产品。

在"小糊涂仙"酒策划过程中表现出来的策略有：产品命名策略——糊涂文化；市场战略设计——独特的文化含量和市场认知；市场细分策略——中等以上收入人群；产品定价策略——较高消费档次……这些都是策划人精心策划后提出的、已经获得成效的策略。

5.5.5 确定策划的预算

根据策划整个活动的需要，从调查开始直到测算策划效果都需要费用，要拟出策划的总投资和每一个项目的具体预算。当年广东广旭广告公司获得策划主送来的3 000万元支票，就是策划主预期要获取3个亿以上的回报而投入的策划总预算。

5.5.6 策划决策

策划在多数情况下要准备几套方案，由策划主进行选择，做出决定，或使用某一方案，或将几套方案的优点整合采用。决策一经做出，应由策划主签字，才能使将要使用的策划产生实际意义。

5.5.7 策划效果检验

在策划书中，要将策划效果的测定方式和预计可能出现的效果表现出来，制定检验策划效果的有关控制、评价标准，将策划书发布前、中、后及对策划活动的价值进行有效测定的要求、步骤、方法反映出来。这样做的目的，一是让策划主对策划增强信任度，二是可以依据策划效果检验的要求对策划活动进行监督检查，三是为下一轮策划活动的开展积累经验。

本章小结

策划作为一种社会形态，它的存在有自身必要的元素，这些元素有策划主、策划人、策划对象、策划依据、策划方法和策划程序；在对策划元素的历史沿革和现实状况的考察中，我们加深了对策划的认识；透过对策划的本质是"人的高级思维活动的产物"的认知，我们更加坚定了提高创意能力才能做好策划的信念。在此过程中，我们也认识到策划与计划、打算、想法、安排、预计等的区别。

凡是需要按科学规律办成的事，都有循序渐进的要求，从做好策划的七个步骤中，能体会出一步一个脚印才能一步步接近成功的道理。

思考与练习

思考：

1.策划的元素有哪些？你认为什么元素最重要？

2.历史在演进，策划与时俱进，现实社会中策划"热"的原因有哪些？

3.策划目标能改变吗？在哪些情况下需要改变？

4.策划及施行的程序有哪些？可以改变吗？

练习：

1.试对本地（村、居委会）20或30位60岁以上老人做一次回顾式资料归纳，找出其成功（自定成功的标准）或不成功的主要原因，提出对青年、中年人要获得成功的建议。

2.参与一两次学校学生社团的活动策划，或接受任务进行策划，或自己寻找策划目标，或主动提出策划方案。

延伸阅读：策划人王志纲说：战略高于管理

第6章

策划的分类

学习目标

通过本章的学习，懂得策划分类标准的重要性，了解策划的基本分类及分类意义，阅读、分析几种分类所选取的策划故事，从中体会策划分类的道理及在实际运作中的指导意义。

引例

兰迪·巴比特：值3亿美元的"倒奖励"

兰迪·巴比特是美国联邦航空管理局第16任局长，也曾是一名优秀的飞行员，外界普遍认同他是一位真正"内行"的航空管理者。

2009年上任后，巴比特便决定推行一项令人瞠目结舌的制度——重金奖励那些迅速上报自己在工作中犯了错误的飞行员、机械师、地面指挥等航空从业者，并且还免于对他们实施处罚（致使坠机和蓄意叛逃除外），每次奖励的金额从200美元到1 000美元不等。

犯了错，不仅不罚，而且还能得到不菲的"倒奖励"现金，这岂不是助纣为虐，鼓励他们去犯错吗？更何况，全美有那么多飞行员、机械师，如果一旦发放"错误奖金"，必将会导致一大笔支出，因此巴比特的这一决策迅速遭到了许多其他高层的反对。但他却坚称："通过这个'倒奖励'制度，我希望他们能从同行或其他人的错误中有所收获和警醒，以避免犯同样的错误，减少事故率。而且我深信，如果不这样，一旦他们犯错，所造成的损失一定会远高于我们所付出的奖金。"

最终，巴比特的这项决策获得了通过，并在全美航空领域开始执行。

"只奖不罚"的"倒奖励"制度，极大地鼓舞了飞行员和机械师们勇于"自我揭露"的勇气，他们中的很多人都开始随身携带一本"自我错误报告"的小册子，以便随时记录下自己所犯的错误，然后及时上报上去，以至于联邦航空管理局每月平均能收到 2 500 多份这样的 "错误报告"。

为了让航空从业者们能从这些错误中吸取经验教训,巴比特又责令专门人员从中挑选出一部分典型事例,印制成期刊对外发行,结果每月都有 18 万国内外读者自费订阅,他们大都来自世界各大航空公司、飞机制造厂商以及航空培训学校和飞行器发烧友们。

据联邦航空管理局统计,截止到 2013 年年底,"倒奖励"制度支出的奖金高达6 100 多万美元,然而却极大降低了美国民航飞行的事故发生率,避免了由此带来的近 3 亿美元的损失。

资料来源 徐竞草.值 3 亿美元的 "倒奖励" [N]. 羊城晚报,2014-03-27.

【分析与思考】

奖励本来是对那些付出劳动和智慧的人产生的成果给予的荣誉或财物,"倒奖励"则相反,是对做错了事的人给予奖励。这种从根本上改变了奖励标准的做法,效果怎样?兰迪·巴比特所进行的改变,用事实告诉人们,他成功了,因为难题解决了。

请思考:

(1)兰迪·巴比特所进行的奖励的改变,标准是什么?动机和效果统一了吗?原因在哪里?

(2)犯了错误不及时上报和迅速上报,有什么区别?对于人命关天的飞行,出了错及时上报,意义是什么?

(3)策划的创意在兰迪·巴比特身上是怎样体现的?这种创意有没有风险?

|6.1| 基本分类

类,是指相似或相同事物的综合,分类是为了更好地认识事物,是要在群体中将类似的找出来,便于更准确地把握和更深刻地理解。

6.1.1 分类的意义

1.分类的意义在于识别策划任务,确定能否接受策划委托

策划的分类是策划理论的基础,只有在实际操作中,才能反映出策划分类的现实作用。

很多年前,广东广旭广告公司来了 3 位客人,交了一张 3 000 万元的支票给刘总,称 "请为我们的新产品做策划"。刘总问:"你们的产品是什么?"客人说:"是白酒。"刘总和几位助手耳语一番后,告诉客人:"首先,感谢你们对我公司的信任,还没做业务,就先付订金。然而,当前白酒市场受啤酒、葡萄酒类果子酒、养生酒的分割,做白酒要谨慎。""你们做的白酒是什么牌子?产量多少?当前销售情况如何?"客人的回答,让刘总大吃一惊。"我们的酒刚投产,没有起名字,市场在哪里、有多大、怎样推广、广告怎么打,一切从零开始,我们的 3 000 万元是给贵

公司的策划费。""请问，你们的酒在哪儿生产？""在茅台镇。"刘总和几位助手稍作商议，说："这项业务我们接了！要三四个月后才能给你们方案，我们要做全国的调查，产品命名、定位、市场推广策略、媒体选择、电视广告演员、脚本和其他媒体整合……给我们一些时间。"

广旭广告公司要对策划的对象进行判断，不能什么业务都接。策划费3 000万元，总的标的要实现3个亿，面对情况不明的委托，策划人也可以说"不"。

2.依据策划的分类，任务不同，安排策划的重点方向也不一样

永达广告公司是当地最有实力的一家民营广告公司，承担了五粮液在中国南方七个省的营销策划和执行工作，公司投入了大量人力、物力。因为名气大，常有各种不同品类、不同规模的企业，甚至个人找到公司，要求为他们做策划。

一次，一位张先生向公司卢国利总经理讲了他的苦衷：相识相知多年的女朋友周女士，莫名地离开了他，怎么也联系不上。卢总建议他，用广告传播的方式寻找，请这位周女士身边的人提供信息。

卢总将这个策划任务交给进公司不久的广告学专业毕业生张志蔚。张志蔚用女性特有的敏锐感和细腻的思考，策划了在当地热门晚报不同版面刊登的"寻人"广告。

在头版左下角，1/16的版面，只有"爱，就要大声说出来"几个特大号字，底下用7号字刊出"详情请读A8版"。A8版刊出了张先生自述寻找周女士的心路历程，并留下了一个手机号码。这是张先生特地花了好几千元买的新手机，并委托朋友接听来电（当时是双向收费，接电话也花钱）。当天的晚报卖得可好了，人们第一次看到报纸上刊登求爱广告，兴趣很高，当然也有人恶作剧乱打电话进来。

这种规模，这种服务对象，公司只派一人策划就能搞定。

就是这位年轻女孩1998年的策划创意，引起了全国十多家晚报的注意，13家报纸做了评析，中央电视台焦点访谈节目也进行了报道。

6.1.2 分类标准

分类必须按一定的标准进行。例如，按策划对象的范围，可分为大或小，大到国际范围的策划，比如"建设人类命运共同体""平昌冬奥会，北京8分钟"，小到一个百十户人家的村庄建设美丽乡村的策划；按策划对象的性质，可分为公益策划或盈利策划；按策划及施行时间，可分为五年规划或冬季促销策划；按策划主的不同，可分为党政军群的项目或是超市"中秋"的促销……

从实事求是的原则出发，不同内容的策划，各有不同的策划方法和策划结果。

陈放在其《策划学》一书中，列出了30种策划：形象策划，用人策划，旅游策划，公关策划，新闻策划，文化策划，造星策划，体育策划，教育策划，救国策划，外交策划，人才策划，调查策划，军事策划，婚恋策划，交友策划，科技策划，升迁策划，创业策划，择业策划，图书出版策划，影视策划，新产品开发策划，企业竞争策划，企业危机策划，广告策划，品牌策划，CI策划，企业形象策划和金融策划。

其实，策划远远不止30种。

6.1.3　依据不同标准的分类

1.根据策划的行政区域规模分类

策划可以分成国际策划，国家策划，省（自治区、直辖市）策划，地、县策划，乡、村策划。

2.根据策划对象的行业分类

策划可以分成工业策划、农业策划、商业策划、旅游业策划、广告业策划等。这其中还可以按照大行业中的小行业划分，如农业中的养殖业、种植业，养殖业又可细分为养牛、养羊、养猪、养鸡等。种植业也可以细分为种粮、种菜等，种粮、种菜还可以细分为很多种类。

3.根据策划的对象分类

策划可以分成为各级党委部门和政府职能部门做策划、为事业组织做策划、为社会团体做策划、为企业做策划等。

4.根据策划要解决的问题分类

策划可以分为企业形象塑造策划、商品促销策划、危机公关策划、提升商品市场占有率策划等。

5.根据策划的内容分类

策划可以分为文化产业策划、文化娱乐策划、体育赛事策划、形象大使选拔策划、慈善事业策划等。

6.根据策划项目的规模分类

策划可以分为战略策划、战役策划、战斗策划，或分为大型策划、中型策划、小型策划。

7.根据策划书的形式分类

策划可以分为全案策划、电视广告片制作或平面广告媒体购买等单项策划、项目（建设、活动）策划、提案及一纸通（仅用一张纸就能准确表述）策划等。

8.根据不同的时间要求分类

策划可以分为三五年区间的策划、当年的策划、季节性的策划、为某个节日或仅为一次活动（结婚典礼、过生日）做的策划等。

9.根据策划的性质分类

策划可以分为公益性活动策划、商业性活动策划等。

10.根据传播的媒体分类

策划可以分为报纸、电视、广播、杂志等传统媒体的传播策划，手机网络传播策划，电脑网络传播策划等。

11.根据策划施行的人群分类

策划可以分为学校学生活动策划、部队军人活动策划、夕阳红老人活动策划等。

以上分类难免挂一漏万又相互交叉，同一策划又可以放到相关的几个分类中。如一个人，从性别分类，他是男性；从职业分类，他是教师；从文化程度分类，他是博士生；从家庭角色分类，他是丈夫、父亲、儿子。他的社会角色分类看似复杂，其实很清晰。

我们掌握策划的分类，是为做好策划、撰写规范的策划书打下基础。

各种广告策划的书籍也对策划进行了多种分类，不一而足，我们选择了这张分类图（如图6-1所示），供学习者参考。

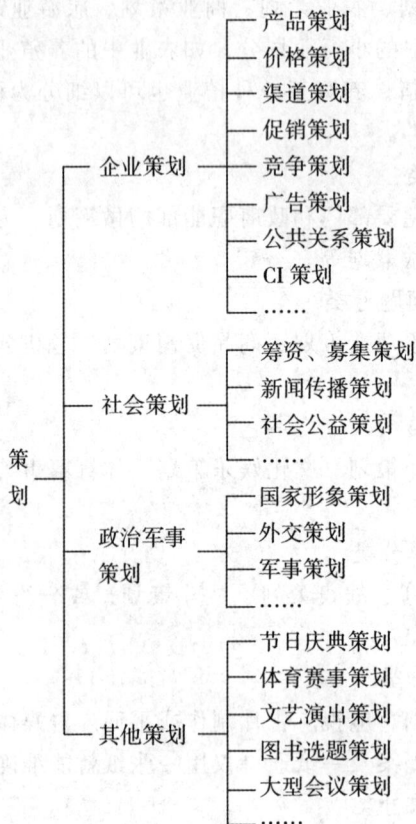

```
                    ┌── 产品策划
                    ├── 价格策划
                    ├── 渠道策划
                    ├── 促销策划
         企业策划 ──┼── 竞争策划
                    ├── 广告策划
                    ├── 公共关系策划
                    ├── CI策划
                    └── ……

                    ┌── 筹资、募集策划
         社会策划 ──┼── 新闻传播策划
                    ├── 社会公益策划
  策                └── ……
  划
         政治军事   ┌── 国家形象策划
         策划     ──┼── 外交策划
                    ├── 军事策划
                    └── ……

                    ┌── 节日庆典策划
                    ├── 体育赛事策划
         其他策划 ──┼── 文艺演出策划
                    ├── 图书选题策划
                    ├── 大型会议策划
                    └── ……
```

图6-1　策划分类图

在介绍了策划的基本分类后，为了将策划的分类用实例说清楚，本章的内容以规模大小、内容差别、急缓不同、形态各异等进行分类。

为使策划理论与实务相结合，本章选择的案例主要体现了策划人或团队开展策划的整个活动过程，从策划的背景条件、最初的策划意向，到在各种情况的共同作用下不断补充修改完善，最终达到了策划的预期。所选各篇不是策划书，而是策划人策划及思维活动的轨迹，我们能从中学会怎样解决难题、怎样策划。

|6.2| 规模大小

策划规模的大小，是策划人遇到的首要问题。策划规模之大，可以揽全球，观天下；规模之小，可以两三人，吃餐饭。能领衔做多大规模的策划，策划人及团队要权衡自己的能力，做适合的策划。

小案例6-1 | **倡导建设人类命运共同体**

——中国共产党邀请全球政党一起开大会

据微信号"新华视点"报道，2017年11月30日至12月3日，中国共产党在北京举办了一场规模空前的全球政党大会！来自120多个国家、200多个政党和政党组织的领导人齐聚北京、共商大计。

这次大会名为"中国共产党与世界政党高层对话会"，由中共中央对外联络部牵头组织，主题是"构建人类命运共同体、共同建设美好世界：政党的责任"。这是出席人数最多的首次全球政党领导人对话会。如此重量级的会议，用中共中央对外联络部副部长郭业洲的话说，"在我们党的历史上具有开创性意义，在世界政党史上也具有突破性意义"。

中共十九大被外媒称为"站在世界地图前召开的盛会"，为了更集中、更高效地回应国际社会的期待，中国共产党决定召集外国政党朋友齐聚北京，集中向大家直接介绍党的十九大精神，深入阐释习近平新时代中国特色社会主义思想。

在本次大会的海报"美美与共 和而不同"中，中式茶杯、阿拉伯茶杯、西式咖啡杯，象征与会政党的广泛代表性，这些拥有不同国别背景、不同文化传统和不同意识形态的政党，在中国共产党的倡议下，一起坦诚交流。

这场盛况空前的大会，必将进一步展现我们党开放、包容、自信的国际形象，增进国际社会对我们党最新理论和实践成果的理解，凝聚起各国共同建设美好世界的共识。

6.2.1 面对全世界的课题做策划

新加坡《海峡时报》2017年11月21日有一篇文章报道"中国的最新出口品是其世界观"。

乌干达记者罗纳尔德·卡托像许多从未踏足中国的非洲人一样，在他的印象中中国是个发展中国家，只不过地位日益上升、在非洲足迹不断扩大而已。但2017年2月在参加中国政府赞助的一个媒体奖学金项目抵达北京后，他的印象改变了："从到这里的那刻起，我对中国的印象彻底改变了。中国有很多面，有时让人觉得是发展中国家，有时又让人觉得是发达甚至第一世界国家。"他说中国太大太复杂，却没受到西方媒体公平报道，"要认识和理解真实的中国，就必须身临其境，可能还要在这里生活"。

过去10年里，中国政府可以说是软实力和文化出口的最大花费者。华盛顿大学的中国事务专家沈大伟估计，现在中国花在相关项目上的资金约为每年100亿美元——比美、英、法、德、日花在软实力上的资金总和还多。中国一直加大努力推销自己并试图将本国信息传播开来，世界各个角落都能感受到这种努力。

卡托参加的为期10个月的项目是中国公共外交的核心组成部分。该项目始于2014年，最初面向非洲记者，后扩大到南亚和东南亚国家的记者，2018年扩大到中亚国家。有深度的项目和接触官员的机会，显示了中国是多么愿意花钱让外国人通过亲身接触来认识中国。参与者说该项目使他们有机会近距离观察当代中国。在为本国媒体撰写报道方面，他们被赋予很大自由度，中方组织者从不干涉其报道。比如，《印度快报》记者纳伦德拉·阿普尔瓦说，他频繁报道中印洞朗边界对峙，但"从未被晾到一边或被排除在外"。

中非问题专家莉娜·阿卜杜拉表示，参加项目的学员常自费回中国深造。许多人会驻留中国，或在自己国家报道中国，"他与过去的参与者交流过，显然他们对中国政府赞助该培训项目心存感激"。这并不意味着他们会自然而然更同情中国的世界观。但许多人表示，在华经历将有助于他们更公平地报道中国。①

我国这种大手笔的策划，改变了世界对我国的认知，经营并推广了国家形象，请外国记者在他们国家的媒体上报道我国的"一带一路"倡议，建设人类命运共同体。这种策划具有国家战略的意义。

6.2.2　企业品牌时令促销策划

网络中、媒体上，刊登了"当五粮液也开始和年轻人交朋友……"的信息，这也应该看成是企业形象策划的施行。

每到中国传统节日，品牌主们总要抛出一些情感话题，希望从打动消费者进而"打中"消费者。对于白酒品牌来说，中秋更是它们最不能错过的营销节点，只不过营销者众，出色者少，家喻户晓的高端白酒品牌五粮液就是2017年中秋营销中的佼佼者。

在合适的时间，以合适的方式，对合适的人，说合适的话，才能真正打动消费者。此次中秋广告营销中，五粮液围绕"让世界更和美"的主题，以新媒体为传播主阵地，利用线上话题互动、主题微电影发布、线上约酒晒酒局、酒局系列纪录片等形式掀起了一场声势浩大的"全民约酒"浪潮，实现与年轻人的零距离接触，另辟蹊径玩出了新花样！

五粮液营销策划的创意点是："杯酒含深情，这个中秋你最想举杯相约的是谁？"

五粮液通过深度洞察，推出两个以"父子"和"对手"为主题的微电影，人们会发现它不仅很好地在各种相聚场合植入了五粮液的产品，影片的主角也变得更加

① LIM Y L. 乌干达记者：要认识和理解真实的中国，必须身临其境［N］. 陈俊安，译. 环球时报，2017-11-22.

年轻和精英化。通过微信朋友圈投放、新浪品牌速递以及腾讯新闻、今日头条等热门且年轻人热衷的媒体渠道进行大规模投放半个多月后，系列微电影的总曝光量达到 6 100 多万次。

"父子篇"中，小时候看着父辈喝五粮液长大的 90 后，如今选择用一杯五粮液和父辈举杯消除隔阂。

"对手篇"中，逐渐成为社会主力的中产精英在和商业对手的竞争中用一杯五粮液和解。

五粮液营销策划用情感打动用户的同时也抛出了"这个中秋，你最想举杯相约的是谁"的提问，进而引导用户直接参与到"让世界更和美"的线上约酒互动中来。

为一种品牌、一个促销季做的策划与宣传国家的策划，规模、范围有很明显的区别。

|6.3| 内容差别

策划面对万千世界，内容千差万别。这里仅举两例，足可说明策划内容的区别。

6.3.1　百年老品牌碰到了新问题，且看"可口可乐的翻身仗"策划

2010 年，美国各地突然出现了一条广告："凡是购买激浪者均可获赠一瓶沃特，而且买一赠一，多买多赠。"

此消息一出，群众一片哗然。要知道"沃特"是可口可乐公司旗下的果味碳酸饮料，而"激浪"则是百事可乐旗下的。众所周知，在饮料界，可口可乐和百事可乐两大公司是出了名的"死对头"。

可口可乐公司的员工想不通：谁做的策划？为啥自己的产品非要和对方捆绑，还是赠送，这不是自降身价吗？

同样百事可乐公司的员工也想不通：这不是为我们增加销量嘛，对方是不打算干了？

其实这是一场精明的算计，一桩富有创意的策划。

先说激浪与沃特之争。

田纳西州两兄弟在调制鸡尾酒的过程中，无意间发明了激浪饮料。碰巧在 1964 年，百事可乐集团有了进军柠檬味碳酸饮料市场的打算，于是激浪这个品牌被顺理成章地收购，经过包装迅速打入市场。

作为对手的可口可乐自然不甘落后，3 年后公司推出了包装都与激浪极其类似的沃特饮料。为了彰显自己的诚意，每瓶沃特的售价均比激浪少 10 美分。

但是即便如此，沃特的问津者仍寥寥无几。长期以来，激浪广受市场欢迎，市场占有率为 80%，而沃特不到可怜的 4%。

2010年初，可口可乐总部任命克鲁尼·乔森为市场部经理。俗话说"新官上任三把火"，乔森便策划了一个史无前例的赠饮计划。

于是，文章开头的广告横空出世，全美所有零售商均参与此活动，范围遍及大型超市、街头便利店等。

"干嘛要买激浪送沃特？完全可以开展沃特的买一赠一活动，或者直接降价也行。白痴！脑袋简直被驴踢了！"可口可乐集团内部一片讨伐声。

同样得知此消息的百事可乐CEO也想不明白，虽然他知道对手不会安什么好心，但是实在找不出什么破绽来，因为这个促销更有利于自己，完全没毛病！

很快，过了大约一个月，事情发生了一些转变。很多人，尤其是青少年，纷纷发出惊叹：原来沃特的味道相当不错！就在这个时候，可口可乐宣布终止赠饮活动。

"大事不妙！"百事可乐一方猛然发现苗头不对，连呼上当，但为时已晚。这时，无数人纷纷改喝沃特，其市场份额一下子飙升到了76%。

在公司的销售庆功宴上，面对同事们惊讶的目光，乔森解释，经过一系列调研后，他发现，沃特的口感不在激浪之下。也就是说，沃特的销量之所以不好，只是消费者对产品的认知度不高而已。所以他坚信，只要消费者尝试了沃特之后，肯定会越喝越爱喝。再加上其价格比激浪低，所以就不愁打不开市场了。

乔森分析道：之所以买激浪送沃特，是利用激浪较高的市场认知度，来顺水推舟。

这下同事们恍然大悟。[①]

可口可乐打了一场漂亮的翻身仗，一场足以成为教科书级策划案例的翻身仗。

6.3.2 中国中央电视台公益电视广告《回家》系列策划[②]

这是一份内容特殊的策划案。

品牌：中央电视台。

产品名称：CCTV公益。

企业名称：中央电视台广告经营中心。

上市时间：2012年10月。

作品名称：电视广告《回家》系列。

参赛公司：麦肯光明广告有限公司上海分公司。

参赛类别：传播创意（代理公司组创意服务类电视广告）。

所获奖项：第六届金投赏金奖、制作类全场大奖。

目标：中央电视台作为主流的权威媒体，希望通过公益广告，弘扬民族的优良传统，推动精神文明建设，在社会上引起共鸣，同时提升中央电视台的社会形象。

传播受众：不同年龄、不同地域、不同文化、不同阶层，在国内抑或海外生

---

① 马晓伟.可口可乐"顺水推舟"[J]. 晚报文萃，2011（21）.
② 贺欣浩.商业创意 [M]. 北京：北京联合出版公司，2013：86.

活、工作的全体华人。

品牌个性：依靠中央电视台特有的媒体影响力影响所有华人，由一个小点能够辐射到整体，反映出社会问题。

挑战：（1）什么样的故事能够让全中国人都产生共鸣？（2）一个传统的公益主题如何用一种新的角度来阐述，使其能够贴近大众生活，有足够的亮点吸引公众注意，不让观众产生厌倦感？

创意：现代社会越来越丰富的生活方式正在代替"回家"，在春节期间利用过年回家的创意来引发所有中国人的共鸣，通过这个电视广告告诉中国人"只有到家了，才是真的回来了"，进而将民族的优良传统发扬下去。通过系列电视广告的方式，以"全中国，让心回家"作为情感诉求，打动观众。

这份策划案在施行后，"第六届金投赏"组委会经过评审，写出了如下意见：

评审根据金投赏对于此类别设定的标准进行评判，权重100%。

◆营销信息传达30%。根据参赛公司提供的参赛作品，通过产品营销策略来判定，该创意是否清晰地传达了产品营销信息。

◆消费者适应性30%。主要是指该创意广告是否能让消费者产生共鸣，并且能够接受、理解该广告所传播的信息。凡是参赛作品必须提供该产品所面对的消费群，以及该创意广告投放的区域、环境等信息。

◆品牌基因结合40%。品牌基因结合主要针对两个方面：一方面是指创意广告是否延续了产品形象、定位、品牌主题；另一方面，创意上是否对品牌形象有所提升。

组委会的评审对获奖作品进行了点评：

（1）电视广告是商业创意的四个环节——功能、体验、内容、通道中的内容环节。

（2）电视广告是最基本也是最常见的一种传播方式，通过电视这一载体，将内容传递给消费者。

（3）创意对于电视广告来说是一种效率的体现，好的创意一针见血，内容直指人心。只需要看一次，你所要传递承载的价值就会被消费者记住。如果只是普通或者平庸的创意，需要达到同样的效果，必须在通道上投入更多，而且会占用更多的资源。

（4）公益广告可以有很多种做法，从遵守交通规则到关注失学儿童；从为地震灾区捐款到支持公益事业……虽然公益不分大小，而且每一种公益都值得我们去关注，但是不同的公益广告效益是不同的。尤其是在中央电视台这个全国性的媒体中，如何找到一个最大化的全民关注的热点成为此公益广告的关键。

（5）公益广告在中央电视台的播出时间是从10月份开始一直到春节。在这样的时机下，讲述过年回家的故事正是全民关注的热点。这一系列的电视广告，正是利用了时下热点：过年春运时期的火车票难买，回家过程中的千辛万苦，最终，与亲人团聚让所有的辛苦都瞬间化为甜蜜。

（6）可以从市场营销的内容和通道环节来分析这一系列电视广告的成功之处。

第一，从内容的角度，春节回家的概念将会吸引全中国超过一半以上人口的关注，是一个很好的切入点。在系列广告中，有针对性地选择了在外创业的小夫妻，在海外生活一直没机会回国的老华侨，以及外出打工的农民工们，这些都最大化地拉近了与不同受众人群的距离。

根据北京发改委的数据，我国春运每年都有约34亿人次旅客参与，其中公路31亿人次，铁路2.25亿人次，航空3 500多万人次，而这几种春运交通方式，在系列广告中也都被提到，将会再次引起观众的强烈共鸣。

第二，从通道角度，每年10月开始，中国人将会开始关注和计划回家过年，需要为家人准备礼物，准备买票，这个时间节点完全符合春运创意。这也是为何这个电视广告不仅获得此类别的金奖，也获得了制作类全场大奖的原因。

（7）我们再从商业创意的角度分析这个广告。从功能、体验、内容、通道这四个环节来看，第一，它是一个公益广告，所以可以忽略产品研发设计环节，也不需要实现商业目的。第二，在内容和通道上，要衡量有哪几个环节构成了它的成功。参赛公司是麦肯光明广告有限公司，它在内容环节负责广告的创意以及制作，而通道环节则是利用中央电视台的广告资源来做投放。也就是说这个案例是至少两家公司合力完成的。在商业创意中，这种情况非常常见。同样我们也需要评估在资源一定的前提下，每一个公司所发挥出的最大价值。

值得每一位商业策划创意研究者思考的问题是：

（1）假设我们将这些媒体价值换算成资金单位，一位策划主在内容不变的前提下，要用多少传播费用购买媒体？

（2）用这些资金去投入其他媒体通道，是否能够获得同样的成功？

以上两则策划案例的内容相去甚远，其共同点是：都成功了。

|6.4| 急缓不同

有的策划如《红灯记》里卖木梳的，"要现钱"；有的策划如褚时健种橙子，几年后才见效。

2018年3月14日，"上观新闻"刊登了作者殷梦昊的文章：《30年前，他在试管里诞生；30年后，试管宝宝在他手里诞生》。巧吗？当初的期望成了现实，一份要经过几十年才有希望实现的策划，成了现实。

6.4.1 旷日持久才能实现的策划

褚时健种橙，干在当下，策划未来。

1999年1月9日，71岁的褚时健因经济问题被处无期徒刑、剥夺政治权利终身。2001年5月15日，他因严重的糖尿病获批保外就医，回到家中居住养病，并且活动限制在老家一带。2002年，保外就医期间，74岁的褚时健与妻子在玉溪市新平县哀牢山承包荒山种橙子树，开始第二次创业。2004 年获假释，后减刑为有期徒刑 17 年；2008 年，减刑至有期徒刑 12 年；最终又获减刑，2011 年刑满释放。

2012 年 11 月，85 岁的褚时健种植的"褚橙"通过电商开始售卖，褚橙品质优良，一上市便被销售一空。褚时健成为"中国橙王"。2012 年，褚时健当选为云南省民族商会名誉理事长；2014 年 12 月 18 日，他荣获由人民网主办的第九届人民企业社会责任奖特别致敬人物奖。

还有一份策划案，要施行十多年，才见成效，这就是"种出来的家具"营销策划。

英国青年加文是一名家具设计师，他设计的家具简约时尚、高端大气，深受消费者喜爱。2005 年的一天，一位年轻顾客来到加文的家具店，转了一圈后露出失望的神情。加文问他想要什么样的家具，顾客说他在自己的庄园里开了个露天餐厅，想买几套具有自然情调的桌椅，可惜一连跑了几家，都没买到（顾客提出了策划的课题）。望着顾客离去的背影，加文陷入了沉思。

过了不久，加文到公园参加朋友的婚礼。看到公园里经园艺师精心修剪的沙发、孔雀、猴子等造型各异的观赏植物，加文突然想起那个想买桌椅的年轻人，继而想到，如果能够直接把树木种成椅子的形状，加工成家具，其独特的造型、纯天然的质地，一定会很受消费者欢迎（在触景生情中产生了创意，策划人时时都在思考"解决难题"）。

经过考察，加文在德比郡威克斯沃思附近租了一大片荒地，购买了几百棵适宜塑型的柳树、橡树、榛树等树苗栽种下来。为了尽快达到预期目标，加文尝试着用化学方法控制树苗长势。当看到树叶变得发黄枯萎时，加文意识到"欲速则不达"，于是果断放弃了化学方法，继而寻求其他途径控制树苗的生长。

就在加文日夜思索该采用何种办法塑型最有效时，他的牙病犯了。加文捂着肿胀的腮帮子去看牙医。牙医拔掉他的坏牙，说得装个假牙。牙医拿出制牙模具，要为加文量身定制假牙。看到模具的那一刻，加文如醍醐灌顶般脑洞大开，他找到了解决树苗塑型的办法（在治牙过程中产生了灵感——创意）。

很快，加文根据所种家具的类型设计了 150 个扶手椅塑胶模型、100 个柱状灯罩和六边形镜框塑胶模型，分别安置在相应的树上。

附近村民看到加文怪异的植树方法很不理解，有人嘲笑他："这真的能长成椅子吗？不会搞错吧？"还有的村民见加文天天在那里捣鼓树木，认为他是个疯子、怪人。加文不理会别人怪异的眼神，坚持自己的理想。在别人的冷嘲热讽中，他和妻子坦然地忙着自己该做的事情。根据树木的自然长势，对树枝进行轻微的扭曲，在恰当的时间里砍掉多余的分叉。为了让自然生长出来的家具既好看又耐用，加文严格按规定时间塑型，让树木在阳光、空气、土壤中吸收养分，茁壮成长。

在加文的苛刻要求下，一把把精致的树椅，从栽种到收获，要历时 4 到 8 年时间。

时光荏苒，经过时间的洗礼，加文"种"的家具终于成型，收获后打磨加工即可出售。消息一传出,订单便源源不断地涌来。之后,加文的产品又在英国和美国预售。椅子售价 2 500 英镑,灯罩售价 900 英镑,镜框售价 450 英镑。这种"一体成型"的家具,在市场上颇受消费者青睐,加文的产品供不应求。[①]

6.4.2 能"吹糠见米"的策划

一个 80 后单身女孩的厕所下水道被堵住了(这可是个马上需要解决的难题),她上网查询维修机构,却无意间搜出很多关于"厕所广告"的信息。女孩被厕所广告这种形式深深地吸引,她想:"成都有那么多的商场、写字楼、中高档餐饮店、茶楼、咖啡厅、会所……这个策划市场那么大,为什么不在成都开一家厕所广告公司呢?"(善于策划的人首先是善于发现问题的人)

经过周密的市场调查(策划的第一步),她辞掉了大型电子商务公司的管理工作,卖掉了自己的房子,在成都市锦江区大学生创业园创立了"无媒不作"广告策划有限公司。一开始,因为传统文化对厕所的偏见,客户担心厕所广告会影响企业形象,她的业务成为人们的谈资和笑料。但她并不放弃,经过不懈的努力,终于说服了一家美容美体店的老板(策划方向对,坚持才会有成效),他向商圈周围女厕所的 120 多个广告位投放了平面广告。实践证明,厕所广告不仅费用远远低于报纸、电视广告,广告效果也令客户很满意。

现在,她的"无媒不作"广告公司在成都拥有 5 726 块广告牌,年利润超过500 万元,她也被人们称为"厕所广告女王"。她就是那个扎着马尾辫的"邻家女孩"杨麋辉。

发现身边未被开发的资源,是杨麋辉成功的关键。而像杨麋辉这样独具慧眼的有心人,在事业上总是能够快人一步,迅速获得成功。

对在大城市生活的人来说,在某个电梯口等电梯是每天的必修课。分众传媒广告公司经理江南春和所有人一样,也站在一个电梯口,等着电梯打开它的大门。因为无聊,江南春随意地看着电梯口的小广告。突然,一个念头闪过他的脑海:"如果能在这个地点开发电视广告,完全符合新媒体成功的四个要求。"

因为这个偶然的发现,江南春创造了楼宇视频广告的新商业模式。凭着这项新开发的业务,他创立的"分众传媒"在 2005 年成为中国媒体行业首家在美国纳斯达克上市的公司。

成功的策划需要时间的积淀,或厚积薄发,或瞬时显现,这是它们成功的那一刻。其酝酿、发芽、生长、成材,确实需要时日。

|6.5| 形态各异

策划主来自四面八方,策划的对象五花八门,策划人不拘一格,策划的策略千

---

① 胡萍.种出来的家具 [N]. 中国国门时报,2015-07-24.

奇百怪，策划的表现千姿百态，策划的手段不胜枚举，策划的结果当然琳琅满目。

6.5.1　策划中国的共享单车

策划的形态各异，我们选择了内容有关联、形态有区别的两类不同的策划案例，其从策划的起因、过程、磨合、解难到成功的过程，可以给我们提供策划的另一种解读。

在我国，自行车产业属于夕阳产业，其保有量因地区差异而有很大不同，有的地区市场饱和，有的地区无从销售。可是摩拜单车的创始人胡玮炜却通过创新，闯出一条新路，让"自行车王国"重现辉煌。

小案例6-2　　　　　　　　**一部单车卖了100亿元**

2004年，胡玮炜从浙江大学毕业后当了一名汽车记者，2014年她第一次听说"共享单车"，别人都说做不了，她却决定做（为解决难题而做策划）。别人畏难，难在哪呢？胡玮炜在调研时发现，车子极易损坏（策划从调查开始），维护成本很高，自然是亏本。她就想到要生产出不易损坏，而且修理方便、快捷的自行车。这就颠覆了传统的自行车观念，首要解决的就是轮胎需要充气，容易掉链子，钢圈、钢丝时间长了会生锈等问题，她决定全新打造一辆4年免修的自行车（确定策划的目标）。她有针对性地解决问题，用热橡胶发泡成型做成免充气轮胎。设计钢圈时，她去看了很多材料生产厂，最后决定使用用来制造高铁、飞机的那种最坚固、最轻质化的铝合金材料，因为它不生锈。最难的还是轴，工业设计师阐述了这件事情的难度有多大，其他人都退出了，只有胡玮炜坚持要做。她重新设计轴传动，完成了一张五辐的全铝轮毂，寿命可达8年，维修时只需要修理里面的钢丝。单摆臂侧面的轮子可以非常高效地装上去、拆下来。就这样，全新的车子设计出来了（功夫不负有心的策划人）。

开始，也是最困难的时期，没钱、没人，没厂家愿意生产高难度的自行车（金钱不是万能的，但没有钱又是万万不能的），而胡玮炜标准高，要求又严。有的人看不到希望走了，有的人觉得永远也达不到胡玮炜的要求也走了。正好有一位从日本回国的工程师徐洪军对这种自行车很感兴趣，加入了进来，可是连月地加班后有一天突发心脏病住进了ICU。胡玮炜找熟人，偷偷地溜进病房看望他，给他鼓劲加油，还给他送了一个圣诞老人像。这点点滴滴深深地感动了徐洪军，他说："你放心，我一定会弄出你满意的自行车。"医生让徐洪军休息一年，太太叫他不要动，可是他稍好一点后，就又投入到新单车的创新与改进当中。胡玮炜想要越骑越轻松的车，于是团队发明了轴传动发电，让动能变成电能。可是还没等她高兴，有顾客反映开始骑时有些重，胡玮炜又要求改进。于是团队又发明了借助太阳能发电，在车篮子上装上太阳能板吸收光能，这样轴传动动力系统效率大幅提升，骑行时比上一代车型省力30%以上。

新一代自行车已经研发和生产出来了，时间就是金钱，于是团队想早一天投入市场。可是胡玮炜提出需要一把智能锁。那时，他们的资金已经"断炊"了。而此时，其他竞争对手已经将普通自行车换上机械锁投入市场抢占了先机。怎么办？（面对已经抢先的竞争对手）胡玮炜说："我们要做就要做最方便的，钱，我来想办法。"2015年夏天，智能锁经历了不同工程师、设计师参与的五代设计，可功能还是不稳定，胡玮炜不得不借来高利贷注入研究。她几次游说，请前摩托罗拉的工程师杨众杰帮忙。她觉得最大的问题是用车人支付不方便，也不容易知道用过了的车去哪里了。他们将智能锁改进，使用了 GPS 定位，能让人们追踪到车的位置。杨众杰终于完成了第8代智能锁产品，在硅谷没有原型的科技发明。虽然这样的自行车费用全面提升，但是胡玮炜满意地笑了（策划施行中，为使方案更加优化，需要补充和修改）。

许多有自行车的人有过车子被偷的经历，当初别人不愿意做这个项目，是觉得车会被偷。但胡玮炜想，如果人们能随时随地便捷地获取自行车，就没必要去偷和毁掉它。在前期融资中，胡玮炜找到了马化腾。马化腾觉得乱停乱放政府不支持，再加上容易被偷，就没有答应。胡玮炜说，他们要用技术的力量完善人的"善"，同时也要想办法去遏制"恶"。于是在研究方案中，她建立了一个制度，就是设计一个信用积分制度，基础积分为100分，每骑行一次，信用分会增加1分，如果举报一个违停，信用分会再增加1分，而被举报的人，信用分会被减掉20分。如果用户总体的信用分低于80分，每半小时出行的成本就会变成100元。就这样胡玮炜完成了一个又一个很多人无法完成的事情，解决了自行车被偷盗的问题（策划人不折不挠的努力，终于实现了不断优化的策划方案）。马化腾最后为胡玮炜注入了巨资，李开复、沈南鹏、王兴等人也纷纷为她投资，她再也不差钱了。2016年4月22日，摩拜单车正式上线，各地都掀起了"共享单车"的风潮，胡玮炜改变了无数城市人的生活，仅仅2年她就做出了估值高达100亿元的好成绩。

德鲁克说："一个创新一旦成功，它所产生的效益和规模是不同凡响的。"在当今新事物层出不穷的时代，只有经过策划创新，才能应对各种变化和挑战。张艺谋总是鼓励演员创新，他经常说："真好，真精彩，还有别的方案吗？我们再试试？"开拓创新精神是当今社会的迫切需要，是职场人最重要的素质之一，而现在职场人在创新方面缺乏观察能力、创新兴趣、创新思维、创新毅力，提高创新意识与能力是当务之急。勇于创新，是策划人的品格、胆魄、才识的体现。随着信息经济的飞速发展及产品换代升级的周期愈来愈短，策划创新能力被提高到一个非常重要的位置，要敢于提出新观点、新思路、新方法。对于各种复杂的问题，要用新的思维和方法去解决。一个人如果没有时时更新自我的创新精神，缺乏创造力，那么就难免被淘汰出局。

资料来源　苗向东.一部单车卖了100亿［J］.思维与智慧，2017（19）.

托马斯·彼得斯说："要么创新，要么死亡。"在职场内，有创意、敢创新是核心竞争力。

6.5.2　另一国度的策划，正在规范中在提升

正当中国在施行"共享单车"的策划时，德国的共享汽车已经走得较远了。

小案例6-3　　　　　**德国共享汽车：在规范中"自由流动"**

目前，德国共享汽车发展势头强劲。如何在规范共享汽车市场的同时，又能进一步提升交通的便利性？德国从联邦层面制定的首部《共享汽车优惠法》于2017年9月正式生效，该法律详细论述了共享汽车对交通和环境的影响，为促进共享汽车的自由流动提供了依据。

供应商大量增加，政府立法激发其市场竞争力

德国的共享汽车模式主要有两种。一种是"基站式分享"，即汽车停放在指定的基站，用户需到基站取车，用完后再还回基站。这种方式的优点是便于管理，缺点是不太便利。"stadtmobil""cambio"等公司采取的就是这类模式。

另一种共享形式近年来在德国大城市发展较快，被称为"自由流动式共享"。在城市指定范围内，通过手机应用查找附近车辆，用完后即可停在任何可以停车的位置，不需要还回指定基站。戴姆勒旗下的"car2go"和宝马旗下的"DriveNow"是这类模式的领军企业，均采用smart或MINI这类停车占地面积小的车型。

《共享汽车优惠法》第一次从联邦层面立法规定如何在公共空间建立共享汽车服务站，并详细罗列和肯定了共享汽车对交通和环境的积极作用。

针对两种汽车共享形式，《共享汽车优惠法》提供了不同的优惠条件。按照该法规，基站式共享汽车供应商可以在公共道路上建立停车服务点，具体位置将单独分配到各供应商公司。自由流动式共享汽车供应商则可提出报告，要求现有公共停车场为共享汽车单独预留部分车位，并对车位标注"共享汽车"标识。

这部法律无疑为两种形式的共享汽车增加了便利的停车条件，这将进一步促进共享汽车在德国的发展。

德国联邦汽车共享协会会长韦力·鲁斯表示，目前共享汽车服务存在于德国600多个城市与城镇。其中588个地区都只提供基站式共享汽车模式，供应商也多为中等规模。这类共享模式汽车的停泊90%都需要占用非公共空间。与近年来陆续涉足共享汽车行业的大型汽车制造商，如与奔驰、宝马的共享汽车"车队"相比，这些中等规模的供应商没有足够的财力在城市中心获得更多的土地来扩大车队规模。鲁斯强调，这一情况迫切需要改变，以增强这类供应商的市场竞争力，切实发挥它们减轻交通负担的作用。"无疑，《共享汽车优惠法》将有助于状况的改变。"

一台共享汽车可替代周边20台私家车

《共享汽车优惠法》还肯定了共享汽车模式对环保的积极作用，并提出将为共

享汽车供应商提供停车费优惠，甚至免去费用。不过，各级地方政府和社区有权自主决定是否减免费用。鲁斯认为，有数据显示，每台共享汽车可替代周边20台私家车，推广共享汽车可以有效释放城市公共空间。为此，他对地方政府的积极性表示乐观，"政府自然会制定合理的停车费用，以确保共享汽车对民众的吸引力"。

德国城市弗莱堡已经在分配共享汽车公共停车空间上做出了表率。作为拥有多个共享汽车供应商的地区，弗莱堡市政府通过公告，宣布了计划用作共享汽车停车位的公共道路规划。有兴趣的供应商提出书面申请，经由相应管理部门审核通过后，确定该供应商最多可被分配的车位数量。最终分配方案将被标记在城市发展规划图上，作为法律依据。

斯图加特市也为所有提供电动车、插电式混合动力车共享服务的供应商，免去了在城市公共场所的停车费用。斯图加特市综合交通管制中心交通部负责人沃尔夫冈·福德勒告诉记者："推广一系列共享交通方式已被纳入斯图加特交通规划中。"斯图加特市作为奔驰、保时捷的"故乡"，被称为德国汽车工业的"心脏"。汽车给当地带来就业与繁荣的同时，也让这座山城成为德国的"雾霾之都"，是全德国空气微颗粒物物质超欧盟标准天数最多的城市。

汽车启动和刹车时排放的尾气是主要污染源。为此，斯图加特市政府推出名为"Polygo"的公交一卡通。"Polygo"不仅可以支付公交费用，还可支付共享汽车、共享摩托和共享单车租车费，缴纳电车充电费、停车费等，甚至可以作为公共图书馆的借书卡。不仅如此，"Polygo"还经常提供各类交通服务优惠，其短短两年内就在当地吸引了36万用户。

"汽车一直是斯图加特人的骄傲，要想从根本上改变人们的出行方式和习惯，在大力推广更多可持续交通方式的同时，一定不能降低出行的便捷性。"福德勒表示。未来需要进一步拓展共享交通的网络式发展，将共享汽车、摩托、单车、公交甚至是步行方式，交织成一个可持续的交通网络。他表示，斯图加特市正在着手开发一款手机应用，告诉人们如何利用可持续交通网络，例如何时步行、何时转租共享汽车、何时转乘公交等，以快速抵达目的地，让共享交通进一步提升出行的便捷性。

资料来源　冯雪珺.德国：在规范中"自由流动"[N].人民日报，2017-06-07（22）.

针对为不同形态的对象做策划，我们选择了两个国家对两种交通工具的策划实例来说明。在形成策划思想、实施策划的过程中，各种不同的难题，都在策划人的努力中被解决了。

本章小结

策划的分类是一个策划人必须掌握的问题，不懂得分类，会闹出"驴唇不对马嘴"的笑话。对于学习者，它又是一个不必拘泥的问题，比如掌握了行走的人，便步、齐步、正步、跑步等就会在实践中无师自通，甚至熟能生巧、巧能生辉。况且，策划讲求创意，"照葫芦画瓢"就算不上策划了。

本章介绍了策划的分类标准及分类，重点介绍了4种分类的8个实例。这些实例不是向读者展示不同种类的策划书，而是述说了策划的起因、谋划、调整、修改、解难、接近策划预期等"内行看门道"的问题。

思考与练习

思考：

1.对于兰迪·巴比特值3亿美元的"倒奖励"策划，你将它划到哪类策划中？理由是什么？

2.在策划分类中，策划人怎样找自己的定位？

3.策划分类的标准有什么重要性？了解策划的基本分类及分类有什么意义？

练习：

1.在读过的几份策划书中，试将策划书分类，在小组讨论中说说分类的理由。

2.对本教材的几份策划书进行分类，说说对策划分类的理解。

3.阅读、分析几种分类所选取的策划故事，从中体会策划分类的理论与实际操作。

延伸阅读：学会不选择

第 7 章

策划的方法

通过本章的学习，不仅要知道策划的方法，重要的是要在学习中应用，在应用中总结提高；懂得为策划而调查的重要性，能够理解启动策划人的知识储备在发挥策划团队的集体智慧中的作用；将现代网络技术运用于策划之中，与策划主沟通、在网上试行策划案、搜集反馈意见等。

引例

刘瑞旗：恒源祥百万购羊毛的玄机

很多企业为了传播品牌价值往往会不惜代价，上海老字号"恒源祥"就曾经做过一件相当"出格"的事。

2004年3月初，澳大利亚总理通过媒体对外宣布：全世界最细的羊毛诞生了——它产自澳大利亚南威尔士州一对兄弟理查德·古德里奇和比姆所养的羊，羊毛直径只有11.9微米，只相当于人类头发直径的1/5，被誉为世界上最纤细、质地最优良的羊毛！总理同时还宣布了另一个消息：澳大利亚官方将于3月12日拍卖这批顶级超细羊毛。

这则新闻播出之后引起了世界性的轰动。这个时候，恒源祥的董事长、总裁刘瑞旗坐不住了。他看完新闻之后毅然决定参加竞拍，并暗暗发誓：无论花多大代价，也要拿下这批羊毛。因为在以往的拍卖中，超细羊毛大多被意大利著名公司拍走，最后流入巴黎、米兰、纽约或东京高档服装店。

3月12日，准备充分的恒源祥集团果然在澳大利亚悉尼拍卖会上力挫意大利、日本、澳大利亚、韩国等众多羊毛大鳄，最终以600万元人民币买下了那捆仅重90千克的"金羊毛"。刘瑞旗实现了预期，自然十分高兴。

但令人纳闷的是，从拍卖场出来之后刘瑞旗就交代助手回国后将这批价值600

万元的"金羊毛"制成西装，然后摆放到恒源祥的博物馆里。他还特别说了一句话："千万别放过这个千载难逢的机会。"

助手很不理解老总的做法："千载难逢？我们又不做奢侈品，花600万元买回羊毛只为做一款西装，怎么会是千载难逢的机会呢？"

刘瑞旗笑着说："企业传播品牌价值，就是要在消费者记忆中建立一种深刻的印象。那么，这种深刻印象该怎么建立呢？这次，我们应该借助'第一'的优势，因为人们总是很容易记住'第一'的事情。"

助手还是不解。刘瑞旗问他："你知道中国第一个获得奥运冠军的人是谁吗？"

助手脱口而出："许海峰。"

"那第二个获得奥运冠军的中国人是谁？"助手摇头。

"那2008年第一个获得奥运冠军的中国选手，你还记得吗？"

助手还是摇头："是举重的还是射击的，我忘记了。"

刘瑞旗说："这就对了，只有世界第一，人们才格外上心。此次竞拍，恒源祥成为'金羊毛'主人的同时，创下了三个第一：一是中国企业第一次成功参与；二是这次拍卖的是迄今世界上最细的羊毛，只有11.9微米；三是这批羊毛是世界上至今价格最昂贵的。你说，在这样的背景下，这对恒源祥的品牌价值是不是有很大的益处？"

助手恍然大悟。

果然，恒源祥成功竞拍"金羊毛"的事件在羊毛商界引起了强烈反响，国内外许多媒体争相报道。同样，当这批羊毛被制成西服摆进恒源祥博物馆时也得到了社会的广泛关注。

恒源祥的这次品牌营销策划无疑是成功的。他们花去数百万元换得一堆羊毛，继而变成西装，代价固然很大，却得到了三个"第一"。借助人们对"第一"的深刻印象，恒源祥成功地把品牌注入了更多消费者的心里。

资料来源　张珠容.恒源祥百万购羊毛的玄机［J］.思维与智慧，2014（19）.

【分析与思考】

力争第一，"只有世界第一，人们才格外上心"。刘瑞旗抓住机会，在拍卖顶级超细羊毛的活动中策划了全世界注目的"第一"。

恒源祥创立于中国上海，产品涵盖绒线、针织、服饰、家纺等大类，是纺织服装行业的重要力量。近年来恒源祥通过创建若干"世界第一"及自主品牌如"恒源祥""彩羊""小囡"等，形成自己的品牌文化，逐渐发展成为一个在全球有影响力的现代化企业。

从社会组织负责人担当策划人的举动中，能够比较直观地认识到怎样做策划。策划的方法并不复杂，人人皆可做策划。

请思考：

（1）刘瑞旗策划高价购羊毛，他从这一举动看到了后面的"几步棋"？

（2）策划的方法中，起步的关键是什么？

|7.1| 调查迈步

调查是科学行动的起点，生产生活、革命战争、策划创意，都要从调查开始。

7.1.1 从调查中获得解决问题的方法

古今中外，凡是想解决问题，必须从调查开始。古人打猎，要察看野兽的脚印和粪便；孙膑"增兵减灶"是为了让庞涓犯调查的错误；中国人民解放军的"战将"韩先楚百战百胜，关键在于他对战场调查的灵活利用；刘瑞旗敢于掷数百万元换来一堆羊毛，没有事先调查、谋划，是不会开"国际玩笑"的。

小案例7-1   **一份日本人口普查报告带来的转机**

日本有一家企业，他们一直生产的都是雨衣、旅游帽、卫生袋等塑料制品。

雨季来临的时候，他们生产雨衣；旅游高峰来临的时候，他们生产旅游帽；高峰过后他们就生产其他的商品。总之，没有一种主打的产品，企业也没有长期的订货合同。由于订单不足，产品销售停滞，公司经济效益直线下降。

公司老总心急如焚，千方百计地寻找盘活企业的良策。有一天，他突然召开董事会议，宣布从今往后只生产一种产品——尿片。这一举措引来了不少非议，董事会的成员不禁心生疑惑：生产多种产品订单尚且不足，若是只生产一种产品，那订单岂不更少了？大家都觉得如此这般，企业必将面临倒闭，但公司老总却始终坚持自己的决定。

不久，公司在全国建立了很多营业厅，与数以千计的批发、零售商建立了供销关系，并很快垄断了日本的尿片市场。接着，董事长又把目光投向了国际市场，尿片远销欧洲、美洲、大洋洲，年销售额达到了70亿日元。

这家企业正是目前全球最大的尿片生产公司——尼西奇公司，这位老总名叫多川博。

原来，那天多川博在办公室看报纸时，一份《全国人口普查报告》引起了他的注意，报告中说，日本每年出生250万名婴儿。于是他就想：如果每个婴儿用两张尿片，一年就需要500万张，这是一个市场前景非常广阔的好产品。若是能把市场扩展到海外，经济效益就更可观了。权衡利弊后，他决定放弃其他产品，专门生产尿片。

一份报告带来一个转机，一张报纸救活了一个企业。做任何事，博而不专只会导致广种薄收，只有专心专力、目标一致，成功的概率才会大增。

资料来源　石顺江.一份报告带来的转机［N］.生命时报，2013-11-08（23）.

消息处处有，报纸天天出，多川博在办公室看报纸，一份《全国人口普查报告》引起了他的注意，策划只生产一种市场需要的新产品，使企业走出了困境。

《天阳天玉米面条整合营销策划案》的策划人读到《贵州日报》刊登的《让"黄金食品"变成金》的报道，从而坚信玉米面粉能同小麦粉一样，承担制作多种食品的重任，于是策划出多项创意方案，从玉米的"色、香、味"特点出发，给受众-顾客-消费者留下深刻印象，使他们产生购买欲，使"杂粮"登上大雅之堂。

7.1.2　在调查中回归定位

吉拉德换了条普通皮带，却赢得客户认同。

39岁的乔·吉拉德3年销售1 425辆汽车，创造了吉尼斯世界纪录。但他没有沾沾自喜，依然谦逊谨慎地对待每一位顾客。

一天，店里来了一位洽谈已久的潜在客户。

面对面走近的几秒钟内，他注意到此人的眼睛始终没离开他的腰部。乔·吉拉德看了看自己的腰，立刻明白了。原来，他跟该客户系了同一个奢侈品牌的皮带，不同的是，他的腰带是金色的，而客户的为银色。

他让客户稍坐片刻，以拿资料为由，乘机换了一条普通皮带。客户注意到这个细节，有点不自然地说："你没必要这样的，以你现在的名望，用品牌、穿名装无可厚非。"乔·吉拉德连忙摆手："不，不，作为一个具有职业素养的人，应该首先明白自己在哪里，什么定位。不管业绩如何，我始终就是一个销售员，而您是我们的贵宾，即使您不在意，我也会为自己的失误感到不安和自责。"

几句话让客户心悦诚服，当即毫不犹豫地敲定了订单。

一条皮带为乔·吉拉德赢得一单生意，因为他明白，在工作场合，把自身摆在职业化、服务化的位置，是对他人的尊重。不管是不是自己的主场，都应该穿出自身的涵养。

策划人在与策划主洽谈时，要明确自己的定位，在与策划主接触时要及时调整，给策划主留下良好的印象。

7.1.3　慧眼才能识得金镶玉

几组人面对同一任务，开展同样的调查，得到的结果却不一样。原因是调查者的学识水平（透过现象抓住本质）、社会阅历（知识储存，产生联想和想象）、调查方法（在多种方法中，先优选后采用，能实现"费省效宏"）都不同。如敌我双方交手前都要侦察敌情，为什么有一方不能获胜？一定是调查结果出了问题，在决策时失误，被对方牵着鼻子走时，反以为是通向胜利之路。孙庞斗智，"庞涓死于此树下"，就是庞涓误判的结果。

有朋友二人集资到云南赌石，看中了一块毛石，以100万元的价格买下。忐忑中，毛石被切开。结果，二人大失所望，这块石头是玉不假，但其中夹杂着非常明显的絮状物，根本不值100万元。

本想大赚一把，没想到运气不佳，二人非常懊丧，他们商量着卖掉这块石头，于是找到一个玉雕师。

玉雕师端详了半天，决定买下这块毛石。他说："这块毛石的确瑕疵不少，但还是可以雕琢的。我不会让你们赔本，还保证略有赚头，120万元吧。"

二人惊喜不已，当即成交。

玉雕师将毛石放在工作室后，再也没理会它，似乎把它给忘记了。

其实，他一刻也没有忘记，几乎每时每刻都在心里琢磨，如何利用那些絮状物雕琢出一件作品。

一个月后，腹稿打好了，他开始构图、设计。几经推翻重来之后，让他满意的最终图稿出炉了。他开始了雕刻、打磨、抛光等工序。凡是有絮状物的地方，他都采用镂空的雕法，剔除部分絮状物，剩下的都变成了图案。

经过半年多的精雕细刻，他终于完成了这件作品——一个非常漂亮的笔筒。原来的絮状物被充分利用，摇身一变，成了松、竹、梅。

他对这件作品非常满意，给它取名《岁寒三友》。

他把它拿到拍卖会上拍卖，结果，竞拍者频频举牌，最终以1 000万元的天价成交。[①]

同样的东西，在不同的人手里，会产生不同的价值。

慧眼才能识得金镶玉，策划人由学识积攒起来的慧眼，能在关键时刻起大作用：从身边事中发现商机，策划出一种新的服务项目。

宜家是全球最大的家具零售商，销售平民价位的各式待组装家具。这家瑞典公司的主要创新之处在于产品的平板包装方式，降低了公司的劳动成本，提高了配送效率，节约了仓库的存储空间。

与其他公司销售已组装完毕的家具不同，宜家让客户自己动手组装家具。这源于创始人坎普拉德的创意——让用户动手组装。他的工厂设在林木茂盛的莫肯湖边，周边有许多家具加工厂。他要与众不同，从一开始就把自己的想法体现在家具的外形设计上，做成用户能动手去完成的板式家具。

让客户投入体力劳动有一个看不见的好处。宜家认为，通过自己动手，客户对自己组装的家具会产生一种非理性的喜爱，就像折纸实验中的被试者一样。很多企业会利用用户的投入赋予自己的产品更高的价值，其原因仅仅是用户曾为产品付出过努力，对产品投入了自己的劳动。[②]

7.1.4 调查与反调查，各显神通

有竞争势头和竞争意识的企业，对市场调查、产品占有率调查都是格外注意的。特别是对手的销售策略、价格、受众-顾客-消费者的倾向，是调查的重点。这就形成了商战中的调查与反调查。

① 赵盛基.一块毛石的价值［N］.淄博晚报，2018-05-26.
② 埃亚尔，胡佛.上瘾：让用户养成使用习惯的四大产品逻辑［M］.钟莉婷，杨晓红，译.北京：中信出版集团，2017.

1.双方都在力求"知彼知己，百战不殆"，那戏就好看了

三国时期的赤壁，大战在即，曹操想打探东吴的虚实，谋士蒋干自称周瑜的同窗好友，他主动领命过江到周都督处"调查"，并伺机劝说周瑜投降。谁知蒋干反中了周瑜的反间计，带回周瑜假造的蔡瑁的书信。曹操错杀了负责操练水军的降将，给赤壁大战的失败又添了一个因素，蒋干"偷鸡不得，倒蚀把米"式的侦探，反害了曹操。

2.两大可乐一百多年的竞争成经典

1886年，可口可乐诞生。1898年8月28日，是百事可乐"Pepsi-Cola"诞生的日子。它的味道同配方绝密的可口可乐相近，于是便借可口可乐之势取名为百事可乐。可乐在人们心目中已形成了定势，一提起可乐，就非可口可乐莫属。第二次世界大战前百事可乐一直不见起色，甚至曾两度处于破产边缘，百事可乐为了生存，不惜将价格降至5美分，是可口可乐价格的一半，却仍然未能摆脱当时的困境。百事可乐曾两次主动开口向可口可乐要求被收购，均未被可口可乐所接纳。当时处于"饮料第一巨头"光环下的可口可乐并没有将百事可乐这个"不起眼的小家伙"放在眼里。在饮料行业，可口可乐和百事可乐一个是市场领导者，一个是市场追随者（挑战者）。作为市场追随者，有两种战略可供选择：向市场领导者发起攻击以夺取更多的市场份额，或者是争取"老二"地位，谋求市场份额的改变。显然，经过多年的努力，百事可乐公司发现，后一种选择使公司的生存受到威胁，是行不通的。于是，百事可乐开始采取前一种战略，向可口可乐发出强有力的挑战。

3.巧借对手力，为我造势

巴黎的一条大街上（也有资料说是伦敦的一条大街），同时住着三个不错的裁缝。因为他们离得太近，所以生意上的竞争非常激烈。为了能够压倒别人，吸引更多的顾客，裁缝们纷纷在门口的招牌上做文章。一天，甲裁缝在门前的招牌上写了"巴黎城里最好的裁缝"，结果吸引了许多顾客光临。看到这种情况，乙裁缝也不甘示弱。他在门口挂出了"全法国最好的裁缝"的招牌，同样招揽了不少顾客。

丙裁缝非常苦恼，前两个裁缝挂出的招牌吸引了大部分的顾客，如果不能想出一个更好的办法，很可能就要成为"生意最差的裁缝"了。但是，什么词可以超过"全巴黎"和"全法国"呢？如果挂出"全世界最好的裁缝"的招牌，无疑会让别人感觉到虚假，也会遭到同行的讥讽。到底应该怎么办？正当他愁眉不展的时候，儿子放学回来了。当他知道父亲发愁的原因以后，笑着说："这还不简单！"随后挥笔在招牌上写了几个字，挂了出去。

第三天，另两个裁缝站在街道上等着看他们的另一个同行的笑话，但事情却超出了他们的预料。他们发现，很多顾客都被第三个裁缝"抢"走了。这是什么原因？原来，妙就妙在他的那块招牌上写着"本条街最好的裁缝"几个大字。

4.蒙牛乳业的副总裁孙先红策划了一场"顺风车"宣传

"蒙牛"曾是个名不见经传的企业，它是如何以这么快的速度让消费者尽人皆知，又是怎样在强大的竞争对手压力之下跻身全国乳业前列的？原来，蒙牛深知在竞争中"借势"的作用。

最初的蒙牛，钱少，名小，势薄。蒙牛与伊利同城而居，在狮子鼻尖下游走，在巨人脚底下起舞，在鲁班门前耍大斧，行吗？

但是，事物总有两面性。伊利既是强大的竞争对手，同时也是蒙牛学习的榜样。伊利不正为蒙牛提供了后发制人的机会吗？

孙子说，用兵之道，"以正合，以奇胜"。面对严峻的市场，蒙牛的借势之作腾空而起：创内蒙古乳业第二品牌。

内蒙古乳业的第一品牌是伊利，这是人人皆知的。可是，内蒙古乳业的第二品牌是谁？没人知道。蒙牛一出世就提出创"第二品牌"，等于把所有其他竞争对手都甩到了身后，一起步就"加冕"到了第二名的位置。

创意出来了，如何用最少的钱最大化地把它传播出去？

有调查报告称，要打开知名度，第一媒体是电视，第二媒体是户外广告。经过一个月的考察，孙先红认为，在呼和浩特，花同样的钱，路牌广告的效果比电视广告要好。

当时在呼市经营路牌广告的益维公司，大量资源处于闲置状态，没人认识到这一广告资源的宝贵。

孙先红就用"马太效应"策动益维负责人：你的牌子长时间没人上广告，那就会无限期地荒下去，小荒会引起大荒；如果蒙牛铺天盖地在你的媒体上做3个月广告，就会一人买引得百人购。我们大批量用你的媒体，其实也是在为你做广告，你只收工本费就会成为大赢家。

结果，蒙牛只用成本价，就购得了300多块路牌广告的发布权。发布期限为3个月。

媒体有了，怎么发布？

用红色！因为红色代表喜庆，红色最惹眼、最醒目。

出奇兵！不能陆陆续续上，必须一觉醒来，满大街都是。不鸣则已，一鸣惊人。

这天，呼市市民一觉醒来，突然发现所有主街道都戴上了"红帽子"——道路两旁冒出一排排红色路牌广告，上面高书金黄大字："蒙牛乳业，创内蒙古乳业第二品牌！"并注："发展乳品工业，振兴内蒙古经济。"

夺目的广告牌吸引了无数探寻的眼睛，呼市各个角落都在不约而同地谈论着同一个话题："蒙牛"是谁的企业？以前怎么没听说过？工厂在哪儿？声言创"第二品牌"，是吹牛，还是真有这么大的本事……

结果，人们认识蒙牛了。

兵法《三十六计》中有一计为："树上开花，借局布势，力小势大。鸿渐于陆，其羽可用为仪也。"这是指利用竞争对手的优势造成有利于自己的局面，自己力量不强，兵力不大，却能发挥极大的威力。

|7.2| 知识储存

成功的策划人不仅善于学习，而且善于储存知识和运用知识。

语言大师、相声演员侯宝林，一直受广大观众的喜爱，他还有一位特殊听众——毛泽东。

毛泽东喜欢听相声，但难得纵情大笑。侯宝林说，他常见毛泽东努力克制，不让自己笑出声来，只有一回例外。

那次，侯宝林东拼西凑，编了一首打油诗，就是这么四句："胆大包天不可欺，张飞喝断当阳桥。虽然不是好买卖，一日夫妻百日恩。"毛泽东听了，竟笑得直不起腰来。

侯宝林说，毛泽东对相声的要求，除了娱乐性之外，还很注重知识性。因此，毛泽东在相声的选择上很讲究，他先后听过侯宝林的150多个相声段子，可见兴趣之浓。

这件事说明两个问题：作为听众，毛泽东知识渊博，兴趣广泛，难有新信息让他产生"笑点"；作为表演者的侯宝林知识储存丰富，要策划一个新"包袱"，得挖空心思，才能引起高水平听众的"共鸣"。

策划人的知识储存与策划主的知识储存有相交时，产生"共鸣"，策划案就有被认可的可能。

7.2.1 储存是为了更好地利用

储，有存放的意思，存放起来的目的是随时提取、方便利用。早年间美国"纽约文案俱乐部"对5位"杰出撰文家"进行采访，发现他们均为文案写作出身，然后步步高升成为世界级广告公司的董事长或总经理。回答记者丹尼斯·海金司的提问时，威廉·伯恩巴克说："我负责文字部门——我们叫它调查研究部。我们为大英百科全书撰写博览会的历史，我们为各种刊物写了许多文章……"李奥·贝纳说："我有一个大夹子——它永远是越来越大——在我书桌的左下角。""无论什么时候当我在谈话中，或者在任何地方听到一个使我感动的片语，特别是适合表现一个构想，或者能使此构想神气活现，或者活色生香等，或者表示任何种类的构想，我就潦草地书写下来，同时把它黏在那里。"乔治·葛里宾说："我认为写好广告或写其他任何东西的要点，都是写作者要做到了解别人，对别人洞察入微，并对他们有同情心。"大卫·奥格威说："我已经是广告公司的首脑，公司中有50位文案人员。我的主要任务，是从别人那里得到好的作品。"他又说，"写好一篇文案，我一定要读很多东西""优秀创作人员的共同特点，第一是好奇；第二是有丰富的词汇；第三是有良好的视觉想象力"。罗瑟·瑞夫斯说，"我本想做一名新闻记者"

"我仍然是一位活跃的文案写作人员。我想我是唯一做到董事长仍然这样做的人。我仍然写文案，仍然策划活动，而我认为那是我的主要工作"。20个世纪40年代，罗瑟·瑞夫斯策划"清凉牌香烟"获得了41 000美元的预算。过了六七年，他策划的总督牌香烟，每年的广告费达到1 800万美元。

7.2.2 讲究储存方法效率高

1.抽屉储存法

抽屉本来是桌子、柜子等家具中可以抽拉的盛放东西的部分，常呈匣形。而我们提倡的建立自己的"知识抽屉"，是在大脑中将获得的知识信息一箱箱地归类，分别放入不同的"抽屉"中，好比中医中药铺，不同的药材放在不同的抽屉里，在需要抓药时，便于认取。

世界级策划大师们多数都有自己得心应手的知识储存"抽屉"，李奥·贝纳的抽屉，使他在需要知识支撑策划时，能信手拈来。

2.卡片储存法

卡片是一种通过集体讨论或个人调查收集资料、信息和设想，借助于卡片整理、发现信息或设想问题的逻辑关系，形成规律性认识和系统方案的方法。卡片储存法可单人运用，也可集体进行。在早年研究"采访对象心理分析"时，有的策划人在图书馆做了很有用的2 000多张知识卡片。

个人卡片储存法就是由一个人广泛收集信息和设想，然后借助卡片加以归纳整理，形成个人方案。其特点是：第一，在比较分类的基础上，由综合而创新。比较和分类是前提，由对信息、设想的综合而创新是实质。第二，充分发挥操作者的心理因素，如感受性、感情、直观、意志等，求得崭新的综合创新形式。第三，将大脑的内存转为外显，既减轻了大脑思维和记忆的负担，又能直观、方便、灵活地发现其内在联系。第四，当需要解决的问题出现后，用打扑克或思维导图的方式，将卡片中的逻辑关系找出来。个人卡片储存法其思路较集体应用狭窄，其方案质量也会受影响。

策划人团队集体应用卡片储存法的操作程序是：

第一，准备。主持人1名，与会者3～5人，并准备好黑板、纸、笔和卡片。

第二，搜集有关议题的信息或设想。宣布议题后，按智力激励法进行，获得30～50条设想或信息，并依次写到黑板上。

第三，制作卡片。将收集到的信息或设想缩成50～60字的短句，写到卡片上，每人写一套，这些卡片称为"基础卡片"。

第四，分成小组。与会者按自己的思路各自进行卡片分组，即按内容的相似点归成不同组，并给各组一个合乎卡片内容的标题，写在一张空白卡片上，这些卡片称为"小组标题卡片"。不能归类的卡片，每张自成一组。

第五，并成中组。将每个人所写的小组标题卡片和自成一组的卡片都放在一起，让与会者共同讨论。将内容相似的小组卡片归在一起，再给一个适当标题，写在另一个空白卡片上,这些卡片称为"中组标题卡片"。不能归类的卡片自成一组。

第六,归成大组。把中组标题卡片和自成一组的卡片都放在一起,进一步把内容相近的归成大组,给一个适当标题,写成"大组标题卡片"。不能归类的自成一组。

第七,将所有已分类的卡片,以其隶属逻辑关系,按适当的空间位置贴到预先准备好的大纸上,并把有联系的卡片用线条连接起来。这实际上已形成综合方案或系统认识的图解。

第八,按照图解的逻辑关系形成文字,这便形成一个创意构思或新方案。分组编排中若发现不了有力联系,应重新分组和排列,直到找到联系为止。将各组卡片贴到大纸上时,各组间的空间位置关系应清楚地反映组间逻辑联系,以更方便地形成综合方案或系统认识。

3.检核目录法

检核目录法又称检核表法、检查设问法、设想揭示法等。它是根据策划主需要解决的问题列出一系列有关的提纲式的问题,形成一个检核目录(或称检核表),然后一个一个仔细地加以核对和讨论,从而挖掘许多解决问题的新设想、新方法。因此,这种方法具有化虚为实、分解细致、揭示性强、锤炼度深、对思维领域的开拓面广、新设想诱发率高、开发量大等优点,不仅可以解决策划主需要解决的问题,而且几乎适用于任何类型、任何场合的创造性活动。所以,它被人们称为创造技法之母。

检核目录法中的发现分析表格是怎么回事?

这是一种发现问题、分析问题的思维方法,由英国作家基普林提出。他说:"我有6个忠实的仆人,我所知的一切都是他们所教,他们的名字是:何事、何地、何时、何故、何人、如何。"这"6何"在英文中是 what、where、when、why、who、how,字首是5个 W、1个 H,故称5W1H。

5W1H 法应用到系统分析中较为有效。可以把5W1H 转化为目的、地点、时间、人员、方法和理由。对某一问题或事物的分析可从6个方面、3个层次进行查考,见表7-1。

表7-1 　　　　　　　　　　　　　发现分析表格

项目	第1次提问	第2次提问	第3次提问
目的	是什么?	为什么要确定这个?	目的是否已经明确?
地点	在何处做?	为什么在这里做?	有无其他更合适的地点?
时间	在何时做?	为什么在这时做?	有无其他更合适的时间?
人员	由谁做?	为什么由此人做?	有无更合适的人选?
方法	怎样做?	为什么要这样做?	有无更合适的方法?
理由	是哪些?	为什么是这些?	有无更合适的理由?

通过表7-1中的3次提问可以使问题分析得更加深入，同时在大胆发问中可以萌发创造性思维。3个层次也可以改变，如采用古希腊哲学家亚里士多德常用的3种类型提问：类似型提问——这像什么？相关型提问——这和什么有关？比较型提问——这和其他有什么不同？

提问的项目可不限于5W1H所限定的6项，可随问题的复杂性与需求和性质而定。5W1H法适用于任何有问题的领域。应用时的关键是要树立问题意识，学会拿起问题这个武器，深知"问到底"与"每事问"的价值。

还有一种储存及提取知识的方法是奥斯本法，其检核应用范围广，容易学会，深受人们的欢迎。它从以下9个方面来进行检核：

第一，就目前这样的商品、发明，能否作其他的用途？如果稍作变动后，还能有其他什么用途？例如：某研究所的工程师看到报刊上介绍宇宙飞船上的再循环水系统这套复杂的尖端设备的技术原理，就将其引进到农业技术领域，变成循环自流灌溉，又稍作变动，研制出一种简单而经济的地面污水净化循环系统。

第二，就目前这样的商品、发明，能否借用其他的方案？有没有在其他地方见过的类似商品、发明可资借鉴利用？例如：在化工仪表的设计中，人们把微处理机技术的设计原理等巧妙地吸收过来，把两者结合成一个新的技术整体，实现了化工仪表的"智能"化，极大地提高了测量的速度、精度和可靠性。

第三，就目前这样的商品、发明，能不能改变一下？在形状、颜色、音响、味道、式样、运动以及事物的意义、制造方法等方面能否进行适当更改，以便产生新的效果？例如：1898年，亨利·丁根将滚柱轴承改成圆球状，发明了滚珠轴承，大大提高了效率。又如太阳能自行车、香味布鞋、老年保健鞋、超声波灭鼠器等，都是这种思维的成果。

第四，就目前这样的商品、发明，能不能增加一点？在强度、长度、次数、价值、成分、功能、工艺等方面能否扩大、增加一些什么东西，以拓宽使用范围、延长使用寿命？例如：在普通自行车上增加几个简单装置，就可使自行车有多种功能，能挡风遮雨，成为婴儿车、购物车、旅游车等。在普通牙膏中加入不同成分的香料或药物，就可以制成适合不同年龄、不同喜好顾客的芳香牙膏，以及制成治疗不同疾病的药物牙膏。

第五，就目前这样的商品、发明，能不能减少一点？在材料、体积、部件、结构等方面是否可以缩减、省略、降低、减薄、改轻、分割、小型化等？刚开始发明的收音机、电视机、电子计算机、录音机等结构都复杂，体积庞大，现在都越来越小型化了。这样可以节省材料、方便携带、便于维修。现在很多商品都根据需要逐步向小型化和微型化发展。例如：大型图书馆的几千万册藏书，用全息激光存储法，只需几张光盘就能将它们全部存储下来。

第六，就目前这样的商品、发明，有无代用品？能不能用别的元件、材料、工艺、动力、符号、声响、操作方法等来替代？例如：金刚石是一种很贵重的工业原料和装饰品，需要量很大，而在自然界中藏量有限。于是人们研制出了人造金刚石，它的形态和性能几乎和天然的完全一样。当裘皮服装在市场上供不应求时，有人研制出了人造裘皮，几乎使有数十年经验的老师傅也无法辨认。

第七，就目前这样的商品、发明，在型号、顺序、布局、程序等方面能否变换一下？例如：某种饮料的包装设计至少涉及4种独立因素：包装材料（如玻璃、塑料、不渗水的特殊纸等），包装形状（如小口状、圆球状、方块状、圆柱状、葫芦形等），容量大小（如1.5千克、1千克、0.5千克、0.25千克等），包装颜色（如白、黄、红、橙等）。将上面每个因素的各种可能状态重新变换，就可能取得过去没有用过的新方案。

第八，就目前这样的商品、发明，能不能倒过来用？能否上下颠倒、正反颠倒、里外颠倒、目标手段颠倒等？例如：坦克原来是在陆地上走的，能否倒过来在水里走？这种设想提出来后没有几年就设计出了水陆两用坦克——使用气垫底盘的两栖坦克。火箭是向空中发射的，但是，为了了解地下的情况，要将火箭改向地下发射，于是一种探地火箭就被发明出来了。

第九，就目前这样的商品、发明，能不能合并组合在一起？能否进行装配组合、部件组合、目的组合、材料组合、方案组合等？例如：现在人们常用的钢笔（自来水笔），实际上是过去蘸水笔和墨水瓶的组合；铅笔和橡皮组合成橡皮头铅笔；索尼公司的收录机是把收音机和录音机结合起来制成的。

从以上9个方面，我们重现奥斯本检核目录，见表7-2。

表7-2 奥斯本检核目录

序号	检核内容	备注
1	寻找新用途：稍作改动，还能有什么新用途	由表及里
2	寻找新方案：有什么新方案可以借鉴	由此及彼
3	形成的变化能不能产生另一种新东西	变形式
4	用加法进行改进设计	扩大
5	用减法进行改进设计	紧缩
6	寻找替代品、替代元件、替代材料	替代
7	寻找型号、程序、布局的新组合	内部新组合
8	将物品倒过来用，会产生什么效果	倒置
9	将几种物品合并组合后，能带来什么新的功用	功能组合

以上9个方面可以帮助人们突破传统的策划思维定式，引导人们从各个方面去设想、探求。虽然表上的9个方面并没有穷尽人们可以产生新设想的全部可能，但在实际使用中，可以根据自己需要解决的问题，或强调（突出）某些方面，或增加（减少）内容，丰富改造奥斯本的检核目录表，也可建立自己的检核表。

除奥斯本检核表外，还有几种检核表，其中5W2H检核表也很通行。这是一种用5个以W开头和2个以H起首的英语单词为代表的思维方法，即在前文介绍的

5W1H的基础上增加how much（何等程度），它从7个方面来进行设问，故又称七步法。具体设问见表7-3。

表7-3　　　　　　　　　　　七步法具体设问

序号	设问内容
1	创造和发明的对象是什么
2	为什么要进行创造和发明
3	创造和发明从何处着手
4	谁来承担这项创造和发明
5	什么时间能够完成
6	怎样实施
7	能够达到怎样的水平

　　这种检核表简单明了，能帮助我们紧紧抓住策划思考问题时的要点。因此，它应用范围很广。在科技发现、技术革新，以及日常工作和生活中改进方法时都可以用得上。

　　还有一种由斯坦福大学的乔治·波利亚制成的检核表。它的特点是在大量的提问和思考过程中，通过观察、组合来训练策划思维的流畅性、变通性和独创性。

　　综合以上几种检核目录法，我们用文字表述它们的以下4个思维过程：

　　第一，透彻理解：在目前的状况下，还有哪些地方搞不懂？有何怀疑？根据是什么？状态是什么？能否满足其要求？确定不懂的问题的条件是否充足？或是充分有余，还是互相矛盾？

　　第二，制订方案：以前是否遇到过类似问题？或是否遇到过形异实同、形同实异的问题？是否知道与此相关联的其他问题？能否由此想起更普遍更具体的问题？能否借鉴、参考、解决以上这些问题的答案、方法？所有的论据和条件是否都充分利用了？再从头至尾想一遍，是否有遗漏的地方？

　　第三，方案实施：清楚地知道各个策划步骤是否准确无误？每个环节之间是否协调好？问题有何变化？是否出现了新情况？目前的想法、方案是否已体现了全部的创造意图？能否证明其正确性？

　　第四，检查验证：能否检验策划过程？能否导出不同结论？能否检验策划结果？每个步骤、环节的效果如何？总的效果如何？

　　除了上述这几种检核表外，还有行停检核表、阿诺德检核表等，它们都是从不同角度指导人们如何系统地进行思考、解决问题，如何有效地改进工作，进行创造发明策划的。正确而恰当地运用这些检核表进行思维，就能收到较好的效果。

4.影像流动法

　　著有《爱因斯坦成功要素》一书的闻杰博士发现了一种提高想象力的"影像流动法"。它是刺激右半脑和发挥内在天才特质的好方法。

　　（1）先找个舒服的地方坐下来，大吐几口气，用轻松的吐气帮助自己放松。

（2）轻轻闭上双目，大声形容流过心中的影像，最好是说给另一个人听，或是用录音机录下来。低声的叙述无法造成应有的效应。

（3）用多重感官体验丰富你的感受，五感并用。例如，如果沙滩的影像出现，别忘了描述海沙的质感、味道、口感、声音和外形。当然，形容沙滩的口感听起来很奇怪，但别忘了，这个练习可让你像最有想象力的人物一样思考。

（4）用"现在式"时态去描述影像，更具有引出灵活想象力的效果，所以在你形容一连串流过的影像时，要形容得仿佛影像"现在"正在发生。

策划人的"本钱"在于知识储存。要使自己能高效率地把直接知识和间接知识储存起来并在策划时方便地提出使用，以上方法都是经过检验的实践总结。

|7.3| 集思广益

思维一转换，问题就简单。"三个臭皮匠，顶个诸葛亮"是我们耳熟能详的俗语，用在解决策划主难题时，是非常有效的。

爱迪生有位助手叫阿普顿，出身名门，是大学毕业的高才生。在那个门第观念很重的年代，阿普顿对小时候以卖报为生、自学成才的爱迪生很有些不以为然。

一天，爱迪生安排他做一个计算梨形灯泡容积的工作，他一会儿拿标尺测量，一会儿计算。几个小时后，爱迪生进来了，问阿普顿是否已计算好。满头大汗的阿普顿忙说："快好了，就快好了。"爱迪生看到稿纸上复杂的公式就明白了，于是拿起灯泡，倒满水，递给阿普顿说："你去把灯泡里的水倒入量杯，就会得出我们所需要的答案。"

阿普顿这才恍然大悟：哎呀，原来这样简单！从此，他对爱迪生产生了深深的敬意。

爱迪生只是将思维进行了转换，用间接的方法难以测量，那么，就用直接的方法，问题就变得简单多了。

7.3.1 集众思，广忠益

"集众思，广忠益"出自诸葛亮《教与军师长史参军掾属》："夫参署者，集众思，广忠益也。"后浓缩为成语"集思广益"。集，有聚合、汇聚的意思。集思广益是指集中大家的意见和智慧，可以收到更好的效果。

策划人及团队要解决策划主的难题，集众思、广忠益是很有效的方法。

做策划要花力气和智慧进行调查，无论是开展野外作业，还是查阅文献，都需要多人参与；进行分析研究也要听取大家的意见，"众人拾柴火焰高"，多个人从不同侧面提出的意见，能有效地避免片面性；产生创意的"集脑会商"也不是一个人能完成的；策划的实施执行更要靠团队的合力协作。

7.3.2 积极调用已有的知识储存

"茶壶里煮饺子——有货倒不出来"，不应成为策划人的常态。策划人要充分运用知识仓库里的储存。怎样积极调用策划人已有的知识储存呢?

（1）作为策划人,要培养和养成外向型性格,做一个思想活跃、开放、广纳善言的人,千万不能做"套中人"。

（2）参加"集脑会商"活动,要排除杂念,集中思考,积极主动贡献自己的智慧。

（3）在听取同伴们的意见后,开动思维机器,运用联想、想象顺着产生更多的想法,或用逆向思维,从新的角度产生新的想法。

（4）作为策划团队的成员,在积极动员策划人亮出已有的知识储存时,要有"海纳百川"的态度,接纳各种有益的、有害的,正面的、反面的,相关联的、不相关的,严肃的、嬉笑的,歌功的、骂娘的;补台的、拆台的……要兼收并蓄,"有容乃大"。

各种思想碰撞产生的"火星子",就是策划人解决策划主难题的好办法。

7.3.3　多种不同的思维方法

在《创意思维法大观》一书中,作者们整理出118种思维方法,我们不能在本书中一一列举,有志于做策划、希望掌握更多创意思维方法的学子,会主动寻求真知,向更多的创意思维方法索取灵感。

7.3.4　听取不同意见

抱团生存,自己付出,同时又从同伴那儿获取,犹如"相濡以沫";以己见,引他见,听取不同意见,形成有效的意见。

长期生长在水中的螃蟹,在陆地上也可以生存,不过离开水的时间不能太久,所以它们就不停地吐泡沫来弄湿自己和伙伴。一只螃蟹吐的泡沫是不大可能把自己完全包裹起来的,但几只螃蟹一起吐泡沫连接起来就形成了一个大的泡沫团,它们也就营造了一个能够容纳它们的富含水分的生存空间,彼此都争取到了生存的机会,营造了一种共赢的氛围。

有智慧的策划人更懂得"相濡以沫"的意义。

我们生存在一个已经不是"天下唯我独尊"的时代,今天人们更倾向于达到一种共荣共赢的状态,这时,共赢思维的培养便显得重要和迫切。

共赢思维是一种基于互敬、寻求互惠的思考框架,目的是获得更多的机会、财富及资源,而非敌对式竞争。共赢既非损人利己,亦非损己利人。我们的工作伙伴及家庭成员要从互惠式的角度来思考。共赢思维鼓励我们解决问题,并协助个人找到互惠的解决办法,是一种信息、力量、认可及报酬的分享。

|7.4|　网络应用

"以互联网为基础的新的传播形态,是依托数字技术,对人类日常生活中的各种信息传播和交流活动进行的虚拟还原与放大，这种传播形态创造了一种新型的数字生活空间。"①

互联网技术带来一个巨变的时代，变革迅速且凶猛。在短短数十年间，不断从根本上改变着人类社会的传播方式、生活方式和生产方式，在各种规格、各种内容的策划中产生巨大的影响。

陈刚将正在不断涌现和发展的技术革命，比如物联网、人工智能、机器人、VR（虚拟现实）、3D打印等，统称为互联网技术。

互联网技术对策划方案的完成和施行产生的作用是显而易见的。

7.4.1　策划前搜集资料②

策划前搜集资料即策划前的市场调查。

1.互联网对市场调研的影响

澳大利亚的艾德弗瑞斯特在其所著的《网上市场调查》一书中说："市场调查通过信息把消费者、顾客、公众和市场营销者联系在一起，营销者利用这些信息发现和确定营销机会和问题，产生、改进和评价营销活动，监控营销计划的执行情况，加深对营销过程的理解。市场调查可以确定解决问题所需的信息，设计收集信息的方法，管理和实施收集信息的过程，分析调查的结果并汇报调查的结论。"

从调研的角度来看，市场调查者可以利用互联网以极低的成本接触到海量的信息，并可以直接进行数据处理生成研究结果。同时，由于网络环境的特殊性，调查者获得的信息可信度下降，垃圾信息泛滥，很难保证抽样像传统调研一样可控，合理性有时会被质疑。

对于企业来说，互联网使得消费变得没有地理上的边界，企业在直接面对众多消费者的同时，也要面对更多竞争对手以及复杂的竞争环境。互联网通过先进的技术提供了持续跟踪消费者和竞争对手活动的可能，种种新的环境特点使得市场调查者必须改变传统的工作方式，利用新的技术手段和方法论依据来获取信息。

从信息本身来看，依托互联网获得的信息具有全新的特点：实时性、连续性和互动性。

实时性是指市场调研者和策划人员能够获得最新的甚至是同步的市场和消费者信息，而不像以往传统的调研往往要滞后一段时间。

连续性是指很多形式的网络调研一旦投入运作，就可以持续不断地获得信息，连续低成本地跟踪消费者和竞争对手，以便做出更加准确的判断。

互动性是指被调查者会通过网络主动和调查者沟通，在接受调研的同时可以提出更多的建设性反馈意见。这对调研提出了更高的要求，调研者仅仅搜集、分析信息已经不够了，他必须能够不断地对被调研者的反馈做出积极响应和引导。企业也可以参与到这个过程中来，提供点对点的服务。这个过程甚至可以成为一个新的展

---

① 陈刚，沈虹，马澈，等.创意传播管理：数字时代的营销革命［M］.北京：机械工业出版社，2012.
② 陈刚.网络广告［M］.北京：高等教育出版社，2010.

现企业实力和理念的营销机会。

2.网络调研的一般操作流程

网络调研的操作流程和传统调研基本相同，唯一的区别就在于，执行网络调研的专业机构通常会搜集并维护一个网上可访问样组。长期的网络调研项目需要利用稳定的可访问样组连续跟踪访问。这个网上可访问样组的规模和稳定性是调研能否长期开展并且保质保量的关键。

网络调研的流程可以分为前期计划阶段、调研执行阶段和结果提交阶段。调研执行阶段又分为资料采集阶段、整理分析阶段和报告撰写阶段。

（1）前期计划阶段。

这一阶段的操作首先要明确进行调研的最初目的，然后根据预算和其他现实条件的限制明确调研的任务，之后就是调研方案的设计以及修改。

明确调研目的通常是指根据什么样的现实需要组织此次调研，这和调研的任务是不同的。一个企业或者学术组织需要为自己的策划活动或者研究项目寻找数据支持是最初的目的。举例来说，某日用品企业要开发一个新品牌的洗发水，管理者希望了解市场的状况和这个新品牌推广过程中的风险，需要展开一次调研。这是目的，绝非最后确定的调研任务。

调研任务的明确是和上一步骤紧密相关的。当调研人员知道客户的需求之后，必须和客户进行有效沟通，明确目标问题的设定。继续上段的例子来说，调研方案设计人员必须要明确哪些因素是这一次风险评估中要被涉及的，这些因素哪些在调研中是可执行的。通过二手资料的研究以及和客户的沟通，最终要明确调研的具体方向，如要研究竞争对手品牌的优劣势，在这一部分市场中目标消费者究竟是哪一个群体，他们对此类商品的购买习惯如何、品牌忠诚度有多高等。明确调研任务的阶段是一个反复沟通和修正的过程。客户往往最初也只是有一个模糊的方向，并不了解究竟什么样的任务在调研中是可行并且合理的。很多时候调研人员需要从专业角度出发引导客户进行讨论，确定调研的任务和方向。

（2）调研执行阶段。

资料采集阶段又称实地调查阶段。这一阶段一般会从探索性调查开始。探索性调查获取的相关信息可以帮助修改调研和抽样方案，校正设计中的失误，修改问题以及抽样的计划。之后的正式资料采集阶段就是调研正式实施的过程，也就是通过网上问卷、访问等方式获取一手资料的过程。在可以确定资料符合REAP信息评估标准之后，资料采集阶段就告一段落。

整理分析阶段主要是指统计处理和数据分析的过程。

统计处理阶段包括编码、录入以及基本的运算和结果输出过程。

在传统策划调研中，数据录入是一项极其繁重而且成本很高的工作，稍有不慎就会出现因录入错误影响分析结果的现象。而在网上策划调研中这一过程被大大简化。如果调研方案设计足够科学、合理的话，无论是基于调研平台的非结构式访问，还是网上拦截或者电子邮件列表获得的问卷结果，都已经是规范的、可直接录入的数据格式，可以通过设计好的机制，从搜集渠道通过编码过程直接进入数据分析系统。

数据分析是为报告撰写做最后的准备。其目的在于根据已经统计出的结果发现问题和规律，用以指导策划业务操作或者学术研究。

一个出色的策划调研数据分析人员，不仅需要出色的数理统计和逻辑推导能力，也需要过硬的策划学以及社会学、心理学专业知识。同样的数据经不同分析人员之手得出迥异甚至相反结果的情形是很常见的，并且有时候这些分析报告看起来也都有严密的逻辑过程。但是，现在大部分调研的目的往往是商业咨询性的，最终要被应用到商业运作领域。市场是现实而残酷的，有时候正确的推导过程并不意味着成功的商业结果，因为学术上正确的思维并不一定能够应对危机四伏的商业环境，商业调研分析更加需要对动态的市场环境进行全面把握。

调研结果往往技术性很高，这就使得其内容难免枯燥，在阅读中极容易让人产生厌烦情绪。一份好的调研报告将会帮助策划主理清逻辑顺序，让其清晰明了地掌握报告内容。能够写一份出色的策划调研报告是调研分析和提案人员需要掌握的重要技能之一。

调研报告的撰写要求与注意事项：

①逻辑结构严谨。要做到主次分明，容易让读者理清研究过程和结果。切忌简单堆砌材料，一定要突出每一部分的逻辑层次。报告撰写过程一般遵循"演绎—归纳—演绎"的"沙漏模式"，将背景资料与大量的资料采集分析论证过程归纳成一个具体问题的分析和结论，然后再演绎出应对策略和更广范围的思考。

②论证简洁直观。调研报告的宗旨是说明问题，阐述观点，而不是文学创作或者创意无限的传播提案。况且调研报告的阅读者很多是不懂研究技术的，也不会有耐心阅读烦琐的运算和统计过程。这就要求报告的论证方式是简洁而且直观的。最好多使用非专业语言，多利用直观的统计图表，以及客观平实不带有感情色彩的语句。

③结论明确。策划主得不到调研的结论是可怕的，得到一个模糊的、不可用的结论更可怕，这就相当于调研人员所有的努力都付诸东流。所以调研的结论部分一定要明确且准确可用。

④列出局限和不足。每一次调研都有其内容、形式以及范围上的局限性。策划调研结果的报告中需要阐明本次调研的适用性和局限性，以免造成误导。

⑤资料准确可靠。任何一个学科的研究者都会非常重视这一点。无论是引述的二手资料还是在调研中获取的一手资料，策划调研人员都有义务尽最大可能保证其准确性。如果某些数据和材料无法保证准确性和可靠性，则宁可删去也不应该写入报告。

（3）结果提交阶段。

在商业策划调研中，结果汇报一般要求以PPT的形式进行现场展示，并另附详细的报告提交。在这一过程中策划人、调研方需要向策划主展示调研结果，并对整个过程以及调研思路做简明的阐述。一般要求调研方的项目主要参加人员出席，在汇报过程中随时解答策划主客户的疑问。

7.4.2 策划中交流思想

策划中运用网络，实际上是在利用互联网的互动性进行网络传播策划。

网络最具特色，也最吸引人的地方，就在于它独特的互动性特点。这一特点主要体现在两个方面：人际互动和人信互动。所谓人际互动，就是指信息的发出者和接收者之间通过IM（即时通信）、聊天室、BBS等工具进行双向沟通。互联网人际互动区别于传统媒体的单向传播，其信息发出者和接收者是在不断交换身份的，同时，这种互动可能是实时的（如通过IM工具），也可能是非实时的（如通过E-mail）。而人信互动就是指信息的接收者和所传播的信息之间的互动。在互联网上，人们对信息不仅具有选择权，还具有控制权。信息的接收者不仅可以阅读信息，还可以改变信息的内容和形式。在进行网络传播策划的时候，要充分考虑到网络的互动性特点，利用这一特点策划出好的传播方案，使策划主接受策划人的策划方案。

1.人信互动的利用

作为信息传播的一种手段，网络传播最常利用的网络互动是人信互动。通过某种传播策略，让受众和信息之间产生一种互动的关系，从而吸引受众的注意力，达到深度沟通的目的。

人信互动的一种策略是在传播中加入受众的某些个人化信息。美国新闻周刊新媒介公司（Post-Newsweek New media）副总裁和新闻周刊互动系统（Newsweek Interactive）执行经理麦克尔·罗格斯（Michael Rogers）说："我非常清楚，互动传播成功的关键在于最开始你就必须使阅读者输入关于他（她）们的一些信息，这样一开始他（她）们就有了投入。"[①]在传播中加入受众的个人化信息，是只有互联网媒体才能做到的。受众在接触传播的过程中具有了某种"性格测试"或者"命运测试"的游戏成分，这种方式更能吸引女性网民的注意，非常适合于化妆品、女性服饰等产品的传播推广。

小案例7-2　　　　　　　　　　**人信互动策略的作用**

麦克尔·罗格斯先生曾经举过一些例子说明人信互动策略的作用。在法国，有一则在网络上传播的香水广告，这家香水公司有五六个系列的香水，每个系列都各不相同，在传播开始时，首先会提出这样一些问题：你是一位什么类型的女性？像春天的白昼还是秋日的午后？你可以做出选择……即使是非常有经验的用户也会被此吸引，因为他们参与其中之后都愿意看看结果如何。

还有一个类似的例子，一家金融服务公司推出一份简明的推广材料，上面写

① 冯章，等.网络广告［M］.修订版.北京：中国经济出版社，2008.

道：您的退休金能不能保障生活？想在这里填一些表格吗？您的年龄是多少？您平时有多少储蓄？除非您拨打800和我们的一个经纪人谈话，否则您的生活就出现小麻烦了。

资料来源　冯章，等.网络广告［M］.修订版.北京：中国经济出版社，2008.

　　人信互动的另一种策略是让受众选择传播信息的走向，使受众更多地参与到传播中来。这种网络传播策划的方式，有些类似传统媒体的悬念传播。只不过，由于网络互动的特点，传播信息所蕴含的悬念可以很快表现出来，从而减少注意力不必要的流失。这种传播形式的一个优势就是可以根据目标消费者不同的具体特征，进一步细化市场，传播不同的诉求。

小案例7-3　　**光明牛奶广告——《邂逅篇·光明，"心的"酸奶伴》**

　　这是一则Flash传播，传播从一个坐在咖啡厅窗前的女孩子的画面开始，然后是她的叙述："那天中午，和往常一样，我坐在办公楼下的茶餐厅里，靠窗子的位置一直是我的钟爱。坐在对面吃饭的他不小心碰掉了我的勺子，我们两个人同时弯下腰去捡。一次不经意的邂逅，一个邂逅的故事，用心，去感觉……"画面到此停滞，出现了汤勺形状的提示情节A和情节B，这个时候点击不同的窗口，会出现什么样的后续情节呢？

　　情节A："对不起"，"没有关系"。那一天，我们没有说话，饭却吃得很慢……这是一个没有结局的故事还是……如果你是导演，你会如何安排结局呢？

　　情节B："对不起"，"没有关系"，"是你？"早晨就是他碰掉了我的东西，这会是一个平淡的故事还是……

　　传播没有给我们答案，最后出现的是光明的传播语：光明，"心的"酸奶伴——用心总有新感觉。之后文字提示欢迎登录网址观看结局。

　　这则传播充分利用了人信互动的特点，不仅让传播受众一点一点地进入传播中去，而且最终给了受众一个迷你站点的链接，引导受众了解有关产品的更多信息。

　　人信互动传播更好地阐释了网络广告传播策划"以消费者为中心"的理念。网络传播策划由传统媒体的"大量生产"模式，转变为"消费者中心"模式，不再是给所有受众单一、单调的信息，而是让分属不同群体的受众有针对性地匹配不同的传播，以满足他们不同的需求和偏好。

　　2.人际互动的利用

　　互联网上的人际互动需要IM、BBS、聊天室等工具的支持，因此，人际互动的传播形式也经常是利用这些网络工具或站点进行的。

　　论坛传播是常见的广告传播形式之一。我们这里所讲的论坛传播，并非简单地把网幅广告或者其他网络传播形式发布到论坛网站中去，而是在论坛中创造传播话题，吸引网民就这个话题进行讨论，达到互动的效果。发布论坛传播要遵守国家相关的法律法规和论坛中的相关规定，避免与论坛中的网友发生正面冲突，造成对产品或品牌的负面影响。

目前，许多著名的论坛和论坛工具提供商，都意识到了人际互动式传播的重要性和潜在的商业价值，纷纷策划创意在论坛中进行广告传播。我们在进行网络传播策划的时候也要看到这种趋势，充分考虑其性价比优势，使其更好地为传播服务。

小案例7-4　　　　　　　　　　　奇虎与Discuz!的合作

如果说腾讯公司的发迹靠的是"鼠标营销"，那么奇虎公司则是"键盘营销"，也就是不靠用户单纯点击来进行营销，而是让用户亲身参与到网络中来。为此，奇虎举起了"YOU"时代"口碑营销"的大旗。奇虎认为，Web2.0时代网络的特点是去中心化、集体智慧，网友越来越不相信硬性广告的作用，在选择产品时，到论坛咨询逐渐成了一种趋势。所以对社区的应用，不能将其作为贴广告的地方，必须换一种营销思路，从过去单向的营销传播，转到与客户的互动上来。奇虎认为，当前的情况下，社区不能完全摆脱广告，但长久来看，广告是与社区的精神相悖的，目前奇虎要做的，是让厂商接受社区作为品牌推广的舞台，让厂商意识到即使几年之内不能取得收益，但当这一应用成熟之后就会带来滚滚财源，因为社区会有忠实的用户，他们会主动维护自己喜欢的品牌，说服别人喜欢自己喜欢的品牌，这就是口碑的力量。

奇虎根据这一理念，与论坛服务提供商康盛创想公司（Comsenz）合作，以康盛创想的主力产品Discuz!为平台，推出Insenz服务。双方建立了一个名为"You Marketing"的联合团队，康盛创想负责社区营销平台Insenz的研发和联盟的运营，奇虎则负责社区营销理念的推广和客户的服务。

Discuz!作为当前流行的社区软件，被40万家独立网站采用，在国内占有极大优势。通过安装Insenz插件，使用Discuz!的社区可以加入由康盛创想公司组建的社区营销计划。Discuz!选择论坛中的帖子，将其推送到参与计划且与帖子内容相关的网站，该站站长接受之后，这些帖子会出现在这些网站的醒目位置，这个网站就会由此得到收入。话题专注、用户定向、流量黏度大和品牌美誉度高的社区将优先获得Discuz!的帖子推送，这种功能被称作"主题帖推广"，主题帖推广相比传统传播的优势在于，它不是直接的传播，而是以论坛帖子的形式进入网友视野，重在潜移默化地影响，不会直白地宣传品牌，所以不容易引起网友的反感。另外，这些帖子发布的社区均与品牌所在领域高度相关，容易引起网友的关注和讨论。最重要的是，这种推广形式能将社区辛苦积累的人气和用户忠诚度加以利用，且对各网站站长有盈利的吸引力，能够轻易得到有人气而缺乏资金收入的网站用户的大力支持。据康盛创想公司内部人士透露，2007年5月该计划推出的前两周，就有上千网站支持和加入。

应该说，奇虎和康盛创想的合作拥有强大的资源和与传统广告传播完全不同的宣传方式。

资料来源　陈刚.网络广告［M］.北京：高等教育出版社，2015.

3.网络传播的优势和价值

同传统媒体传播相比，网络互动式传播具有无法比拟的优点。

首先，网络互动式传播有利于提高公众对传播的好感度。传统媒体传播的发布形式使得消费者处于被动接收信息的位置，无法控制传播到达的时间和地点，因而很容易对传播产生厌烦心理。而互动式网络传播是让网民主动上网浏览并进行选择。网民此时不再是被动地选择，而是主动按照自己的需求和心理特点影响传播信息，这样自然可以留下更深刻的印象，起到更好的宣传效果。

其次，网络互动式传播更有利于传播效果的反馈。传播策划是一个循环往复的过程，它需要不断对传播效果进行评估，以确定进行下一步的传播策略。互动式网络传播策划的关键，就是重视受众与传播信息以及策划主之间的交流和沟通，因而可以更容易地建立一套适合的信息反馈系统，进而根据受众的兴趣等及时改变传播策略。

最后，网络互动式传播可以融入更多的产品信息。一则普通的电视广告，和受众进行沟通的时间只有30秒左右，而网幅广告或者报纸平面传播与受众接触、交流的时长可能更短。这种时间上的限制制约了广告的内容。互动式网络传播在这一点上所受的限制要少很多。受众在选择广告信息的时候，对内容产生了较大的黏性。利用这一优势，互动式网络传播甚至可以在传播中增加自己的产品体验度，真正做到产品和消费者的深度沟通。

7.4.3　策划后检测效果

网络传播从最初的产生到现在已经经历了二三十年的发展，但由于互联网媒体与传统媒体的差异，原本针对传统媒体的传播效果评估指标并不适合于网络传播效果评估。用于评估网络传播效果的指标仍然在不断地完善过程中。目前对网络传播进行效果评估的指标主要分为基本指标和成本指标两大类。

1.基本指标

网络传播效果评估的基本指标主要是针对网民对传播的基本行为测量，主要包括曝光次数、点击率、网页阅读次数、转化率等。

（1）曝光次数。

曝光次数是传统媒体传播效果评估中经常使用的一个指标，指传播信息被受众接收到的次数。对于网络传播来说，就是指传播页面被访问的次数。使用曝光次数作为网络传播效果评估的唯一指标会有很多问题，这与网民浏览互联网上信息的习惯有关。

首先，网民通常有在一段时间内连续定期浏览同一个网页的习惯，例如，某些网民会定期登录同一个邮箱页面或者网络论坛。因而，在传播期内，可能一个网友看了同一个传播几次。虽然此类曝光对促成消费者的购买决定有着很大的作用，但却给传播效果统计带来了许多不确定因素。

其次，传播效果与网络广告的刊登位置也有着重要的关系，但曝光次数却无法体现出这一差异。

（2）点击率。

点击率是评价一则网络传播效果的比较具有说服力的指标。所谓点击，就是指一份文件被要求从服务器中获得的一次记录。点击率就是通过测定网民对某一则网络传播信息的反应来评估网民对传播信息的接触效果。

但是点击率这个指标也存在一定的问题。

首先，单纯的点击率可以反映一则网络传播信息的受欢迎程度，但是却无法切实地反映传播所达到的效果。点击率的多少与页面浏览量关系密切。

其次，网络传播效果评估中目前存在相当严重的恶意点击现象。一些传播公司或者其他机构为了使网络传播的效果看起来更好，便恶意点击传播链接，提高点击量，但是实际上却没有产生深度传播效果。

最后，随着网络传播信息的增多，以及人们对网络传播了解程度的加深，网民对点击网络传播信息越发小心了，因此网络传播信息的点击率在不断下降。但这并不意味着网络传播的效果也同样在下降。因为网民对传播产生印象并不一定依赖于点击，浏览本身也可能具有效果。当然，这些也并不说明点击率这一指标已经过时而不能采用，只要传播本身的策划足够科学，点击率仍然可以说明问题。

（3）网页阅读次数。

网页阅读次数，又称PV。浏览者点击网络传播信息之后就进入了介绍产品信息的主页或者策划主的网站，浏览者对该页面的一次浏览阅读称为一次网页阅读。而所有浏览者对这一页面的总的阅读次数就称为网页阅读次数。这个指标也可以用来衡量网络传播效果，它从侧面反映了网络传播的吸引力。策划主网页阅读次数与网络传播信息的点击次数事实上是存在差异的，这种差异是由于浏览者点击了网络传播信息而没有去浏览阅读这则传播信息所打开的网页造成的。目前由于技术的限制，很难精确地对网页阅读次数进行统计，在很多情况下，就假定浏览者打开策划主的网页后都进行了浏览阅读，这样的话，网页阅读次数就可以用点击次数来估算。

（4）转化率。

针对点击率这一指标所存在的问题，与点击率相关的指标——转化率便产生了，它是用来体现网络传播效果的另一个重要指标。所谓转化，就是指受网络传播影响而形成的信息需求、注册或者购买，而转化率就是指转化的网民数量和网页浏览量之间的比例，它代表了某一则网络传播信息说服访客采取所期望行为的能力。

转化率作为网络传播效果评估的标准，存在一个问题，就是调查监测的不便。但是因为转化率这一指标兼顾了互联网互动性的特点，因而越来越受到策划主的重视。

2.成本指标

传播效果的监测一定要与成本挂钩，用较少的成本获得较高的传播效果是每个策划主和传播工作人员所希望的。相比较传统媒体，网络传播的一个重大优势就是性价比。而针对网络传播效果评估的一些成本指标也更具有说服力，有些指标可以对应到传统媒体传播效果评估中去，有些则是网络传播所特有的，具体来讲主要包括以下几种：

（1）CPM（Cost per Mille）。

CPM一般翻译为"每千次印象成本"，是最常用的网络传播收费模式之一。这个指标表示网络传播平均每产生1 000次印象所需要的费用，而一般来讲，印象会由传播所在页面的曝光次数来计算。CPM的计算公式是：

CPM=总成本 / 传播曝光次数×1 000

在传统媒体传播中也有千人成本的概念，网络传播的CPM与传统媒体的千人成本所代表的意义几乎相同。

（2）CPC（Cost per Click）。

CPC一般翻译为"点击成本"，是根据传播被点击的次数计算成本的一种评估指标，这个指标与点击率有着密切的联系。相比较CPM，CPC是更科学和更细致的传播收费方式，它以实际点击次数而不是网页浏览量为标准，这就排除了有些网民只浏览页面而根本不看广告的情况。CPC的计算公式是：

CPC=总成本 / 传播点击次数

同点击率这个指标一样，目前CPC也受到恶意点击现象的困扰，其准确性也受到一定的质疑。在传播定价当中，关键词传播经常采用CPC作为其定价标准。这一定价方法目前因为直接导致了搜索引擎竞价排名的商业模式而饱受争议。

（3）CPA（Cost per Action）。

CPA的汉语意思是"每次行动成本"，即每个访问者对网络传播采取的行动所付出的成本。这个指标对用户行动有特别的定义，一般包括形成一次交易、获得一个注册用户，或者对网络传播信息的一次点击等。从计算方法上看，它与转化率这个指标关联密切。CPA的计算公式是：

CPA=总成本 / 传播转化次数

把CPA作为评价网络传播效果的指标，需要事先规定好何为"A"，即网民什么样的行为属于"行动"。在某种程度上，这个标准并不容易制定，同时也不好监测，因而在实际应用中受到很大的限制。

（4）CPO（Cost per Order）。

CPO也被称为CPT（Cost per Transaction），即"订单成本"或"交易成本"，一般使用得较少。它的含义是根据每个订单或者每次交易所需要的成本来考虑传播效果。CPO比较适合于评估那些有关网上销售的传播，或者与销售相关的传播。

CPO作为网络传播效果评估的标准，最关键的问题是无法区别每次交易或者每个订单的产生是源于网络传播还是其他营销形式，因此这个评估指标可能会产生误差。另外，从某种程度上讲，即便不进行传播活动，产品也会有一定的销量，哪些销量的增长是源于网络传播的，又是一个问题。

值得注意的是，CPM、CPC、CPA、CPO等传播效果的评估指标，有时也用来进行传播定价。如果这些指标用作定价标准，那这些指标就不能再作为评估标准了，而点击率、曝光次数、转化率等指标在这种情况下就有着非常重要的意义。

相对于传统媒体，网络传播的发展时间还短，所以至今没有一个成熟的效果评估体系和指标。上面介绍的所有指标，都只能作为效果评估的参考，无论在理论中还是实践上，这些指标都存在一些缺陷和使用上的限制。

3.网络传播效果测量方法

传统媒体传播效果的测量已经形成了一套比较严格的方法。互联网作为一种媒体，产生发展的时间较短，网络传播效果测量到目前为止也没有形成一套通行的方法。

（1）运用访问统计软件在服务器端进行测量。

用这种方法可以随时监测网民对网络传播的反应情况，同时进行分析，生成相应的报表，并根据这些报表了解传播效果相关信息。

（2）通过网民反馈测量。

网民的反馈也是很常见的一种网络传播效果测量的方法，尤其在获取CPA、CPO等数据时，网民的反馈更是重要的手段。网民反馈的方式有很多种，发送E-mail询问是最常见的。此外，到迷你站点注册、下载网站提供的小软件等，也都是让网民进行反馈的手段。对于那些网上店铺的传播，注册交易量的增加也是网民的一种反馈。

（3）通过Cookie技术进行测量。

Cookie是由网景公司的前雇员Lou Montulli在1993年3月发明的一种技术。它指的是某些网站为了辨别用户身份、进行会话跟踪而储存在用户本地终端上的数据。简单地说，Cookie是当用户浏览某网站时，网站存储在计算机上的一个小文本文件，它记录了用户的ID、密码、浏览过的网页、停留的时间等信息。当用户再次来到该网站时，网站通过读取Cookie，得知其相关信息，就可以做出相应的动作，如在页面显示欢迎的标语，或者让用户不用输入ID、密码就直接登录等。

针对用户的浏览行为，信息的使用者在以后的营销活动中进行持续深入的营销，并且根据不同的用户行为调整传播的投放方式与信息，以达到更好的传播效果。美国在线网站就曾经有计划地对其隐私政策进行修改，使它可以利用包括Cookie和Web Bug在内的在线跟踪工具以匿名方式收集会员的资料和测量传播的有效性。

利用Cookie技术进行网络传播效果的测量是一个有争议性的方法。从某种程度上说Cookie已经严重危及用户的隐私和安全，因为绝大多数互联网用户并不希望任何机构获得Cookie中的个人信息，而把Cookie技术用作商业用途就更难以让网民接受。

现代社会的策划，已经牢牢地被网络占据了。策划人进行调查获取各种数据，离不开网络；策划人和策划主之间信息的传递，离不开网络；策划创意的设计及表现，离不开网络；策划主使用媒体传播信息，离不开网络；策划施行的检查、补充、修改，离不开网络；策划效果的检验，同样离不开网络。

本章小结

本章是本教材的重点章，"工欲善其事，必先利其器"，要做成功的事，方法要对路。

成功的策划必须先从调查起步，发现、解决策划主难题的关键所在，运用策划人及策划团队能调动的知识储存分析难题，确定解决难题的方法和步骤，难将不难。

策划到了现代，与网络建立了休戚与共、血肉相连的关系。策划人只有主动进入网络，才能进行网络时代的策划，这已是不争的事实，况且网络已经是策划创意的血与肉的有机体了。

思考与练习

思考：

1.刘瑞旗花大价钱购羊毛的策划，起点是什么？为什么？

2.策划人知识储存包括哪些？

3.怎样将自己的知识储存并在需要的时候释放出来？

4.网络运用对策划的前中后几个阶段分别有什么意义？

练习：

1.试就自己的知识储存，写一篇分类目录。

2.回想一下，在听取别人的意见的同时，自己的大脑是如何运转的。

3.从网络传播中，看看策划者是怎样发挥网络特点的作用的。

延伸阅读：雷军的阶梯目标

第8章

策划的难题

学习目标

通过本章的学习，了解为策划主解决难题的策划，是从解决自身难题开始的；懂得实事求是地对待策划的客观规律；接受策划任务是策划人的意愿；学会在完成策划任务中找差距，关键在于准确定位与策划主的关系。

引例

张静：量身定枕，优枕无忧

过去只听说量体裁衣，如今张静却为客户量身定枕，而且让顾客优枕无忧。

一天，她的店里来了一位女孩，员工边热情地为女孩介绍各种各样的枕头，边问："你觉得什么样的枕头最舒适？"没想到，女孩火辣辣地脱口说道："我觉得男朋友的臂弯最舒适。"对于这样一句话，也许别人会将其当作一句玩笑话，一笑了之。可三天后，她硬是给了这位女孩最舒适的"男朋友的臂弯"。

不错，这是一种枕头，那位女孩看到那个惟妙惟肖的"臂弯枕头"惊喜不已，连忙拿过来放到床上试了试，高兴地喊："可真神，就是这种感觉！"

她随之大量生产了这种"男友臂弯"枕头，并很快上市，迅速风靡市场，被很多追逐时尚潮流的年轻人当作馈赠的礼品。这种枕头的设计制作人是张静，山东青岛人。

2003年，张静从山东大学英语系毕业后，在青岛一家海运公司上班。由于长期做文案工作，得了颈椎病。一天，一个学保健的朋友来看她，当她说起自己长期受颈椎病的折磨，去医院又看不好，不知怎么办才好时，朋友对她说，可以枕一个低一些的枕头，这样有利于颈椎病的康复。

张静连忙到商场去买，可跑遍了青岛的大小商场，全部都是化纤做的中空棉芯，大小高低一个样。无奈之下，张静只好自己动手做了一个荞麦皮枕芯的矮枕头，一个多月后，她的颈椎病明显好转。

由此，她看到了不被人关注的枕头中隐藏着的商机。后来她供职的公司减员，她索性主动申请离职，做起了枕头生意，生意做得顺风顺水。

那天，当那个女孩要"男友臂弯"枕头后，张静经过一连两天的研究制作，"男友臂弯"枕头终于研制成功。她的想法是，在人们普遍追求个性化的时代，只有打造能满足个性特征的产品才最受人青睐。而且根据人的不同身高、头围、颈弧等做出的不同的枕头，给人的舒适程度是不一样的，也就会更具有市场潜力。

于是，从那之后，她着手按照不同人的身体特征以及顾客特别的要求制作枕头。人们纷纷来定制，使用后都说果然感觉不一样。

为了保证质量和提高工效，她还请软件专家制作了一套专业测算软件。顾客进门后，只需要两三分钟，就可以从1 500多种细分枕头型号中选出适合自己的枕头。

2009年，她的利润开始达百万元以上。生意扩大后，她的枕头要从"形式"向"内容"深入。那是一个来自德国柏林的询单给了她启发。

那天，德国柏林的一位客商问她能不能做樱桃核的枕头。德国人为何要樱桃核枕头呢？通过调查，她得知樱桃核具有安神、降血压等作用，樱桃核做的枕头，不仅有利于睡眠，而且可以治疗头部、肩部的肌肉疼痛等。

德国客人的报价是每个枕头120美金，首批定做3 000个。她很快又了解到，这可是一个大有赚头的买卖：当时樱桃核从来就没有人要，或是当垃圾丢弃了，或是当柴火烧了。于是她打出广告：大量收购樱桃核，每斤5元。

这一下，不光催生了一个回收樱桃核的新行当，使得当地人又有了一个生财的新门路，而且，几笔生意做下来，她赚得了20多万美金。

此后，一发不可收拾。张静又开发出了蒲绒枕。蒲绒是微山湖、白洋淀一带的特产，具有冬暖夏凉、清心明目的特殊功效。接着，她又陆续开发了决明子、蔓荆子、薰衣草、野菊花、无忧草、茉莉花、竹炭等10多个中药材品种、30多个规格的植物保健枕头。在造型上，这些枕头对颈椎更能起到呵护作用。

量身定枕，优枕无忧。它告诉人们，特色产品是商业中的富矿，谁要是能以自己独到的眼光和毅力将其挖掘出来，在为消费者提供一份无忧人生的同时，也能给自己带来金光闪闪的人生。

【分析与思考】

我们的社会已经发展到"人民日益增长的美好生活需要和不平衡不充分的发展之间的矛盾"的阶段，穿着要量体裁衣，睡觉要量身定枕，优枕无忧。社会的需要就是市场，有需求，策划人就有工作目标。张静既是优枕的设计者、策划人，又是一线的市场需求调查员，用策划满足消费者追求美好生活的需求，是解决生活中的不平衡不充分的矛盾的一种方法。

请思考：

（1）策划深入生活的方方面面，你认为正在学习的学子们，可以参与的策划有哪些？

（2）从张静改行，到为消费者提供解决难题的策划，对我们有什么启示？

|8.1| 脱离规律

策划是通过策划人的主观努力，解决客观存在的难题的过程和结果，策划实际上是为解决主客观矛盾的问题而存在的。这是策划及施行应遵循的规律。

并不是所有的策划人都懂得这种规律，也不是所有的策划人都会按此规律行事。

8.1.1 明确"你"的问题

这里的"你"是策划主。

只有对策划主的问题准确把握，才能解决他的问题。不同类型的策划主，对策划的预期是不同的。

策划人会遇到不同的策划主，准确认识和对待他们，是做好策划的前提。

①很有主见型策划主——要策划人完全按他的意志办。

②模棱两可型策划主——策划人拿不准"你"到底要什么。

③完全认可型策划主——策划主无主意，完全由策划人定夺。

面对不同的策划主客户，首先是尊重他们，诚心做事，再以作品打动他们。

对很有主见型策划主，要既肯定他们主见中的正确部分，又要有理有据地商榷，让他们放弃非正确的部分。也许策划人认为的非正确部分，是策划人的知识领域未到达的部分。这就需要互相沟通，达到双方的共同认可。

对模棱两可型策划主，则要付出更多的关注。他有难题，但也许自己也不甚明了，真心实意地求教于策划人。这时候我们需要诚心做事，尊重他们，拿出优秀的策划方案。

对我们的策划方案完全认可的策划主，在实施执行时我们更要格外用心，策划主将任务完全托付给我们了，我们更应责无旁贷地对其负责，然后竭尽所能帮助他们解决难题，最后成为推心置腹的好朋友。

8.1.2 避免主观臆断，兼听则明，偏信则暗

策划人做策划前，不能选择策划主，而是由策划主选择策划人，正如云峰酒业执3 000万元的支票主动上门找广旭广告公司做策划。策划人事前对策划主并不了解，因而许多认知带有主观臆断的问题。

策划人在做出策划判断时，如果对客观环境有认知的偏差，被现象迷住双眼，出现信息失当，就会使决策失误。例如赤壁大战蒋干中计，就是主观臆断——"周瑜是我同窗，我有把握劝他投降"。谁知周瑜"热情"接待老友，在喝醉酒后与蒋干同榻而眠，半夜有军情送达，周瑜草草处理，将信函置于帐中，有心的蒋干天不亮就登船返回，带走了帐中信函，交给曹操后以为立了大功。其实，那是周瑜使的

"反间计"，借蒋干之手，让曹操上当，错杀正在指挥操练的水军头领，为曹操赤壁失败又添一砝码。

即使我们想把事做好，但策划人自身的基础条件也是参差不齐的，大体有以下几种情况：

①新入行的策划人——有人跃跃欲试；有人如履薄冰，就怕迈步，因为缺乏旁人指点，左右为难；有人心存杂念，做策划畏首畏尾。

②半生不熟的策划人——他们中有人吃老本，胆大心不细；有人"一朝被蛇咬，十年怕井绳"，畏惧再做难度大的策划。

③老手也会犯旧错的策划人——这种人自以为是，独断专行；或心有旁骛，不够专心；或因循守旧，缺乏创新，应付差事。

面对策划人自身的诸多问题，策划公司、策划总监有责任带好团队，用"打铁还需自身硬"的原则，建设好团队。

首先，高标准，严要求，带出一支如"海军陆战队"那样的团队——个个使命感极强，身怀绝技，既有独立性，又有协同性，能应付各种难题。面对新手和老手，要有原则相同、标准不同的要求，不能一把尺子量到底。更要关注新手，指导他们的业务学习，关心他们的生活难题；讨论创意时鼓励他们畅所欲言，尊重他们的"幼稚"想法；安排老手与其结成师徒对子；要求他们做策划日志，写好策划总结和体会，使他们在策划及施行中扎扎实实地提高。

其次，人为本，事次之，建设一支如"海军航母舰队"那样的团队——事靠人做，人心齐，事好办，大家同在一条船，同舟共济，相互体谅，废除偏见。策划老手、高手有带出新手的责任，新手要主动向老手学习，甚至为老手总结案例出力；策划公司制定制度，针对策划任务进行公司内部招标，鼓励以策划团队新老搭配投标，为新老搭配开设专项奖。

最后，策划公司在两次策划任务的间隙，以及年终、年初举办以老带新的培训，请高校教授、成功策划人士和有见地的策划人任主讲，指导策划新手制订读书计划，召开心得交流会、读书报告会。在公司整理成功策划案例时，吸纳新手参与，尤其关注他们撰写的策划案，够条件的就收入公司的案例库。对有发展前途的新手，送到外面培训，以迅速提高他们独立完成策划任务的能力。

8.1.3 "我"怎样做才能解"你"的难题

解决难题要践行知行合一，实事求是。策划人要进行自身的修炼，对现象分析要细微准确，对问题的解决，要能直达本质，到位有效，药到病除。

第一，"我"的能力暂时还不能提出解决难题的策略。那就赶紧学习，弥补不足，迅速从外行变为内行，成为专家，以更为专业的学识，高屋建瓴地解决问题。

有一次，永达广告公司卢国利到一家生产油辣椒的工厂参观。厂长是知识型的管理者。在双方交谈过程中，卢国利说到辣椒的历史，中国辣椒的种类和分布，几个主产区的产量、销售途径和收入，我国东西南北不同地区的消费者对辣椒的感受选择、爱好程度等这些知识性问题，让在场的人，包括辣椒厂的厂长，都听得津津有味，好似上了一堂"科普辣椒"的课。

第二，"我"对"你"了解不透，还需要从陌生到熟悉。策划人不是全能的、先知先觉的，他的知识领域有高山平原，也会有冰川沙漠。要抱着学习的态度，尽快进入角色，在与策划主的接触沟通中，熟知策划主和他的企业及产品，运用策划人善于学习的本领，迅速从外行变为内行，才能比辣椒厂的厂长还要懂得辣椒。

第三，"你""我"沟通不到位，云遮雾罩，没有达到推心置腹的"相知"程度，甚而"防"着对方。在这种状况下，策划人难以提出鞭辟入里的解决难题的策略。

资深策划人谈及"你""我"的关系时说，"你""我"就像谈恋爱、结婚、生子。不相知，会生疑，难以融合彼此的信息，隔靴搔痒的策略，不能解难题。"我"服务于你，我要主动接近你、认识你、爱上你。

|8.2| 愿者上钩

姜尚在渭水河上钓鱼，鱼钩是直的，没有鱼饵，离水面三尺，这种状态怎能钓上鱼？

林语堂在《苏东坡传》中说："据传说他（姜太公）心肠好，人公正，鱼若从水中跳出三尺吞他的钩，那是鱼自己的过错。普通说'姜太公钓鱼，愿者上钩'便是此意。"

小案例8-1　　　　　　　　**姜太公钓鱼，愿者上钩**

殷商后期周族的日趋强盛引起了商王朝的恐惧，以致文丁借故将季历杀死。季历的儿子姬昌继承了王位。姬昌被封为西方诸侯的首领"西伯"，又叫文王。周国与商王朝之间是一种隶属关系。文王一方面继承后稷、公刘的治理方针，即发展农业；另一方面牢记古公亶父、季历的办法，努力把周国治理强大以报商王朝的杀父之仇。在治理朝政时，他牢记古公亶父的遗训，广为招贤纳士，对有真才实学的人倍加敬重，甚至中午饭都来不及吃好也要招待"贤才"。当时，不少著名的能人听到周文王求"贤才"的消息都纷纷跑到周国归属于他，就连商王朝的著名大臣也有跑到周国的。

这时，商王朝的大臣崇侯虎把周人聚集人力、物力准备反商的情况报告给了商纣王。商纣王听后十分恼怒，马上把周文王抓来关在麦里（今河南汤阴县北）。周文王手下的"贤才"想出了一条妙计，把美女、好马和大量的财宝奉献于纣王，以示周国对商朝的忠诚、顺从。贪婪的商纣王果然中计，他释放了文王，还赐给他弓、矢、斧、钺等仪仗，授予文王对小国有自行征伐的权力。文王出来后对商纣王更加仇恨，加强了他早日复仇的信念。为了能找到辅佐周国讨伐商纣王的人才他不遗余力。

一次，文王出去打猎，在渭水的南岸看到一个垂钓的老者。他与这个白发苍苍的老人交谈，双方愈谈愈投机。那老人滔滔不绝地议论对治国安邦的精辟见地，使文王意识到他正是自己需要的"贤才"。周文王兴奋地对老人说："像你这样有本领的人，我们老太公望盼好久了！"自此，他把这个老者称为"太公望"。周文王把他请上了车子，与他一同回到王宫，封他为专理军事的太师。

这位老人叫姜尚，字子牙，又叫姜子牙。他的老家在东方，祖先在舜时当过大官，曾与禹一起治水并立过大功，被封在吕，所以又姓吕。到夏朝时，吕姓子孙逐渐分化，很多成为穷人。吕尚家里也很穷。他年轻时，为了维持生活在商都朝歌宰牛卖肉，后又到孟津开酒铺。在商朝徒有才华，却没有施展之地。转眼吕尚已成为七十多岁的老人，但还存有一线希望。他也想找到用武的机会。当听说西方的周文王广求贤德，他便每天在岐山西南渭水支流的一条兹泉小河钓鱼，期望能碰见周文王。

吕尚时运不佳，他钓了三天三夜也不见鱼上钩，气得他脱去衣服、甩掉帽子。就在他苦思怎样才能钓上鱼的时候，有个农夫对他说："你钓鱼时把鱼线弄得细一点、鱼饵做得香一点，上钩时要轻，这样就不会惊动鱼！"吕尚按这个办法一试，果然每次都能钓上鱼。吕尚从中悟出了个道理，要想覆灭商朝，也要和钓鱼一样，必须悄悄地做准备，一切要从长计议，不能惊动商朝。

资料来源　田长广.历代策划案例选［M］.北京：北京大学出版社，2008.

姜尚要钓的是条大鱼——周文王姬昌。是文王心甘情愿地上姜太公的钩？还是姜尚被文王钓走？姬昌兴周伐纣，迫切需要招揽人才，他断定年逾古稀的姜子牙是栋梁之材。

策划主是姬昌，姜尚是策划人，渭河这一钓，姜尚服务文王，周灭商纣就有了希望。

处理策划人与策划主的关系，简单地说，是策划公司与策划人"愿者上钩"的问题。

策划主有难题，寻求策划人出谋划策。在水中游弋的众多鱼——策划人，看中了"饵"，自愿上钩——为策划主提供服务。当然，策划人也可以对策划主的邀请说"不"。

策划人对策划主的服务，五花八门，不拘一格，方显出策划人的才能。

有这样一次人才招聘会，有位策划人也参加了。

招聘公司招考职员提出的题目是："某商人的工厂倒闭，欠债10亿元。如果你是债主之一，你如何对付他？"应聘者的答案大出招聘公司的意料。

法律系出身的应聘者，洋洋洒洒写出应该采取的诉讼步骤。

外交系出身的应聘者，主张跟债务人举行面对面的谈判。

商学系出身的应聘者则说："这要看我损失的数目是多少。如果为数不多，我就顺其自然。破产的程序会带给人们都能接受的结果，我不愿意为追讨这笔欠款耗费太多的时间和精力，我要用那份时间和精力去赚钱，赚到的也许会比我失去的更多。"

这些人都得到了高分，可是没有夺得第一名。

第一名被这位策划人获得。他是这样回答的："欠债10亿元？我对这个经商失败的人产生了兴趣。他年轻吗？他用什么方法筹集资本？我们要研究他，进一步认识他，发掘他潜在的才能。他既然有欠债10亿元的能力，那么也具备赚取20亿元的能力。我可以考虑给他一个总经理的职位——假定我是一个大财团的负责人。"

一般人只注意成功的人，成功的策划人却有兴趣关注失败的人，因为他的策划专业知识告诉他认识问题的路径，用辩证法分析问题，解决难题。

8.2.1 钓翁反被鱼钓走

渔翁钓鱼有两个意图，一是把钓鱼当乐趣，二是钓上鲜鱼为菜肴。

早些年，笔者带几个学生在"名流广告策划公司"工作。当地一家做魔芋食品的公司，慕名来请笔者。经过策划主的企业、产品、市场需求、国外市场情况介绍等，策划公司从设计企业标识——天龙魔芋公司做起，为企业策划产品定位、诉求创意、媒体表现等，历时将近一个月。在向策划主做出提案，征询策划主的经费预算时，策划主说："我们将所有资金都投到产品生产中了，欢迎策划公司投资入股，与企业一起分享销售利润。"

策划公司经过侧面调查发现，这家公司属于"空手套白狼"。这次的策划活动，只当是师生们的一次社会实践。

策划公司和自由策划人，基本上都有这种经历：不法、不诚实的策划主用各种方式套取策划人的劳动成果——策划、创意、标识设计等，不劳而获，让策划人上当受骗。

为了避免策划人上钩、被策划主钓走这种事，广州市的几十家4A广告策划公司订立了"自卫协议"。其中有一条是，策划主要将所有参有竞标的策划公司的名字公布，让参加竞标的公司知道对手是谁，决定是否有必要参与竞争。招标结束后，策划主一定要通报中标的策划公司名称，并对没有中标的公司，每家支付5万元的策划费。

不法策划主要钓策划人，以智慧求生存和求发展的策划人要以法律为武器，与各种违法行为做斗争，保护自己的劳动成果和应得权益。

小案例8-2　　　　　　　　　蔡锷阴道阳取反帝制

蔡锷是一位进步、爱国的军事家，他对袁世凯窃取辛亥革命的胜利果实十分不满。袁世凯也因此对他怀有戒心。为了控制蔡锷，1913年，袁世凯将他调到北京，加以监视。蔡锷知道袁世凯对自己有戒心，所以在北京期间，他一面暗中与反袁力量秘密联系，一面装愚弄拙，巧妙地与袁世凯周旋，以麻痹袁世凯及其党羽。

在袁世凯面前，蔡锷有时故意语无伦次，一问三不知。一天，袁世凯的一个党羽拿出一本赞成帝制的"题名录"，放在蔡锷面前。对这突如其来的"考验"，蔡锷急中生智，挥笔大书"赞成"二字，把自己打扮成帝制的拥护者。他还经常与一班帝制派人物厮混，打得火热。

蔡锷为了早日逃脱袁世凯所设置的樊笼，还装作意志消沉，沉迷风月场所，结识了名妓小凤仙。小凤仙原是旗人武官的女儿，父亲死后，她无依无靠，沦落风尘。她粗通文墨，喜吟歌词，更兼有一副侠义心肠。小凤仙慧眼识英雄，对蔡锷另眼相待。交往久了，蔡锷也对小凤仙有所了解，遂结为知己。在小凤仙的帮助下，蔡锷最后出逃，回到云南，组织了讨袁护国军，打响了向袁世凯进攻的第一枪！

资料来源　张正忠，陈蕾.三国智谋应用500例［M］.长春：长春出版社，2005.

袁世凯称帝在策划，蔡锷反袁称帝也在策划，双方都是策划人，又都将对方当作"要改变的"策划对象。相信得道多助、失道寡助，遵道守纪的策划人才能实现策划目的。袁世凯机关算尽，83天皇帝梦终于破碎。

8.2.2　在与策划主交往中，策划人容易犯的错

1.试图在与策划主的争论中占上风

在策划人与策划主讨论问题时，有的策划人以为自己真是卧龙孔明先生，发言居高临下，处处要占上风。

策划人千万不要自诩是"总统"。富兰克林·罗斯福给后人留下一句名言，"不当总统就做广告人"，使许多做策划的广告人趾高气扬。策划人的榜样——诸葛亮，一辈子小心谨慎，鞠躬尽瘁，都没有越刘备的雷池一步，何况我们并不能够得上自诩"现代诸葛"。

有一次，林肯斥骂一个年轻军官，原因是他同自己的一个同事发生了激烈的争吵。林肯说："任何一个想有所作为的人，都不应在和别人争吵上浪费时间，这不是说他不应该允许自己发火和失去控制，而是说在重大问题上，如果你感到你和对方都正确，那你应该让步在枝节问题上，即使你明明知道对方不对，你也应让步。"

就结果而言，无谓的争论一般不会带给我们真正的成功，虽然在气势上我们可能逞了一时的口舌之快。有时即使策划人占了上风，策划主也并不会赞同策划人的观点。

无论什么时候，我们都要避免与策划主发生毫无意义的争论，在策划的创意或施行过程中，就是有争论的必要，我们也应该用平和的语气来述说。在说服之前，先找找自己的原因，首先谦虚地承认自己的偏颇，这样就容易让策划主不那么固执了。只有在这样的状态下，才能争取策划主对策划人的赞同。

2.因高看或低看策划主，而不能正常发挥策划能力

策划人对所有策划主客户应该一视同仁，实事求是，对他们不溢美，不薄情。

建立正常的主客关系，才能使策划人的才能正常发挥。资历浅的策划人对貌似强大的策划主会产生敬畏，甚至在交谈时，没记下策划主的关键诉求，做策划时茫然不知所以；资深策划人对年轻的策划主不放在心上，沟通时没有倾听策划主的诉求，以至于获得的信息支离破碎，策划做得浮皮潦草。这两种情况都要避免。

3.试图用不正当手段获得策划主的业务

策划人靠本事吃饭，能干的项目，要去争取；暂时无能为力的，也不必低三下四去求项目；策划人努力提高自身能力后"天生我才必有用"，终有新项目在等着你，总会有"刘皇叔三顾茅庐"。

8.2.3 孙庞斗智，庞涓死在此树下

策划学子在一块学习，教师会讲到：今天是同窗好友，明天各为其主，会成为竞争对手，也许会出现"庞涓死于此树下"的惨剧。要在学习中，培养自己的竞争力，在工作中力争上游。

在关系到自己切身利益的策划中，同样要以智慧战胜邪恶，保护正当权益不受伤害。

有一位策划人得了重病，知道自己已经无药可救，而独生子此刻又远在异乡，不能及时赶回来。他知道自己死期将近，又怕仆人篡改自己的遗嘱、侵吞财产，便立下了一份令人不解的遗嘱："我的儿子仅可以从财产中选择一项，其余的皆送给我的仆人。"

策划人死后，仆人高高兴兴地拿着遗嘱去寻找主人的儿子。

策划人的儿子看完了遗嘱，想了一想，就对仆人说："我决定选择财产中的一项，就是你。"这样，聪明的儿子立刻得到了父亲所有的财产，仆人继续做儿子的仆人。

成功的策划人与众不同，在离开人世时，也会留下最后成功的策划。

|8.3| 主观差距

诸葛亮不是神，最终没有帮助刘备实现隆中对的全部策划。现代策划人面对的情况，不知要比曹魏、东吴、蜀汉时复杂多少倍。面对各种不确定因素，要用"问号往自己身上打"的思维路径。策划人不成功，说明其主观努力与客观实际不协调，没实现对立统一。

8.3.1 对"他"把握不准

这里的"他"是策划对象。策划人对策划对象的把握，常出现的问题有三种。

1.看高

将策划对象看得过高，表现有三种：其一是过高估计策划对象在同类中的地位；其二是用超高的礼仪对待一般的对象；其三是人为抬高对象的品质。这些做法

脱离了实际，都是没有实事求是地面对策划对象的表现。

2.看低

不切实际地看低了策划对象，也有三种情况：其一是只看到策划对象眼前的弱势或不足之处；其二是因为没有全面把握策划对象而妄加评论，用应付差事的态度做策划；其三是对策划主的信任度不高而移情别的策划对象，没有全力以赴使用精兵强将为策划主服务。

3.看不透

策划人对策划对象不了解，策划人与策划主双方信息不对称，策划人根据获得的错误信息做策划、做创意，甚而闹出笑话。

前些年，一位策划人为一种"野木瓜饮料"的营销做策划和创意。策划人之前在广东生活了许多年，对岭南木瓜有所了解。在与省会城市的产品市场总监沟通时，这位年轻人说"野木瓜树有的能长200年"。策划人推断，树龄200年，一定是树干粗壮，结野木瓜甚多，于是依此寻找古稀年龄的省话剧团演员，并以其形象绘出几个创意故事版本。当坐落在县城的野木瓜饮料厂厂长看到策划创意方案时，那种哭笑不得的表情，让策划人团队无地自容。省会城市的产品市场总监没有到过野木瓜产地，只见饮料没见到原料，从而释放了错误信息。

厂长安排专车，将策划人团队送到野木瓜产地和饮料生产厂现场考察，策划人才明白野木瓜属蔷薇科植物，不会有200年树龄，自然也不会有如"槐荫"老人那样的形象。

这次策划创意的教训很深刻，被这位策划人多次在多所大学的课堂上自责地向学生们讲起。

策划人对策划对象未来发展的预见，是策划成功的基础。

在2007年美国金融危机爆发的前期，时任总统顾问的皮帕·马尔姆格林无意间走进纽约市的布鲁明戴尔百货公司，他被那里堆起来的成套瓷器餐具吓到了，这些瓷器餐具上都印着俗气的万圣节图案。

他自问：谁会有钱去买一套一年仅用一次的瓷器餐具呢？其余的364天，他们把这些餐具放在哪里呢？如果他们的房子还能放得下一套极少使用的万圣节餐具，那是不是意味着他们的房子太大了？为这样大的一套房子供暖需要多少钱？人们是不是花的比赚的多？如果人们今天花掉明天的钱，而不是把今天的收入攒起来以防未来不时之需，这就很令人担心。

马尔姆格林从这些万圣节瓷器餐具中闻到了金融危机的气息，于是他卖掉了房产，躲过了随后到来的次贷危机。

见微知著，未雨绸缪，是成功策划的基础。这一点，并不是每位策划人都能办到的。

8.3.2 对急、难、新项目，如何做策划

策划对象的信息传播有特殊要求，会给策划带来一定的难度。

"急"是指要迅速将策划对象推出，尽快达到某种目的。

"难"是因为各种原因的影响，为策划对象的推广传播带来障碍，策划做起来很费工夫，不容易取得成功。

"新"是指刚出现的或刚经历的、性质变化后的、与"旧"相对的、没有接触过（听过、见过、用过）的。

策划人常说，我们"每天面对的都是新的太阳"。正是有挑战存在，才产生了策划人队伍；面对新难题，才更有创新创意的用武之机、用武之地。

任随策划对象千变万化，坚持知行合一，实事求是地分解矛盾的主要方面，抓住策划对象的本质，各种规格、各种内容的策划都能做得很好。

人们的生活必需品的销售，不用装修漂亮的卖场，只要产品便宜、方便选取就好，购物点是否漂亮并不重要，因为那不是消费者都需要的。于是，有关人士就果断地将华丽的外表去掉，而将压缩下来的成本用于降低商品售价，仓储式销售方式也就应运而生了，结果大获成功，这被认为是销售上的一场革命。解决消费者急、难、新的问题，仓储式超市的出现是有意义的启发。

|8.4| 定位不准

定位在策划中至关重要。多家媒体在报道连续20年蝉联香港富豪榜榜首的李嘉诚时都提到，早在多年前，李嘉诚就已经不管具体业务了，他的时间和精力基本花在"定坐标"上，可见定位的重要性。

准确定位是主客观相结合的产物。

主，是指为定位做决策的人。

客，是存在着的外部环境。

多方面的原因会使主客两方面脱离，造成定位不准。"实事求是"说起来简单，真正要做到、做好就不容易了。

然而，当今的策划人因为资讯发达，反而没有准确地定位自己，因而出现了定位不准的诸多问题，面对策划反而无所适从。

古人对人才利用的策划，也有定位的问题。

黄朴民在《北京日报》发表的一篇文章中写道，在孟子看来，人才形形色色、千奇百怪，但归根结底可以分为两大类：一类是道德情操特别优秀，但办事能力相对薄弱，权略机变相对逊色的"贤者"；另一类是道德品质也许尚有瑕疵，可办事能力出色超众，韬略权谋老练娴熟的"能者"。

孟子的主张是：对于"贤者"，要"尊"；对于"能者"，则要"使"。孟子认为，统治者如果在"贤者""能者"两类人才的任用上能做到无所偏废、各有侧重，治国安邦便可很好地达到预期目标。证之于史，孟子"尊贤使能"的用人理念可谓屡试不爽。

史载魏文侯对德高望重的儒学大师卜子夏（孔子的"七十二贤"之一）等人尊

礼有加，优遇无比，从而争取到人心的归附，使自己的政权拥有了道德上的合法性与优越性。同时，魏文侯知道儒家人物普遍存在着"迂远而阔于事情"的缺陷，要真正实现富国强兵的目的，实在少不了"能者"们的帮忙。所以，他让翟璜、李悝、西门豹等能臣干吏站到政治前台，甚至起用"母死不归，杀妻求将""贪而好色"，人品颇受诟议，但能力超群、办事干练的吴起（吴起的一生，非常复杂。为了富贵，他不恤妻母，但他在魏国时，则又向魏文侯进忠言云：一个国家的长治久安，在君王立德，不在山川险固。吴起因为能善待士卒，很得军心，所以他率领的军队，作战能力非常强，常打胜仗）。

"尊贤"与"使能"双管齐下，两手都硬，魏文侯在治国安邦问题上不能不大获成功，而魏国在战国初期率先崛起，也就丝毫没有什么悬念了。

8.4.1 定位偏高，不可企及

策划主对自己的定位和策划预期的定位偏高，使策划难以企及。

"卖瓜的都说瓜甜""为人父母都夸自己的孩子"，这是人之常情。在提供策划的资料时，即使策划主濒临倒闭，其也会把策划对象描绘成一朵花；过高地估价自己，企望经过策划后实现预期目标，自然是"高上加好"；如果策划人在调查过程中采信了策划主提供的资料，难免策划失当。脱离实际的信息，会对策划主极其不利，依此做策划的结果，对策划预期定位必定偏高，使策划主难以企及。

策划人对野木瓜饮料的各种资源进行研究后，建议策划主不做饮料，而做成野木瓜干果。做成干果有几个好处：一是包装上能对野木瓜的优势进行较细的宣传；二是便于运输和保存；三是成本较低，适宜刚起步的县级小企业的生存与发展。这一番对企业策划主和产品的重新定位，经过多年的实践，被证明是正确的。

8.4.2 定位偏低，难以完胜

策划主对自己的定位和策划预期的定位偏低，使策划难以完胜。

"枪打出头鸟""出头椽子先遭难，唯有低调能躲灾"，有的策划主做人低调，做事拘谨，不求"人前显贵"，这往往使策划失去了准确的目的。策划的目的是解决难题，获取应有的成绩。志存高远是策划的基础，勉强过得去不应成为策划的终极目标。

策划人为"天阳天玉米面条"做整合营销传播策划时，高屋建瓴，建议在电视媒体上做系列广告，为此撰写了十多篇有创意的脚本。但策划主自己本钱少、胆子小，不愿意投入。策划人眼看着好的项目做不好，从而失去了原本可以大火的机会。

8.4.3 信息不准，判断失当

策划主提供的策划资源及策划人亲力亲为的调查，如果没有最新、最有时效性的内容，就会影响对策划的判断。

产生这种问题的原因：一是策划主对社会全局不甚了解；二是策划人调查不深入，未找到本质所在；三是竞争对手的"烟幕"让人看不清。

俗话说，准确的判断来自准确的信息分析，知彼知己，才能百战不殆，透过现象抓住本质才能稳操胜券。

面对"对手是谁"这样严峻的问题，看看华为是怎样定位的。

2017年，任正非在消费者年度大会上专门针对公司某些人员讲的过激话"灭了三星，削了苹果……"做了一番说明，并号召大家在保证自身创新的同时，多学习别人的长处，向苹果学习服务，向OPPO、VIVO学习提高利润等。

他说："苹果、三星、华为是构成世界手机终端的稳定力量，我们要和谐、共赢、竞争、合作。'灭了三星，削了苹果'之类的话，无论是公开场合，还是私底下，一次都不能讲。谁再讲一次，就罚100元。人力资源部设一个微信号把罚款存起来，作为你们聚餐、喝咖啡的经费。我相信你们不会故意这样讲，但可能会被媒体炒作。为了销售必须要讲些话，我是理解的，但要避免树敌过多。

苹果、三星、OPPO、VIVO为什么是我们的朋友？它们是靠商品挣钱的，我们也是靠商品挣钱的。我们的对手是谁？是烧钱的公司，因为它们不是以客户为中心，想通过烧钱垄断市场，然后敲诈客户。我们的目的不是敲诈客户，而是合理赚取利润，帮助客户成长。所以在这个价值体系上，我们要确立三星、苹果、OPPO、VIVO其实都是一个商业模式的朋友。但朋友之间也是允许有竞争的，这是两回事。"

当前世界经济出现"促进全球化"和"美国优先"两种言论方向，华为任正非的作为，正是践行"人类命运共同体"的兼容、共赢的定位。

8.4.4　变通思维新定位的奇妙作用

门拉不开，试着推一下。换一种方法，改变定位就可以解决难题。

美国著名的企业家哈默说："天下没有坏买卖，只有蹩脚的买卖人。"1945年，战败的德国一片荒凉，一个德国年轻人在街上发现——当时德国人正处于"信息荒"，国民对信息的获得非常饥渴。于是他决定卖收音机！可是，当时在苏美联军占领下的德国，不但禁止制造收音机，连销售收音机也是违法的。

这名年轻人就将组成收音机的所有零件、线路全部配备好，附上说明书，一盒一盒以"玩具"卖出，让顾客自己动手组装。这一思路果然产生奇效，一年内卖掉了数十万盒，奠定了德国最大电子公司的基础，这位年轻人的名字叫马克斯·歌兰丁。

歌兰丁所使用的方法巧妙地解决了"信息封锁"的难题，这个奇妙的方法为产品重新定了位，这便是变通思维的运用。

8.4.5　以退为进的迂回定位法

国际体育比赛中曾发生过这样一件事：在一次保加利亚队和捷克斯洛伐克队的篮球比赛中，离比赛结束还剩下8秒钟的时候，保加利亚队仅领先一个球。按照规定，保加利亚队在这一场球赛中，必须至少赢3个球才能不被淘汰。这时，保加利亚队的一个队员突然向本方的篮内投入一个球。双方的队员和场外的观众一下子都愣了，不知这是怎么回事。过了好一会儿，大家才明白过来，并报以热烈的掌声。

这位保加利亚队队员为什么要向本方的球篮投进一个球？他是怎么想的呢？

他的思考过程大致说来是这样的：保加利亚队要想不被淘汰，必须再赢2个球，要有可能再赢2个球，就得延长比赛时间，要延长比赛时间，就要在终场时把比分拉平，要在终场时把比分拉平，那就只有现在向本方篮内投进一个球。

果然，保加利亚队这个队员刚一投进这个球，裁判就宣布进行加时比赛。在随后的比赛中，保加利亚队士气高涨，轻松拿下3个球，赢得了比赛的胜利。

这位保加利亚队员运用的思维方式就是为了重新定位，采取以退为进的迂回策略。

本章小结

服装可以量身定制，枕头也能按需生产。策划更是根据策划主的需要，不遗余力地解决策划主的难题。为此，先要解决策划人自己的难题。

客观地处理好"我""你""他"策划三方的关系，在接受委托，愿意为策划主服务中发挥策划人的主观优势，克服与策划要求的诸多差距，在准确的定位中方能成就策划的预期目标。

思考与练习

思考：

1.面对不同的策划主，策划人怎样与其相处才能相得益彰？

2.策划人为策划主服务，为什么说是"愿者上钩"？

3.策划人在主观上会有哪些差距？

4.定位不准分为哪几种？我们预先应该有什么准备？

练习：

1.从按需定制枕头中受到启发，请举例说说"以消费需求为出发点"的几种新产品。

2.做好为策划主服务要吃苦头的准备，现在该做些什么？

3.查一查华为成功的实例，谈谈自己的体会。

延伸阅读：苏东坡讲故事却请托

下编　策划实务

| 第9章 |

策划的案例

学习目标

本章介绍几篇策划的实案。通过本章的学习（学生细读案例，教师讲解，师生讨论），领会策划的形成过程、策划案的写作、在策划的施行中涉及的其他文体的文案写作，从而将前几章的策划理论与策划实务结合起来。这几篇实案分别有不同的策划主，其策划目标也不一样，定位不同，主题各异，但其中的创意要求是共同的，对策划创意资源的利用和遵守的策划创意规矩则是相同的。"师傅领进门，修行靠个人"，学习者最终要会策划，写出可供策划主采用的策划。

引例

"印尼钱王"李文正：从被错认起步

1960年秋日的一个晚上，他被敲门声惊醒。一位50岁左右的中年男人站在门口，彬彬有礼地介绍自己是基麦克默朗银行的经理皮拉马·沙里，现在遇到难题，资金无法周转。

沙里恳求："要不了一个星期，银行就会倒闭。您能给我们20万美元的投资吗？"

他心中咯噔一下。他1929年出生于印度尼西亚（以下简称印尼）东爪哇的玛琅镇，祖籍是中国福建莆田。1947年因印尼局势动荡，他返归故土，考入南京中央大学哲学系。20世纪50年代初，他又回到印尼，定居雅加达，做了一份船务代理的工作。

他很想问沙里："经理先生，是不是弄错了？"可话到嘴边又咽回去了，他嗫嚅着："我考虑一下吧。给我一天时间。"

那时，他只有2 000美元。印尼的独立革命刚结束，雅加达百业萧条。越是贫困时期，作为稀缺资源的资金越具有放大效应，有人传说他有2万美元，不久，又变成20万美元。沙里甚至说："我知道对您来说，20万美元算不了什么。"

听到这话，他的第一反应是：被认作富翁的感觉真好。至少别人觉得自己有能耐，投来一份信任。

说来也巧，他从10岁开始，就有当银行家的梦想。也许，现在就是梦想启航的时候。

自信让人产生智慧，而责任感让他有了具体思路。很快，他就想到交往密切的福建同乡。这些同乡在雅加达自行车行业占据着垄断地位。

次日，他起了个大早，一家一家去拜访。凭着平时待人真诚热情积攒起来的人脉，他一天时间就筹到18万美元。他带着钱去基麦克默朗银行时，沙里感动得几乎落泪，当场让他认购银行20%的股权，还让他在银行担任职务。

虽说对银行业务陌生，但是，他虚心学习，不出半年，便令人信服地进入银行董事会。之后，凭着出色的经营管理能力，他成了银行经理。经过30余年奋斗，他创建印尼力宝集团，并担任主席，下属企业遍及东南亚和美国等地，个人资产超过25亿美元。他就是被人们称为"印尼钱王"的李文正。

资料来源　段奇清. 承认自己是别人眼里的富翁 [J]. 莫愁，2015（7）.

【分析与思考】

1.每个成功人士的起步都是不一样的。被人们称为"印尼钱王"的李文正，起步是被别人认错了，他只有2 000美元，却被传说成是拥有20万美元的大款。濒临倒闭的银行经理登门借钱，他可以一口回绝，也可说出实情，但他冷静地要了一天的思考、策划、运作的时间。

2.平时积累的资源——广泛的人脉关系，加上诚信待人换来别人的信任，一天时间他就筹到了18万美元。策划的路子对了，时间效益就出来了。

3.从策划的角度，李文正的成功首先是因为他有志气、有理想，敢于用行动去实现儿时的梦想；其次，他调动各种资源，有策划地采取行动；再次，他前期的小小的成功，已经被社会认可，甚至错认为他拥有20万美元；最后，他敢于担当，周密思考，积极行动，成就了他及以后的大成功。

4.作为学习策划者，平时要做到善于积累，面对难题勇于接受挑战，运筹帷幄，方法得当。这些都是我们要从这篇案例中认真领会和学习的。

本章所选入的案例都是本书作者亲力亲为策划以后的作品。

|9.1| 案例一：建设美丽乡村策划[①]

2017年11月11日，由策划人主媒，将保寨村村民自己选址、设计、施工建成的三座凉亭中的一座，"嫁"给了一品传媒公司。在为这座待"嫁"的凉亭揭牌前，策划人为"一品亭"撰写对联，为立在亭侧的石碑撰写了碑文（如图9-1所示）。

---

①在东北财经大学出版社2017年8月出版的《策划书写作教程》（第二版）中，有一篇"乌当区新场镇保寨村创建美丽乡村'神农百花寨'创意方案"，这份方案要施行四五年。在这本《策划原理与实务》中，作者继续报告"美丽乡村'神农百花寨'创意方案"施行过程中派生的方案和文案。

图9-1 一品亭

一品亭正面对联：
一以贯之铸卓越
品亦尚崇为桑梓
一品亭背面对联：
万物之始为一
天下者高是品
亭侧碑刻：

共建和谐

贵州一品传媒有限公司（股份代码202817）与新场镇保寨村村民，携手共建和谐，实现发展梦想。

在千年神农银杏王树下，共同修葺"一品亭"造福乡里。一品传媒是我国西部知名的广告全案与增值服务提供商，贵州第一家挂牌上市公司，一级广告企业，中国广告企业500强之一。公司董事长熊军是中国广告协会学术委员，他带领团队创下3年使企业资产增长1 000倍的商业传奇，任多所大学的客座教授，是多种奖项的获得者。

以人为本，以财为末（唐·陆贽），一品传媒乐善好施，资助多名贫困学生，资助社会防艾滋事业，自费到多所大学开讲座……

祝保寨村民安康，愿一品亭为保寨村带来福祉。

二〇一七年十月

策划人还为"一品亭"命名揭牌仪式撰写了"仪程及主持人串词"。

音乐响起：《今天是个好日子》等。

13：00 主持人1：各位领导、各位嘉宾，主持今天的"一品亭"命名揭牌仪式，我很荣幸。

在广袤的农村，"一品亭"虽小，但它是长在美丽乡村建设中的一朵小花，它的开放，预示着将引来百花盛开；传媒公司施惠于美丽乡村，是美美与共的美事，值得庆贺。

我宣布，贵州一品传媒集团公司命名"一品亭"揭牌仪式现在开始。

主持人2：有请保寨村村支两委领导致欢迎词。

主持人3：有请××领导讲话。

主持人4：有请××嘉宾讲话。

主持人5：有请贵州一品传媒有限公司董事长、总裁熊军先生致辞。

主持人6：由我代读王多明教授就建设及命名"一品亭"献出的短文。

主持人7：有请一品传媒集团公司熊军董事长、保寨村村支两委领导共同为"一品亭"揭牌。

主持人8：有请一品传媒集团董事长、财务部总监向保寨村拨付"一品亭"命名资助费。

主持人9：保寨村村支两委为感谢贵州一品传媒集团的支持，由村民代表周厚贵与汪良行向一品公司赠锦旗。

主持人10：请各位领导、嘉宾在"一品亭"前合影留念，留下各位美好的记忆。以青山作证，"一品亭"、神农银杏王将渗入我们的生活、工作和学习中，祝领导、嘉宾在保寨村度过愉快的周末。

13：40 主持人11（用扩音器）：欢迎领导、嘉宾们到"一品亭"和已有几千年树龄、依然"风姿绰约"的神农银杏王树下拍照。

14：00 主持人12（用扩音器）：请领导、嘉宾品尝由保寨村为各位准备的烤全羊、羊杂碎汤，用江县侗寨稻、鱼、鸭生态系统有机大米烤制的香米团。

15：30 主持人13（用扩音器）：保寨村与黔林驴友会为祝贺"一品亭"揭牌仪式举办文艺演出联欢会，于15：30在保寨村党员活动室前广场上正式开始，为领导和嘉宾献上精彩节目。

以下是在"一品亭"命名揭牌仪式中，为一品传媒集团公司董事长的讲话撰写的讲话稿。

贵州一品传媒集团公司熊军董事长在"一品亭"揭牌仪式上的致辞

尊敬的各位领导及嘉宾、保寨村的村民们：

在秋后入冬的季节，在我们的神农银杏王遍枝尽带黄金甲的大好日子里，我们迎来了保寨村的好时光：由村民自行设计、施工、装饰的"一品亭"就要揭幕了，此时此刻，我很感动，为村民建设美丽乡村所做的努力而感动；我也很激动，我们一品传媒集团有了公司办公室以外的基地，要为美丽乡村建设共同献上一朵鲜艳的小花。

一品传媒集团公司是中国西部知名的策划全案与增值服务提供商，贵州策划全案与增值服务第一品牌，营业规模在贵州广告业排名第一，也是贵州广告业第一家挂牌上市的公司，在中国广告企业500强中排名第264位；荣获第16届中国国际广告节铜奖、第21届中国国际广告节长城奖，是中国广告协会会员单位、中国广告协会学术委员会委员、贵州省广告协会常务理事、贵州省青年企业家协会常务理事；连续10年被评为贵阳市"守合同重信用"单位、贵州省AAA级最佳信用企业、中国广告二级企业，拥有注册商标若干件。

在中国广告协会学术委员、贵州资深广告人王多明教授的策划下，去年我们公司与保寨村共同协商，为村民的"杰作"命名，今天有了"一品亭"的诞生。

我们公司会以既雄伟又娇媚的"一品亭"形象，与"琴心剑胆"一起，托起公司的文化之魂。

谢谢保寨村村民建设"一品亭"，呵护"一品亭"，让这朵小花引来百花盛开的神农百花新保寨。

谢谢各位领导、嘉宾的光临！

谢谢保寨村村支两委及各位村民！

以下是为一品传媒集团公司董事长在"一品亭"命名揭牌仪式文艺演出前的讲

话撰写的讲话稿。

贵州一品传媒集团公司熊军董事长在"一品亭"揭牌仪式文艺联欢会上的致辞

尊敬的各位领导及嘉宾、黔林驴友们、保寨村的村民们:

人逢喜事精神爽,在爽爽的贵阳,爽爽的秋末入冬之际,保寨的神农银杏王以金黄的面容欢迎各位来到这里,参加"一品亭"揭牌仪式及文艺联欢会,我们大家一起爽。

刚才我们一起品尝了保寨乡村旅游发展促进会周厚贵等人为大家精心烹饪的烤全羊、羊杂碎汤以及用江县侗寨稻、鱼、鸭生态系统有机大米制作的烤饭团,真是爽上加爽。

我们一品传媒集团公司是中国西部知名的广告全案与增值服务提供商,贵州广告全案与增值服务第一品牌,营业规模在贵州广告业排名第一,也是贵州广告业第一家挂牌上市的公司,在中国广告企业500强中排名第264位;荣获第16届中国国际广告节铜奖、第21届中国国际广告节长城奖,是中国广告协会会员单位、中国广告协会学术委员会委员、贵州省广告协会常务理事、贵州省青年企业家协会常务理事;连续10年被评为贵阳市"守合同重信用"单位、贵州省AAA级最佳信用企业、中国广告二级企业。公司成立于1998年4月,2014年12月24日成功登陆上海证交所挂牌上市,公司以媒体运营,各类营销、公关、会展活动策划、执行,各类广告物料设计、生产、安装,策划创意、表现,广告、装饰工程设计、施工等为主要业务方向。我们凭借18年来专业服务的团队和经验,为众多客户提供各类广告业务服务,赢得了各方面的好评。

在今天的大好形势下及大好日子里,我们有幸认识这么多新朋友,欢迎各位领导、嘉宾朋友到我们公司指导工作;欢迎各位将你们需要的营销、公关、会展活动的广告和执行,各类广告物料设计、生产、安装以及策划创意、表现,广告、装饰工程设计、施工等交给我们,我们将以专业的匠心、专注的态度、专门的实材为各位新老朋友服务。

预祝下午的文艺联欢成功!

谢谢大家!

"建设美丽乡村 农为主花为媒"创意旅游项目

——乌当区新场镇保寨村"神农百花寨"二〇一八年创意方案策划(提纲)

该项目近期工作的细目有以下几项:

"神农百花寨"标识设计已经完成,申报成立"贵阳乌当神农百花生态红米种植专业合作社"(以下简称"合作社")已经获得区工商部门批准,"贵阳神农百花寨旅游发展公司"正在筹办之中。

以下项目必须有责任人领衔执行,拟订具体实施计划,合作社全社群策群力,团结协作,每位成员主动认领一项或两项,或两人承担一项或两项。

一、冬春做好种花及花膳准备

1.通过村支两委，开动多种有效形式的宣传，普遍动员和重点落实相结合，落实到下寨组的至少15户村民家，在房前屋后空闲土地种上自选花卉，如"周公馆"四周种上小有规模的月季花，产生示范作用，带动合作社成员在房前屋后种植自家所喜爱的花卉。

2.加快改造家庭卫生间、浴室，使之适应接待游客的需要。每户至少收拾一间客房，满足游客舒适、卫生住宿的需要。

3.培训第一批开设"神农百花浴"的家庭主妇。

4.培训第一批开设"神农百花宴"的家庭厨师。

5.开发"神农百花茶"，扩大蜂蜜等蜂产品生产规模。

6.在所有对外宣传中突出"神农百花寨"项目。

二、推进生态农业合作社项目

贵阳乌当神农百花生态红米种植专业合作社已批准建立半年，合作社各项经营活动有序开展，面向社会推出的"定制农产品"已向需求者告之：黑毛猪肉，放养土鸡，黑山羊，生态稻鱼鸭米，有机红米，各种时令蔬菜……正在需求者中确定购买数量。

三、筹备明年七月七寄情保寨活动

七夕被称为"中国情人节"。为避开其他节日对客人的分流，本项目选择新的机会点。

"贵阳市民周末后花园——乌当新场保寨"，在经年累月的各种正能量、正积累项目的实施叠加中，三至五年后，这个目标有望实现。其关键点是每个项目都要有创意，有闪光点，有"卖点"，根据自身条件，挖掘出与众不同之处。

村民周厚贵创作了"竹林好风光，约会老地方，情歌对唱搞对象，情话刻在石头上"的宣传用语。

2018年的"七夕"这天，保寨村神农银杏王所在的大竹林，已经建成的"一品亭"作为大竹林"情人场"的起点，已经具有空间优势；2018年的"七夕"是8月17日，正值暑假期间，还是周五，具有时间优势；经过前期七八个月的打造，2018年"七夕"前，大竹林"情人场"的环山回抱小路绕山而上，沿路的各种形状、大小不等的石头，成为石刻的载体，通过征集、筛选刻上情侣、夫妇们（①已确定恋爱关系的；②已登记结婚的；③正筹备婚宴的；④旅行结婚前将这里作为吉祥出发地的；⑤已婚夫妇寻找爱情见证的；⑥为子女提供牢固家庭形象见证的；⑦祝福情侣爱情天长地久的……）饱含情谊的情爱或婚姻誓言，使大竹林神农银杏王"身边"的这些石头成为情侣、夫妇们爱情的永久见证。

在2018年的"七夕"前，经有目的地征集后，在大竹林各处已有20块左右的石刻，余下80块以上留作以后认刻。

拟刻内容大体如下，供认刻者参考：

海枯石烂，天长地久；海枯石烂，忠贞不渝；情有独钟，比翼双飞；长相厮守，白头偕老；情比金坚，浓情蜜意；花好月圆，山盟海誓；山盟海誓，天荒地老；百年好合，相濡以沫；一心一意，一生一世；情投意合，如胶似漆；恩恩爱爱，莺莺燕燕；郎情妇意，夫唱妇随；永结连理，多情多义；风情月意，含情脉脉；伉俪情深，两相情愿；厚貌深情，眉目传情；含情脉脉，情深似海；情不自禁，情真意切；浓情蜜意，情意绵绵；纸短情长，怡情悦性；爱屋及乌，男欢女爱；相亲相爱，谈情说爱；甘棠之爱，心有灵犀；魂牵梦萦，青梅竹马；惊鸿一瞥，从一而终；一日不见，如隔三秋；情意绵绵无绝期，相依相伴到永远；执子之手，与子偕老；君当作磐石，女当作蒲苇，蒲苇韧如丝，磐石无转移。

山无棱，江水为竭。冬雷震震，夏雨雪。天地合，乃敢与君绝！两情若是长久时，又岂在朝朝暮暮！海枯石烂不变心，天长地久有时尽，你我情谊到永远。一心一意，两心合一；情比金坚，患难与共。至死不渝，坚若磐石。宁不愿风肆好，月常圆。乐融融，悱恻缠绵，堪媲美孟和桓。嫦娥应悔偷灵药，碧海青天夜夜心。风花雪月，过乎眼；我俩情长，胜千年。

为做好以上活动，各方面要做好如下工作：

1. 保寨村及下寨组成立联合筹备组，由村支两委领导挂帅。
2. 设计千张"保寨七夕大竹林情人场"邀请票及现场喷绘。
3. 请省、市、区相关领导担任指导、评委，给予各种支持。
4. 设置奖项、奖品、评委会，安置歌台、音响、录音摄像设备。
5. 神农银杏王大竹林"情人场"步道、山上平台设施完备。
6. 主动邀请王坝、黄连、可龙、新堡乡等的歌手到保寨赛歌。
7. 邀请200名驴友参加七夕活动，邀请驴友认刻情场石刻。
8. 整理情场文字、视频资料，向媒体、民宗部门报送发稿。
9. 征求社会各界赞助，第一届只要不亏损，就是成功之举。

四、以"周公馆"为展室吸引游客

保寨村下寨组"周公馆"（村民周厚贵与老父亲两人花近八年时间，自己动手，没请一位泥瓦匠，建成的四层850平方米的楼房，命名为"周公馆"）底层面积达260平方米，足可以作为小型摄影展、书画展、农家特色菜肴展、花卉菜肴展的场地。

2018年在周公馆拟举办：

1. 黔林驴友"保寨无限风光摄影邀请展"（春季作品，秋季展）。
2. 本村村民及专家摄影交流学习观摩展（秋冬季神农银杏叶已黄）。
3. 保寨村书画邀请展（与豫章书院合作，引进作品展）。

五、拟办农历九月十九观音会

1. 成立活动筹备组，有序开展工作。
2. 向区镇民宗部门申请资助。
3. 完成下寨组两座亭子的建设工程。
4. 尽快完善观音洞内及山顶设施。

5.筹建观音洞周边简易便民设施。

6.争取社会赞助，邀请企业为其余两座亭冠名。

六、用好余家林露营生态大道

1.修整余家林露营地现场。

2.设置入营地林区指路牌。

3.设置营地活动相应规则。

4.驴友组织领队事先探路。

七、完善神农银杏王周边环境

1.清理周边环境，设置四五个拍摄、照相的定位点。

2.在两堵立墙上绘出图文并茂的神农银杏王的故事。

3."神农银杏王"牌子设置在路口及照相显眼背景地。

4.建设神农银杏王、一品亭及花山步道休闲相应设施。

八、利用周边项目做足保寨事

1.在第二届旅游嘉年华活动现场设置推介保寨村的广告牌。

2.到羊昌镇的多个旅游停车场散发推介保寨村的广告三折页。

3.在黄连村银杏树路边墙上放置两块神农银杏王的宣传牌。

4.到羊昌镇、新场镇、黄连村长途车公交站设置保寨村广告。

|9.2| 案例二：贵安新区"首届樱花节"活动策划

多彩贵州 贵安新区"首届樱花节"——我与房车有个约会（提纲）

（这种主副标题的使用，首先突出贵安新区及樱花，其次突出主办单位的企图，最后为今后推出新的主题活动预留空间，以利于持续发展。）

执笔：王多明 郑捷先

一、活动宗旨

1.扩大"三头驴"房车旅游的知名度。

2.增强驴友们对贵州房车的亲密感。

3.吸引关注和提升房车的拥有量。

二、活动准备

1.方案报贵安新区管委会批准。

2.与3～5家房车供应厂家联系，获得相应费用赞助与人员支持。

3.与有关单位沟通，落实场地及水、电、摊位招商。

4.设计樱花节三种礼品：

第一，活动获奖礼品，由房车供应厂家提供，价值200元／件，约200件；

第二，给活动中积极参与的驴友会员的奖品，由三头驴俱乐部准备，价值100元／件，约200件；

第三，向活动中对房车有兴趣者，有租、购意向者，赠送价值30～50元／件的礼品，约300件，并邀请其留下联系方式，成为贵州三头驴房车俱乐部的准会员。

5. 撰写"我与房车有个约会"征文比赛的启示。

6. 与活动相关的支持单位、执行单位签约，规定各方的责权利。

7. 联系新闻媒体（线上、线下），参与活动及报道。

8. 落实重点会员，提前做好相应准备。

9. 要求全体会员呼朋唤友，到现场参加活动。

10. 准备至少6场文艺演出。

11. 提前选择安排贵州三头驴房车俱乐部会员房车集中停放地、房车供应商房车停放地与拍樱花照的恰当位置。

三、活动组织

支持单位：贵安新区管委会、贵阳日报、贵阳电视台、贵州黔讯网
    　　　　房车生产供应商、贵州省广告协会

主办单位：贵州三头驴房车旅游发展有限公司

承办单位：贵州一品传媒公司

四、活动内容

活动时间为四周（2017年3月11日至4月1日），每周六、周日为活动重点期，每周一至周五为维持期，共推出四场活动。

活动主要内容为，为观赏樱花者免费拍照，由贵州三头驴房车俱乐部安排的挂胸牌的专职摄影师（最好由贵州三头驴房车俱乐部会员充当志愿者，游客先登记，后拍照，留下邮寄照片地址和电话）为观赏者在几个主要观赏点拍照（近景有灿烂的樱花和人像，远景有参展的房车）。

每场活动均安排几种不同的内容：

其一，人们喜闻乐见的文艺歌舞、街舞、武术、魔术等表演；

其二，每场活动都有不同的主题内容的表达和诉求；

其三，每场活动都有发奖活动穿插其间；

其四，展出贵州三头驴房车俱乐部会员在过去房车旅游中拍摄的图片。

活动具体安排：

1. 3月11日、12日，上下午各一场，节目安排相同。

（1）舞狮热场后，演出人们喜闻乐见的文艺歌舞。

（2）三头驴房车俱乐部会员参加"我与房车有个约会"征文比赛颁奖。3月1日发布征文信息，10日从微信群中收稿（征文比赛细则附后），在11日活动中，选取3名驴友上台向参加者畅谈"我与房车有个约会"的体会。在3月11日活动舞台上，颁发征文比赛奖品。

（3）三头驴房车俱乐部周年活动汇报，房车供应厂商代表介绍房车（现场设置LED大屏幕展示）。

（4）贵州三头驴房车旅游发展公司及俱乐部会员和房车供应商拍集体照（估计有300人），为贵州发展房车旅游造势。

（5）在线上、线下媒体发布新闻。

2.3月18日、19日，上下午各一场，节目安排相同。

（1）人们喜闻乐见的街舞队表演；

（2）三头驴房车俱乐部会员及活动参与者进行有奖抢答；

（3）由房车供应商准备题目、担任评委并颁奖，向观众散发房车DM策划。

3. 3月25日、26日，上下午各一场，节目安排相同。

（1）人们喜闻乐见的武术队表演；

（2）由贵州三头驴房车旅游发展公司及俱乐部负责人报告2017年各项旅游活动的计划；

（3）对现场展示房车有兴趣的活动参与者，安排房车供应商与其对接，填写有关资料；

（4）对购买意向确定的参与者，当场颁给奖品，并请其在有意向的车前拍摄以樱花为背景的照片。

4.4月1日、2日，上下午各一场，节目安排相同。

（1）人们喜闻乐见的歌舞和魔术表演；

（2）对现场展示房车有购买意向的活动参与者，安排房车供应商与其对接，办理有关手续；

（3）对购买意向确定的参与者，当场颁给奖品，并请其在有意向的车前拍摄以樱花为背景的照片。

（4）由贵州三头驴房车旅游发展公司及俱乐部负责人报告2017年各项旅游活动的计划；

（5）会员们在"贵州三头驴房车俱乐部2017年旅游计划实施征询表"上填写自己参加活动的意向。

（6）活动结束，由贵州三头驴房车旅游发展公司及俱乐部对参与此次活动的会员积极分子颁奖。

（7）在线上、线下媒体发布新闻。

五、活动预期

1.获得贵安新区管委会的批准是做好活动的保证。

2.争取获得房车供应商的赞助是做好活动的基础。

3.调动会员积极性，志愿者的积极参与是做好活动的条件。

4.通过支持单位、主办单位、承办单位的共同努力，能增加贵安新区樱花的观赏游客人数，估算可达到150万人次以上或在去年的基础上增加30%的游客；提高贵州三头驴房车俱乐部的知名度和美誉度，提高房车供应商对其的信任度；实现销售房车20辆左右（较为保守的估计）。

|9.3| 案例三：创新、创业扶贫策划

贵阳市南明区"双创大扶贫"项目最美贵商创业大赛策划方案

执笔：王多明　胡蓉

一、指导思想

（一）项目主题

遵循中央"大众创业、万众创新"精神，实现贵阳市南明区"双创大扶贫"，鼓励创业团队的创新实践，调动各方面的创业、创新积极性，以创新营销方式，实现修文县灾后猕猴桃销售，在精准扶贫中做出新贡献。

（二）项目意义

贵州贵商盟众创空间植根于贵阳市南明区，得到区委、区政府及各职能部门的支持和帮助，本应为区内"双创大扶贫"做出贡献。

众创空间接到修文县相关部门的邀请，帮助解决因灾情使当年的猕猴桃产量、质量受到影响，县里乡村果农扶贫成果反弹的问题。

本项目的意义是通过贵州贵商盟众创空间充分利用大数据技术，在南明区70多个社区，组建创业团队、培训团队，指导营销、激励先进，落实到销售修文县150万千克猕猴桃的具体实践。

此次组建的创业团队，受到项目组的奖励和支持，是今后发展的基础，团队创新营销的经验体会，是其今后发展的本钱。

二、组织领导

项目组委会：主　任　南明区领导

　　　　　　副主任　修文县领导

　　　　　　　　　　南明区科技局领导

　　　　　　　　　　贵商盟众创空间负责人

项目办公室：主　任　南明区科技局领导

　　　　　　副主任　修文县委宣传部领导

　　　　　　　　　　贵商盟众创空间负责人

三、项目创意点

1.具体贯彻中央"双创"的实效活动。实施南明区"双创大扶贫"项目和开展最美贵商创业大赛，是落实国务院2015年政府工作报告提出的"大众创业、万众创新"的具体行动，是贵商盟众创空间的服务方向，是科技扶贫、大数据济困的具体体现。

2.大数据、云覆盖下的实体营销。贵州省是国家大数据的率先实验省份，贵阳市要在全省领先运用大数据，解决社区团队创业、创新的问题，为实现精准扶贫做贡献。

3.市场细分指引下的"双创"。任何营销都应建立在市场调查的基础之上。通

过贵商盟众创空间掌握的数据，以及受众–顾客–消费者的分析，初步拟订以网络营销、物流快递、微信支付为主，社区实体水果商店跟进为辅的方式，对市民受众–顾客–消费者进行全覆盖，实现"双创"效益最大化。

4.党政领导、市场运作、社会参与、鼓励业绩。

项目实施的全过程，离不开党政领导的掌舵、领航，支持、帮助，督促、检查，鼓励和解难。项目的受益者首先是"双创"团队、修文受灾区精准扶贫农户。

项目实施遵循市场规律，诚信经营，使省内外受众–顾客–消费者们获得优质优价的商品，为今后的"双创"营销打下良好基础。

项目进入的不仅是南明区的社区，不仅是贵阳市及贵州省，互联网的另一端所触及的全国的受众–顾客–消费者，都是项目服务的对象。

项目组设置了高额的对"双创"业绩的奖励金，一定能调动有志者创业的积极性，促使创业团队采用O2O、微信、公众号等新方式传播和营销。

5.实现共创、共赢。

从项目设计、策划，到项目实施、项目收益，都扎扎实实地建立在共创共赢的基础上。参与项目的区、县，社区、学校、商店、网上进驻贵商盟平台的企业、参与招商的企业，都能在这个过程中各得其所。

四、实施程序

（一）市场调研

贵商盟众创空间接到修文县相关部门的邀请，即组织专业人员进行网络营销猕猴桃项目的市场调研，通过市场细分，明确以网络营销为主，以实体营销为辅，使信息传播的面更广，更加大众化，对接收信息的受众–顾客–消费者更有说服力。目标市场从广和深两个维度同时伸展。

（二）拟制方案

经过多次集脑会商，项目策划团队拟制了几个方案，在比较之后，优势互补，提交了这份方案。

（三）审核策划

交给南明区领导的这份方案，希望得到领导的批评、指导，使之方向更加明确，措施更利于操作，效果更好。

（四）组织团队

项目方案提出了组委会和组委会办公室班子的组成。关键是领导指引方向，贵商盟众创空间协调各种关系，调动各方面积极性，具体组织实施。

（五）项目启动

项目分为四个阶段：

1.调研、策划、报批阶段。

2.招商、筹备、培训阶段。

3.举办新闻发布会，各方取得一致，启动项目，媒体跟进，不间断报道，实施网络营销和实体营销。

4.总结经验体会，进一步提高团队"双创"能力。

在实施网络营销和实体营销阶段，贵商盟众创空间将组织几百个"双创"团队、数千人参与培训，30多台（人）专业计算机进行网络营销的信息发布、数据收集和传播沟通，随时可以调取数据，查看受众-顾客-消费者情况和产品在途及销售情况，了解消费者的真实反映和意见建议。

贵商盟众创空间将对猕猴桃商品设计新的包装，传达修文猕猴桃独特的闪光点、食用修文猕猴桃对消费者健康的益处、购买灾后修文猕猴桃对扶贫济困的意义，使购买者不仅享用绿色健康食品，还使心灵、情操获得升华。

在一片"献爱心、多购买"气氛中，扩大修文猕猴桃的品牌效应。

在南明区开展"双创大扶贫"项目的社区和学校中组建"双创"团队。

鼓励支持"双创"团队进社区，说服贵阳市几千家水果店店主接受、宣传、推销修文猕猴桃，在"满城尽是猕猴桃"的氛围中，使不上网的中老年受众-顾客-消费者就近能买到修文猕猴桃。

（六）督促落实

开展"双创大扶贫"，举办"最美贵商创业大赛"，在南明区、修文县的领导下，全程接受有关部门的监督和检查，所有活动公平、公正、公开地进行。

（七）阶段评估

"双创大扶贫"和"最美贵商创业大赛"启动后，活动进行两个多月。贵商盟众创空间提出每3周主动向南明区、修文县汇报一次，接受领导新指示，及时调整，稳步推进，实现销售目标。

（八）总结提高

贵商盟众创空间将全过程掌控大数据，不断吸纳"双创"团队的经验体会，及时传播推广，将全额奖金分批次发放，使"双创"团队及时受奖，让一般团队看到希望，获得鼓舞。

（九）成果推广

在总体任务完成85％的时候，预先在项目内部网络（微信、公众号）中公示，要求获奖团队总结成功经验，给予其相应分值，大家在网上交流，在网上点赞评分。最后整理各获奖团队的资料，成为向南明区、修文县汇报的项目活动总结。

（十）项目预算

总支出：_____万元。

发给"双创"团队奖金：_____元。

策划、市调队伍人员酬劳：_____元。

网络营销、市场营销人员酬劳：_____元。

新闻发布会现场布置费用及主持人、服务人员酬劳（不含公益安保——贵阳蓝天救援队费用）：_____元。

购买媒体时间、空间费用：_____元。

项目办公费：_____元。

印刷宣传品、猕猴桃包装设计印刷费：_____元。

不可预计费用：_____元。

项目税费：_____元。

总收入：_____万元。

政府拨款：_____元。

招商企业投入：_____元。

项目活动指定用品商投入：_____元。

接受社会捐赠：_____元。

五、共筹共创

（一）党政领导、贵商盟众创空间、新闻媒介、数据传播汇集

南明区"双创大扶贫"和"最美贵商创业大赛"项目，本身就是公益性质的活动，需要社会各方面的领导、支持和理解。

贵商盟众创空间的加盟企业，是实际的参与者和受益者，要以主人翁态度发挥自己的优势，在人才提供、资源共享、技术支持方面组成科技平台，共创贵阳大数据、云计算的平台，以南明区"双创大扶贫"团队的实际操作实现精准扶贫，在网络营销中总结经验，为贵州的其他特产"闯"出一条路子。

新闻媒介的进入，一是对项目宣传推广产生正能量的传播，二是起到社会督促检查的作用。

在贵州的媒体中，与贵商盟有战略合作伙伴关系的是贵州网易、黔讯网等官方网站，明确表态支持贵商盟公益活动的有省市电视台、省市报媒，还有几所大学的内部网站。

（二）乡村果农–受众–顾客–消费者，创业营销团队–快递派送–信息回访几个方面，几个环节

我们开展的这个项目，连接乡村果农和消费者两头，使传播的信息对称、通畅，果农用手机拍下猕猴桃的长势，通过网络营销团队实事求是地组织推广，增加对消费者的可信度，奖励用自媒体介入宣传营销的成功者。

我们进行的是开放、透明、诚信的网络营销和实体店的面对面营销。

六、阶段成果

项目效益分析：

传播学理论的"注射论""枪弹论"告诉我们，凡是传播，都会产生效果。

我们从事的南明区"双创大扶贫"活动的直接效益：

一是组织了若干支"双创"团队，经过培训和实际操作，若干支有战斗力的"双创"团队一定能脱颖而出，为今后的"双创"提供经验。

二是实际销售受灾后的150万千克修文猕猴桃，不让受灾果农返回贫困，造福受灾果农。

三是在全国范围内宣传贵阳市南明区的公益形象，宣传推广修文猕猴桃的品牌形象。

四是用具体的项目运作，打破区、县地域，两地联动，多方联动，优势互补，促使多方受益。

七、社会影响

（一）巩固"双创"成果

贵阳市南明区、修文县，过去开展了多项"双创"活动，取得了不少成绩和经验。这次的贵阳市南明区"双创大扶贫"项目与最美贵商创业大赛同步举行，这种优势互补、强强联动，以优质平台创优秀品牌的活动，能以"先例"进入"大众创业、万众创新"的成功案例。

（二）扩大"双创"团队

通过本项目的施行，无疑可以在南明区组建若干具有创意的创新、创业新团队。通过贵商盟众创空间的培训、孵化、操作、总结提高，形成新的创业模式和产生新的创业经验，经大众传播媒体和手机移动互联网自媒体的传播，在全省产生正面的影响力。

（三）体验大数据网络营销作用

贵州是大数据的重点试验省，怎样让普通市民、水果店经营者也进入"大数据+"中，这次的项目运作，是最有说服力的体验，对宣传、落实"大数据+"产生积极的正能量。

附件：（略）

1. 贵州贵商盟众创空间简介
2. 修文县邀请函
3. 策划团队简介

下面这份策划案是众创空间策划人，基于上面的策划书多次与南明区、修文县有关单位沟通协商后写出的。

最美贵商创业大赛策划书

贵州贵商盟众创空间

2017 年 8 月 27 日

一、指导思想

党的十八大以来，以习近平同志为核心的党中央把贫困人口脱贫作为全面建成小康社会的底线任务和标志性指标，在全国范围全面打响了脱贫攻坚战。

2017 年 8 月 6 日至 7 日，贵州省委、省政府召开了全省深度贫困地区脱贫攻坚工作推进大会，深入贯彻习近平总书记在深度贫困地区脱贫攻坚座谈会上的重要讲话精神，对我省深度贫困地区脱贫攻坚工作做出全面部署，吹响了攻克深度贫困堡垒的"冲锋号"，向深度贫困地区的脱贫攻坚发出"总攻动员令"。会上，省委常委、贵阳市委书记李再勇要求贵阳市"在决战决胜脱贫攻坚战中做出贵阳贡献，不辜负省委重托，不辜负人民期望"。

如何撸起袖子加油干，突破经济发展瓶颈，嫁接新型力量是南明区委、区政府帮助深度贫困地区——修文县六广镇龙窝村——脱贫致富的关键所在。为此，南明区委、区政府在思考，在行动！修文县委、县政府也在思考，在行动！南明区科技局在区委、区政府的领导下开动脑筋、甩开膀子、勇于担当，正一步步将区委、区政府的指示落到实处。"大众创业、万众创新"是党中央、国务院助推经济发展、解放生产力的动力，是贵州省发展经济的希望，是贵阳市后发赶超的超车弯道，也是南明区和修文县深度推进贫困乡村脱贫致富的法宝，是南明区科技局落实区委、区政府指示的抓手。

根据南明区科技局的安排，贵阳云尚贵商网络服务有限公司依循电商+众创空间助推产业扶贫、精准扶贫思想，在区委、区政府的领导下，通过众创空间吸纳"大众创业、万众创新"，培养贫困户成为微商、电商专业技术人才，落实精准脱贫，让"电商+众创空间"成为"大众创业、万众创新"的孵化器、"吸铁石"，吸附更多的新型商业模式专业技术人才、创业者在我们贵州，在我们贵阳，在我们南明区，在我们修文县发展我们的经济，落实省、市、县、乡镇的产业精准扶贫，并以此推进我们的优质产业 "井喷"式走向全国，甚至更远。

二、策划思路

产业盛则城市富，城市富则百姓安。产业是一个城市的基础，是彰显着城市百姓安居的重要力量。南明区是贵州省委驻地，是贵州省政治、经济、文化、科技和教育中心之一，是贵州省首批建设的经济十强县（区）之一，如何在"大众创业、万众创新"的形势下，加大产业带动经济社会发展的力量，助推产业扶贫、精准扶贫是区委、区政府的重要工作。

我们以南明区推动"创新创业·智汇南明"为契机，拟举办最美贵商创业大赛，通过新型商业模式（微商+传统电商+新媒体平台+其他），通过最美创客"小"比赛带动最美贵商创业"大"比赛，以"大"比赛的特殊销售形式及呈现方式助推修文旅游宣传推广，使之产生联动效应，推进"大众创业、万众创新"达到精准脱贫目的。

三、达成目标

1.精选、组织若干户业绩突出的微商成立微商团队，在南明区科技局指导下健康发展和做大做强；

2.实现修文县六广镇龙窝村猕猴桃销售50万千克；

3.区、县联动，优势互补，达到深度贫困地区贫困户精准脱贫。

四、活动概况

1.项目名称：最美贵商创业大赛。

2.时间安排：2017年9月—11月。

3.地点：贵阳市/修文县。

4.组织机构：

主办单位：贵阳市南明区科技局。

承办方：贵州贵商盟众创空间。

支持团体：贵州省公共营养师协会、贵州省服装流通业商会、贵阳市企业发展服务机构协会。

支持单位：待定。

支持媒体：待定。

执行单位：贵阳华天瑞科技传媒有限公司。

5.活动主题：待定。

6.活动构成（见表9-1）：

表9-1 活动构成

板块	时间	活动名称
"小"比赛	2017年9月初	新闻发布会
	2017年9月初	1.2017最美创客选拔启动 2.贵商盟众创空间主题歌及活动用歌 "畅想贵商"海选启动
"大"比赛	2017年9月上旬—9月中旬	最美贵商创业大赛选手招募
	2017年9月中旬	最美贵商创业大赛启动仪式 及修文猕猴桃开始预售
	2017年10月	最美贵商创业大赛
	2017年9月中旬—11月30日	赛期
	2017年12月	最美贵商创业大赛颁奖仪式暨"畅想贵商"贵商盟主题歌评选大赛

五、主体活动

（一）最美贵商创业大赛新闻发布会

1.时间：2017年9月（具体日期待定）。

2.地点：贵阳市××会议中心。

（二）2017校园最美创客大赛启动

1.时间：2017年9月（具体日期待定）。

2.地点：贵阳市。

3.形式：先期在各大高校评选出一至两名形象大使，在最美贵商创业大赛颁奖典礼上争夺总冠军。

（三）最美贵商创业大赛

最美贵商创业大赛以创客为核心，以互联网为载体，以线下推广为延伸，旨在解决修文县猕猴桃销售及修文乡村旅游推广问题，采用"网商+互联网+地面推广"的方式，结合线上销售、线下辅助的手段，将创意变为现实，将盈利变为目标。

最美贵商创业大赛共分为3个阶段，分别是前期筹备、中期比赛、后期展示。

1.前期筹备。

（1）选手招募。

时间：2017年9月上旬—9月中旬。

（2）选手筛选。

时间：2017年9月中旬。

（3）选手培训。

时间：2017年9月下旬。

2.中期比赛。

（1）最美贵商创业大赛启动仪式。

最美贵商创业大赛启动仪式是打响最美贵商创业大赛的第一枪，因此启动仪式将设在南明区××交流中心。这一方面，体现南明区对于此次活动的支持度；另一方面，从传播效果和影响力出发，尊重媒体"内容为王"的属性，为大赛制造热点、亮点和卖点，提升本次比赛的影响力。

时间：2017年10月。

地点：南明区××交流中心。

活动创意：

启动仪式的启动台运用有新意的启动模式开启了最美贵商创业大赛系列活动的序幕。（执行公司提出实施方案后进行审定）

（2）赛期。

比赛时间：2017年9月中旬—11月30日。

比赛奖项、奖励及名额见表9-2。

表9-2　　　　　　　　　　　比赛奖项、奖励及名额

	奖项级别	奖励内容	奖励名额
双创团体奖	一等奖	15万元创业礼包（包含10万元现金）	1名
	二等奖	10万元创业礼包（包含5万元现金）	2名
	三等奖	5万元创业礼包（包含3万元现金）	5名
	优秀奖	在大赛期间以团队为单位帮助龙窝村销售1万盒以上猕猴桃，奖励团队1万元创业资金（现金发放）	不限
	参与奖	在大赛期间以团队为单位帮助龙窝村销售3 000盒以上猕猴桃，奖励团队2 000元创业资金（现金发放）	不限
个人奖励	一等奖	5万元现金奖励	1名
	二等奖	3万元现金奖励	2名
	三等奖	1万元现金奖励	5名
	优秀奖	在大赛期间以个人为单位帮助龙窝村销售2 000盒以上猕猴桃，奖励个人2 000元现金	不限
	参与奖	在大赛期间以个人为单位帮助龙窝村销售1 000盒以上猕猴桃，奖励个人700元现金	不限

附：各分赛事由执行单位独立提出执行方案，交组委会审定后施行。

同一项目，前后两份策划案，各有所长，提供给学习者，从善如流。

|9.4| 案例四：建设美好家园策划

绿荫人人爱，需求撑起来，烈日避荫开，枝茂棋盘摆，轻风入心怀，我爱随我采。

新添花卉大世界园林庭院景观设计及私家花园花卉林木绿荫营销
（实施三点一线法）

为什么新添花卉大世界的营销策划，要从园林庭院景观设计及私家花园花卉林木绿荫营销开始？

因为：

第一，策划人认为该项目有引领作用。

第二，市场需求巨大，可以连续做下去，几十年不衰。

第三，竞争对手屈指可数，便于知己知彼。

第四，能迅速找到新添花卉大世界的营销切入点。

第五，快速攀高峰，占领制高点，形成新品牌。

绿荫营销的基础条件：

第一，根深叶茂。

第二，机制优越。

第三，循序渐进。

第四，一以贯之。

一、企业如一棵大树，用绿荫造福人们和社会（企业目标——射击的靶）

这种企业的宗旨是为人们和社会服务，自然能获得应有的回报。

"新添花卉大世界庭院景观设计施工项目部"，是花卉大世界一个新设置的部门或机构，在新添花卉大世界总部的领导和指导下，整合资源，设立庭院景观设计施工项目部，创建新品牌，打开新路子，带动花卉大世界整体发展。

二、人们需要绿荫，要满足自己对"绿"的需求（枪管上的缺口）

党的十九大报告提出，中国特色社会主义进入新时代，我国社会主要矛盾已经转化为人民日益增长的美好生活需要和不平衡不充分的发展之间的矛盾。

在"衣、食"需求解决后，人们对"住"的需求进而对"绿"的要求无论是"头上"，还是"脚下"都有新的追求。绿化——庭院景观的设计、施工、维护、升级、改造——就成为人们追求美好生活、改善与提高居住质量的标配。

现代人崇尚返璞归真，对"绿"的要求已成为家资、人品、社会地位的标尺。

1.由于对生态的要求十分迫切，贵阳市新建上百个带别墅的楼盘，每年有几千栋别墅要设置庭院景观，因而市场需求巨大。

2.新建的小区除了房舍、道路外，对庭院景观、公共空间的设计需求也很大。

3.宾馆、酒店、饭店、工厂也在追求景观设计。

4.广场、街道、乡村、学校景观设计的需求量也是很大的。

这样大的市场需求，并不是"一次过"的服务，林木花卉需要保养、更换，景观需要改造，有很多后续工作要做。

新添花卉大世界现在有10家庭院景观园林花卉设计经营单位，再扩大10倍都供不应求，也可以走内涵扩大再发展的路子，吸引别处的单位加盟、贴牌。

三、对市场的需求进行切实的调查，基于理性数据明确市场在哪

第一，搜集过去的经验、现在的数据（文献调查、实勘调查、相关行业调查、未来发展趋势预测）。

第二，分析市场需求（演算、推测、在某小区示范吸引需求者的关注——每一位设计、施工人员都应成为营销人员）。

第三，派出专门营销人员到有30栋以上别墅的小区做推广（策划、公共关系、人员推广、服务介绍，四个轮子一齐转）

四、我们能做什么，我们的卖点在哪里（枪管上的准星）

1.我们专业、敬业。

专业：要超越贵阳市其他花卉市场和专业的园林庭院景观设计施工单位。

敬业：把客户的园林庭院景观设计施工，当成自己家的事来认真做。

2.我们抱团、互助。

抱团：新添花卉大世界庭院景观设计施工项目部，预先与上游供应者建立战略联盟关系，以他们能提供的材料（基本建设中的木、金、石、土、瓦，水，各种林木、花卉、鸟、虫、鱼、家禽，机电、照明设备）为前提，立足客户的需求爱好、兴趣，设身处地制订多套方案（菜谱式），事先拟制如享受型、仿古型、简约型、时尚型、模仿型等若干种设计方案，供用户选择或因地制宜地建议，满足市场不同用户的需求。

互助：营销接单、设计、材料采购、施工、监理（建立监理机制）相互配合，形成单独的项目小组，既将责任落实到人，又相互支持，共同从总体上保护客户的利益，做好项目的工作，维护、扩大新添花卉大世界的知名度和美誉度。

3.做得很好的项目小组，总结自己的经验和体会，召开现场交流会，在现场请客户参加，将视频记录下来，经剪辑后制成光碟，在更大的范围内为新添花卉大世界传扬美名。

4.线上网络营销与线下四种营销方式互动；多种媒体整合与花卉大世界现场展示互动；花卉大世界庭院景观设计施工经营户与每个花卉、水产、垂钓、茶饮、奇石、古玩、字画经营者互动。

设置新添花卉大世界庭院景观设计施工项目部的前前后后

前前：

第一，与已经加入新添花卉大世界、现在经营园林庭院景观设计施工的经营

者，讨论他们各自的发展思路。畅所欲言，集思广益，总结、提炼正能量因子。

第二，向他们介绍绿荫营销的思路、做法和将来的预期，统一思想和步调。

第三，在原来的经营户中选举能掌控"绿荫营销"的老板，或重新委派能协调各种关系的人员，成立"新添花卉大世界庭院景观设计施工项目部"。

第四，明确新添花卉大世界直接领导庭院景观设计施工项目部的业务开展，先做到组织落实，再将任务落实，不急于求成，不跨步迈进，稳中求胜。

第五，与建筑类中专、本专科学校相应专业联系，吸纳专业教师和学生，提供学生实习、就业、创业平台，提供培养双师型教师的教企合作基地。

后后：

第一，对市场的调查，对竞争对手的调查，对上游原材料产地、价格等的调查，一定要建立档案（电子和纸质）。

第二，对预先设计的几十种"庭院景观设计菜谱"要印制出若干本，可供不同客户选择。

第三，将已经完成施工的案例，做成电子和纸质档案，可供新客户参考和效仿。

第四，每个季度整理一次已完成的案例。其内容包含设计施工合同（以"新添花卉大世界庭院景观设计施工项目部"统一对外称谓，如同房屋装饰装修那样细致周到地与客户签订合同），设计施工前的照片、视频、施工图、效果图，施工过程片断，客户验收视频。客户签字验收时，录下客户满意的面容。

第五，充分发挥互联网＋庭院景观设计与施工的作用。新添花卉大世界庭院景观设计施工项目部设立总工程师制，由总工程师负责所有的业务质量与施工进度。在征得客户同意后，对正在施工的室外庭院景观安置临时摄像头，庭院景观设计施工项目部总部、总工程师能随时调出各施工点现场的图像，及时发现问题，及时与客户沟通，及时指导解决。

在新添花卉大世界的官网上不断地报道庭院景观设计施工项目部的工作成绩。

"三分策划，七分执行"，策划的施行更为重要。

本策划，能施行，就不要停在空中；要施行，就按步骤，不要颠倒顺序；每一步，有人做，不要忘却建档；由此项，到彼项，让花卉大世界百花齐放、各业兴旺！

策划人另有敲锣营销法、迂回营销法、直面营销法、寄托营销法、创造需求法、贴心营销法可以在"新添花卉大世界"一试身手，待"绿荫营销"已获成效后，再逐项推进。

|9.5| 案例五：大学生创业策划

这份策划案获得贵州省教育厅2016年大学生"三创大赛"（创新、创意、创业）一等奖和最佳创意奖。

芷兰苑痛经香囊——痛经宝——销售创业方案

贵阳护理职业学院　芷兰苑项目"三创团队"

"芷兰苑"名称来源：借范仲淹《岳阳楼记》中"岸芷汀兰，郁郁青青"。

芷为白芷、兰为佩兰，都是常用的芳香祛疫中药。

产品名称：芷兰苑痛经香囊——痛经宝（缓解原发性痛经香草药包）。

芷兰苑的创意点：不用吃进肚，痛经好得快。

芷兰苑销售的创新：整合传播营销，线上线下，双管齐下。

芷兰苑的销售团队现在正在创业，这种在贵阳护理职业学院（以下简称护理学院）诞生的、呵护女性健康的中草药包，已经通过线上线下在进入市场的一个月里销售了近万元。

一、产品介绍

芷兰苑痛经香囊——痛经宝，是采用纯中药制成粉状装入香囊中，在痛经时外用的制品，配方科学，选材讲究，不添加化学辅料，不使用劣质、廉价药材。其配伍主药来自贵州苗岭山区，辅药购于同仁堂。

芷兰苑痛经香囊是贵阳护理学院药学系中药教研室教师和科研人员，为帮助女学生祛除痛经而研制的保健品，经过多方查证、考证、论证，效果好，无毒副作用，多年来受到使用者的好评。由于是自制和自用产品，香囊没有真正进入市场。

1.功效：温经化瘀，理气止痛。

2.成分（这是团队研发项目，只介绍配伍中几种普通药材，其他药材不便列出）：

玫瑰花：性质温和、清香优雅，可缓和情绪、平衡内分泌、补血气、美容养颜、调气血、调理女性生理不适，能缓解抑郁、解除腰酸背痛。

干姜：温中散寒、止呕吐、回阳通脉，主治腹冷痛、亡阳厥逆。

3.用法：三种使用方法：其一，经期腹痛时，嗅闻止痛；其二，置于小腹处外焐热水袋；其三，开水泡药包，用热水泡脚。

4.适用人群：原发性痛经患者。不适合有气质性病变（需要介入其他治疗）及继发性痛经（妇科炎症导致的痛经）患者。

5.保质期：密封两个月内有效。

6.禁忌人群：哮喘者及呼吸道易过敏者。

7.注意事项：药品接触皮肤后可能出现红疹、瘙痒。取下痛经宝香囊挂于室内通风处，在患处擦皮炎平或氟轻松软膏，即可消除过敏症状。

二、项目背景

1.中药是中华民族五千年传统文化的瑰宝，是千百年医疗实践的结晶，也是世界优秀文化的精华。我国现代中药产业经过几十年的发展，已经具有一定的规模和研发能力，在中药材、中药制品等方面取得了举世瞩目的成绩。随着人们生活水平的不断提高以及新的健康理念的形成，国内市场对中药的需求量迅速增长。

2.如今的网络信息时代，越来越多的人选择了网上购物，电子商务进入人们的生活，女性痛经患者在网上购买"芷兰苑痛经宝"既方便，又不会担心隐私外泄。

3.香囊源于中医衣冠疗法，佩戴香囊在我国具有悠久的历史，既是一种民俗，又是一种避瘟除秽、驱蚊、防虫、防病的方法。随着时代发展，佩戴香囊作为中医治病的一种特殊疗法，越来越广泛地运用于预防保健领域。随着现代医学、药学及生物学的发展，香囊的功效一次次得到证明。

4.护理学院学生绝大部分为女性，痛经现象时有发生。中药教研室教师和科研人员为解除女同学的痛苦，研制出了痛经香囊，经过几年的使用，并对效果进行考证和论证后，提供给学生，通过创新、创意、创业，使"痛经宝"进入市场，为更多的痛经者祛除痛苦。

5.痛经香囊从研制到试用，再到投入市场、组织团队销售，实质是学院科研成果的市场化，能造福社会。

这样的科研成果，在护理学院还有一些，痛经香囊在市场推广方面具有开路先锋的示范作用。

三、芷兰苑"三创"项目团队

团队口号：活用知识，造福社会（比较宏观）

售出香囊，祛除痛经（特别具体）（两者合用）

团队成员：共5人，3名女同学，2名男同学，皆为药学专业大一学生。

指导教师：税太权，王多明。

这是一支富有活力的创业团队：团队成员都来自农村，有积极创业的愿望，平时学习能力较强，团队意识较好。

两位指导教师来自以营销见长的商学院贸经系策划专业，曾成功地在多所院校带领在校生、毕业生进行有效的创业活动。

四、市场分析

（一）市场巨大需求催生新品问世

治疗女性痛经的药品，市场需求巨大。据统计，我国育龄妇女约占总人口的1/4，约34 185万人；按痛经最低发病率33.19%计算，痛经患者约为11 346万人。据相关资料报告，某跨国调研机构对我国沿海大中城市进行的调研结果显示，痛经缓解药品市场份额较大。

治疗痛经，中药、西药、保健品三分天下。西药多为止痛类，副作用大且不能彻底治愈。中药具有药性温和、副作用小、标本兼治的特点，市场份额处于领先地位。用中药制成的保健品，与中药同效。

在止痛药领域，月月舒痛经宝颗粒、同仁堂妇女痛经丸、同仁堂妇康宁片、田七痛经胶囊等产品是目前市场上广泛使用的妇科经期止痛产品，面对巨大的市场空间以及品牌众多、高度同质化的产品，消费者的选择面很大，许多人"病急乱投医"。也有人认准有效的，多次反复购买，还有人是经别人推荐后购买，缺乏忠诚度。面对消费者对产品功能关注度不高的现状，新的痛经产品机会在哪里？

芷兰苑痛经香囊——痛经宝，与传统止痛产品相比，最大的亮点是不用内服，采用一闻、二敷、三泡脚的疗法，没有任何副作用以及依赖性；其次是尊重患者，患者不会产生隐私外泄的烦恼。

（二）在实际应用中为消费者解除痛苦

我们了解过身边很多女性，她们大多反映来例假会有冷痛、绞痛、乳房胀痛、四肢冰冷、冒冷汗、胸闷烦躁、脸色苍白等症状，严重影响生活质量、工作效率、夫妻生活。为了及时止痛，她们大多会选择服用快而便捷的止痛药，殊不知这些止痛药对身体有危害，如果选择芷兰苑痛经香囊，效果截然不同，不仅能缓解痛苦，而且不会产生副作用，没有心理负担。

（三）"酒好也怕巷子深"，线上线下搞营销

1.线上销售。借助移动互联网、计算机网络，通过微信朋友圈、微博、公众号、二维码等宣传芷兰苑痛经香囊的疗效。这些方式可以减去中间环节，节约成本；为购买者保守隐私，减少她们跑药店购买的时间；可以同时向更大范围内的患者送去她们向往的芷兰苑痛经香囊。北京的痛经者正是通过网络购买到芷兰苑痛经香囊的。

2.线下销售。以本专科大学女同学为目标受众-顾客-消费者，依靠人际传播、群体传播、组织传播方式扩大销售：

（1）请使用者在尊重自我、尊重别人的场合宣传芷兰苑痛经香囊的疗效。

（2）请已经从护理学院毕业的，在药品销售、医护岗位上的校友，宣传芷兰苑痛经香囊的疗效。

（3）近期在清镇职教城各大学设销售点，下一步进入花溪大学城，再下一步，推广到贵州各地州大学和邻近省市区的大学。以后扩大到更大的市场，使更多痛经者受益。

（四）产品包装具有贵州苗族蜡染特色

芷兰苑痛经香囊的女性化包装，具有观赏和收藏价值；闺密间互作馈赠，传递友情；先生购买，妻子使用，巩固感情；母亲购买，女儿、儿媳使用，增进亲情。

五、营销策略

芷兰苑痛经香囊项目"三创团队"的创业之路。

（一）线上销售已经初有成效

芷兰苑项目团队，在护理学院教师和科研人员的指导下，已经开辟出一条这样的路子：研制—试用—改进研制—再试用—进入小众群体消费市场—线下学院师生中推广—线上网络销售—总结营销经验—策划更大的市场推广。

1.产品策略：芷兰苑痛经香囊以香囊的形式呈现在市场上，采用新材料，推广新技术，不断推出新款式。

2.产品卖点：①因为是护理学院研发的产品，效果好，安全性高，80后、90后、00后女性都乐于使用。②成分为地道纯中药，采用传统制作工艺，方便携带、使用，保护隐私，女孩子愿意购买。

3.包装策略：外用小纸箱包装，便于快递公司贴标签；香囊的材料采用蜡染

布，给人简约、时尚、大方的感觉。为了使产品在运输过程中不漏粉、不漏气，在香囊袋外再套一个封口小塑料袋。

4.市场细分，找准目标市场。

治疗女性痛经，市场需求巨大。我国经期女性约 35 185 万人，痛经患者约为11 728 万人。

治疗痛经，中药、西药、保健品三分天下。芷兰苑痛经香囊属保健品，市场份额人数为 3 909 万人。

市场细分：目标市场为 15～45 岁，有爱美、前卫时尚意识的女性。

（二）团队网络高手专注网络营销

护理学院芷兰苑"三创团队"的五名成员，分工明确，各负其责，因而也能产生效益。

很多学生从初高中读书阶段起，就用手机选择商品，网上购物较为普遍，许多人从消费者逐渐演变为网络经营者。

在芷兰苑团队中，指导老师给予了很大的支持与帮助，包括技术与创业资金等。

团队中的每个人都是网络营销员，但在分工中，每人的工作也有侧重。收集来的消费者信息，汇总给一人，大家按照当时学校的学习课程安排各自手上的工作；网络专员进行计算机填单、包装、交由物流发货、收集消费者反馈意见。

（三）营销推广

1.总策略：任何产品要向市场推广，大体有四个方面的工作：一是策划促销；二是公共关系推广；三是营业销售；四是人员推销。

芷兰苑团队根据自身条件，有所侧重地开展营销活动，虽然已有销售收入近万元，但距离芷兰苑团队创业目标还比较远。

2.营销推广构想和方法。

（1）借助学校各种内容和形式的大小比赛，经学院有关部门批准，借一处展销芷兰苑产品。

充分利用各种通信方式，向大众发布各种相关信息、策划、专题片。

从文化内涵、药用价值等方面进行高层次的权威宣传。

广泛宣传，扩大影响。请教师在生理卫生课上介绍中药疗效。

（2）体验营销：找到适合的女同学、女教师，让她们试用，有效后再付钱。

（3）饥饿营销：产品销售过程中，由于我们是学生，要以求学为主，所以经常出现断档或限量发售，造成供不应求的现象。

（4）价格策略：由于芷兰苑痛经香囊具有特殊的文化背景，而民俗文化产品的价格相对稳定，这类创新产品兼具民俗文化产品的特色，能让人们感到质量上乘，可以放心使用。

由于香囊大小、包装材料、适合年龄段的不同，其价位也会不同，因此采用一品牌多价格的策略，针对目标消费者不同，将价格大体分为：低档，3～5 元；中档，6～10元；高档，11～15元。

（5）更新换代策略：任何一种产品早晚都有被淘汰的可能，因此要适时对芷兰苑痛经香囊更新换代，不论是包装还是配方，做到新产品在老产品将退出舞台之前研制出来。根据消费者的需要合理选择时机，既可以满足于市场，又不至于被竞争者打败。

（6）合作开发策略：我们可以与志同道合的高校合作，通过优势组合，共同研发新产品，共同投入新力量进行研究，共同解决生产中的难题。

（7）延伸产品开发策略：学院已有多项科研成果有待进入市场，可以通过芷兰苑痛经香囊产品链接到其他关于女性的产品，如正在研制生产的女性美容产品，纯中药制作，顾客也有反馈，效果确实好；通过芷兰苑痛经香囊链接其他居家用的香包，如夏天针对孕妇、产妇驱蚊的、帮助睡眠的纯花香囊……为顾客–消费者提供多样性的科研制品。

（8）目标人群定位营销：芷兰苑痛经香囊现在处于初期阶段，定位的主要消费人群是80后、90后和00后，其中侧重点是高校教师、学生，让她们先使用，先体验，古往今来教师说话都比较有可信度、权威性，让教师做组织传播的宣传者，尤其是医学专业的学生或教师，通过使用产品说出真实感受，为销售和改进产品提供支持。

（9）线上线下双营销：芷兰苑痛经香囊不仅用传统的推式、拉式方法销售，在网上开淘宝店也是一个渠道，目前网店由店长和四个客服组成。网上接单，立马生产，不囤货，制作出产品，通过长期合作的快递公司发到目的地。这样的方式已将芷兰苑痛经香囊销售到贵阳甚至北京等各大城市。

六、风险分析

1.产品风险：芷兰苑痛经香囊还未获得药监部门的批准，仅是大学生创业中的一种尝试。

对策：完善健字号批文，申办注册商标，才能大胆、大量地向市场推广。

2.财务风险：由于不确定因素，在实施过程中存在财务风险。例如，在宣传过程中为了达到口碑效应，花了大量资金。

对策：完善财务制度，根据芷兰苑发展情况和资金市场成本变化，调整资本结构，加强对淘宝店业务收入、业务支出、日常现金的管理，在保持较高流动性的基础上为芷兰苑提供现金流。

3.管理风险：项目的实施有一定的周期，涉及的环节也比较多，芷兰苑内部管理人员变动、资金运营方面的不确定性，将给芷兰苑带来一定的风险。

对策：实行奖励制度，调动员工积极性；加强对管理人员组织结构、管理制度、管理方法等方面的内部培训。倡导组织创新、思想创新，以适应不断变化的外部环境。

4.技术风险：技术问题是根本性的问题，而人才优势是技术的关键。如果缺乏人才就会导致生产能力和整体竞争力低，最终导致芷兰苑产品生命周期短、性能不稳定，不能使顾客满意。

对策：提高员工技能水平，向广大顾客征求意见，对产品不断进行改进，增强竞争力；引进专业技术人员，组建团队。

七、问卷调查显示数据

前期已经对芷兰苑痛经香囊做了使用者的隐秘调查，现将基本数据和问卷的部分内容报告于下：

同学：您好！

我们是护理学院的女学生，大家都有同样的经历，请如实填写这份问卷。

首先非常感谢您在百忙中接受我们的调查。为了更好地了解女大学生的例假状况，采取有效的措施缓解痛经，普及有关经期保健知识，我们将对在校女大学生进行例假现状的调查。请您在相应的____上打"√"。

1.您的例假周期是：小于21天____ 22~38天____ 大于38天____

2.您的经血量如何：量多____ 一般____ 量少____

3.您经期的疼痛表现是：隐痛____ 胀痛____ 坠痛____ 绞痛____ 跳动痛____

4.您缓解痛经的方法：热敷____ 按摩____ 使用止痛剂____ 喝红糖水____ 转移注意力____ 其他_____

谢谢您的合作

经过针对近300名目标对象的问卷调查，以下几张表格可作为本项目推广的依据参考。

1.您的例假周期是

选项	小计	比例
小于21天	18	6.10%
22~38天	261	88.48%
大于38天	16	5.42%

2.您的经血量如何

选项	小计	比例
量多	39	13.22%
一般	233	78.98%
量少	23	7.80%

3.您经期的疼痛表现是

隐痛	161	54.58%
胀痛	100	33.90%
坠痛	85	28.81%
绞痛	114	38.64%
跳动痛	25	8.47%

本题有效填写人数为295

4.您缓解痛经的方法是

选项	小计	比例
热敷	203	68.81%
按摩	32	10.85%
使用止痛剂	59	20%
喝红糖水	182	61.69%
转移注意力	84	28.47%
其他	13	4.41%

本题有效填写人数为295

芷兰苑痛经香囊制作过程剪影（略）

芷兰苑痛经香囊产品及其包装展示（略）

|9.6| 案例六：公益活动策划

扩大传播，深入人心，华夏骨科树形象

广施博爱，惠及患者，医德美名创业绩

贵州华夏骨科医院中老年患者公益活动有奖征文大赛策划（提纲）

执笔人：王多明　袁董峰

一、缘起

2017年元月15日，贵州省写作学会的精英在贵州华夏骨科医院召开"新春茶话会团拜会"，这次由学会秘书长袁董峰先生牵线和安排，两家组织对接，策划人有幸在华夏骨科医院接受免费双膝关节和立位脊柱骨密度的体检，第一次与华夏骨科医院接触。在茶话会上，总经理对医院进行了简单介绍，后与董事长接触后，笔者产生了要为贵州华夏骨科医院做一份能显实效、提高知名度、增强美誉度、产生经济效益的策划的想法。

在与袁秘书长、华夏骨科医院林董事长、学会游会长进行简短的沟通后，经过认真的思索，现以提纲的方式向两家社会组织呈报策划内容。

二、主题

贵州华夏骨科医院关爱中老年患者有奖征文大赛公益活动（以下简称"活动"），以向社会做公益事业项目为动机，以中老年人骨科病患者为对象，以线上线下相结合的宣传、咨询、投稿、评稿、兑奖为活动主要方式，当然，活动最终的阶段性成果，是华夏骨科医院将获得的社会及经济效益。

三、组织

由贵州省写作学会与贵州华夏骨科医院派员联合组成活动办公室，建成直通两家组织最高决策者的热线，能在不失时机的前提下，获得决策者的准许，使策划项目能按计划进行。吸纳贵阳有责任心和操作实力的策划传媒公司为执行单位。办公室出方案,领导批准后,交由策划传媒公司去实施。

贵州省写作学会人员:袁董峰、王多明。

贵州华夏骨科医院人员:待定。

办公地点:设在贵州华夏骨科医院8楼。

例会制:每周三下午4点为活动办公室向贵州华夏骨科医院董事长报告工作、请予指导的时间。

每月第二周的周三下午开例会,办公室要向贵州华夏骨科医院董事长交出书面报告。

四、渠道

充分利用线上线下媒体,广泛宣传贵州华夏骨科医院的服务宗旨、医疗项目、公益事业、治愈案例、医师阵容、设备实力、骨病症状、就医程序,以"传播注射论"方式,持续传播30天。

(一)线上宣传

1.在贵州几家门户网站(网易、黔讯)采用多种形式做广告;

2.在贵州几家电信运营商(移动、联通、电信)的移动手机网络做短信、微信朋友图、公众号推广;

3.在电视机的开机显示屏强行介入广告。

(二)线下宣传

1.大众媒体。首先,选择电视媒体。在贵州电视台二、三频道购买晚饭时段(晚7—8点),播放有创意的自己制作的20秒策划,制作3个版本,每3日一轮,轮番播出,不让受众有疲劳感。其次,选择省级广播媒体,文案撰写30秒,应用说理、曲艺、诗歌形式,每天中午、晚上各播一次。再次,选择报纸媒体(《贵州都市报》《贵阳晚报》),在周一和周五共发布8次,前两次占1/4版,后6次占1/8版,总计占1.2个版面,周一与周五内容轮换刊出。

2.纸质媒体。印制20万张A4铜版纸彩色DM单。前10万张以介绍贵州华夏骨科医院服务宗旨、医疗项目、公益事业、治愈案例、医师阵容、设备实力、骨病症状、就医程序等内容为主;后10万张以介绍贵州华夏骨科医院关爱中老年患者有奖征文大赛公益活动内容为主。

发放地点:黔灵山公园及各地广场舞中老年人活动聚集地。

发放时间:一早一晚(上下午7—9时)中老年人云集的时间。

发放人员:贵阳学院文传学院大一、大二的学生,以效益兑奖励。

3.住宅小区电梯显示屏和电梯轿厢内镜框媒体。在贵阳市内选30个小区,遵义、都匀、凯里、安顺、毕节、铜仁、六盘水市各选10个小区的高层电梯显示屏和电梯轿厢内镜框媒体。

4.公交车候车亭策划媒体。在贵州9个市(州)选择20~50个公交车候车亭策划位做策划发布。前半月以发布贵州华夏骨科医院服务宗旨、医疗项目、公益事业、治愈案例、医师阵容、设备实力、骨病症状、就医程序等内容为主；后半月以介绍贵州华夏骨科医院关爱中老年患者有奖征文大赛公益活动内容为主。

五、对象

参赛对象分为三种参赛人群，分成三类评稿。

1.45 岁以上中老年人群，尤其是患有骨病者。前 10 名获奖者，治骨病费用全免，接下来 20 名治骨病费用减半，再接下来 50 名治骨病费用减 1 000 元。

2.以上人群的子女、孙辈，间接受累于骨病患者。

3.在读大学生。

以上两种参赛人群奖励为：一等奖 10 名，各获奖金 3 000 元。

六、内容

征文推荐写作方向：

盼，华夏骨科解除我们的病痛。

思，中老年怎样减慢骨病发生。

想，爸妈的腰腿病何时能治愈。

喜，华夏骨科医生妙手回春术。

七、时间划分

（一）预热发动阶段

此阶段从 2 月下旬至 4 月上旬。传播的内容是宣传贵州华夏骨科医院服务宗旨、医疗项目、公益事业、治愈案例、医师阵容、设备实力、骨病症状、就医程序等。多种媒体组合发布信息，集中在 3 月的前半月。

预热信息发布后，稍事回顾，检查效果（一周），再以宣传贵州华夏骨科医院关爱中老年患者有奖征文大赛公益活动为主要内容，多种媒体组合发布信息，集中在 3 月的下旬及 4 月上旬。

（二）组稿收稿阶段

为使"活动"圆满成功，在 2 月末，贵州省写作学会召开扩大的（吸纳在大学任教的学会理事或会员参加）常务理事会，统一对举办"活动"的认识。审读代骨科医院撰写的向社会发布的文案，确定评定稿件的标准，提出奖项及奖金的数额，确定"活动"时段及内容转换，以文字材料送骨科医院领导审核确认。

利用新学期开学初各大学写作教师开写作课机会，有组织地动员、安排学生，以完成作业方式撰写有关文章。收稿时间为 6 月上旬，下旬截稿。

（三）评稿阶段

7 月上旬整理稿件，7 月中旬组织省写作学会专家评稿，8 月中旬评出。

（四）颁奖阶段

9 月上中旬在贵阳学院大礼堂举办颁奖晚会。

各大学学生网站或新闻中心，以不同形式报道宣传这次"活动"的，凭网页界面或可视听的资讯，可以获得华夏骨科医院提供的奖金、奖品。

八、后续

征文活动结束，后续宣传开始：

- 选取获奖的作品在媒体上刊播。
- 将获奖作品汇集成册，刊印宣传。
- 请在医院治疗效果好者现身说法。
- 开办骨科养生防病公益讲座。
- 组织中老年准病员到医院参观。
- 积极参与社会骨病防治公益事业。
- 在高校投稿学生中成立志愿队。
- 暑假组织医生及志愿队下乡镇。

九、说明

- 三分策划，七分执行，在实施中完善策划是必需的。
- 基本方案确定后，一步步实施，在施行中不断完善。
- 本方案以写作学会与华夏骨科医院共同进行为妥。
- 省写作学会要为社会服务，企业也需要学会的支持。

|9.7| 案例七：晚会《放歌从江》开幕式策划

黔东南州第七届旅游发展大会暨从江第十四届侗族大歌节开幕式文艺晚会
整体策划纲要
执笔：罗 云 姜文军

时 间：2017年11月28日晚上

开幕式：侗族大健康产业示范区

地 址：銮里——全球古村落会址

策划执行：贵州新媒体研究院 贵州擎天树文化传媒有限公司

一、前言

黔东南州旅游发展大会（简称"旅发大会"）和从江侗族大歌节，已分别连续举办了六届和十三届，特别是侗族大歌节的内容以及表现形式，可以说观众早已耳熟能详，极易产生审美疲劳。近些年来，在贵州各市州县也纷纷举办旅发大会文艺晚会的态势下，要成功举办本届从江侗族大歌节和黔东南州旅发大会，就必须有新的表现主题、新的表现内容、新的表现形式，突出新颖的重点、亮点，并在会务流程、嘉宾邀请、接待服务、旅游推介、对外宣传、招商引资、安全保卫等方面做出新的表现和全方位保障，确保大会圆满成功，并达到预期的目的。

二、组织机构

主办单位：中共黔东南州委 黔东南州人民政府 中共黔东南州委宣传部

承办单位：黔东南州旅游发展委员会 中共从江县委 从江县人民政府

中共从江县委宣传部 从江县旅发委 从江县文体广播电视局

策划执行单位：贵州新媒体研究院　贵州擎天树文化传媒有限公司

总监制：

总策划：

艺术总监：

总导演：

责任单位：

总协调：

责任人：

三、整体策划思路

遵照县委、县政府"办好一次旅发大会，打造一个旅游精品，打响一张旅游品牌，推动全域旅游发展"的办会要求，在听取各部门综合意见的基础上，我们的整体策划将从以下几点切入：

（一）抓住从江特色，表现五大内涵

1.最美的梯田农耕文化。

2.最美的民族风情。

3.最美的传统村落文化。

4.最美的人与自然共生共荣理念。

5.最美的民族和谐家园。

（二）七大表现，让人耳目一新

1.新颖的晚会曲目串联模式。

2.新颖的侗族大歌表现形式。

3.新颖的岜沙文化表现内容及形式。

4.多种曲目艺术表现形式完美融合。

5.人工舞台与实景舞台完美融合。

6.多媒体、声、光、电与人、景、曲目完美融合。

7.从舞台设计到表现内容、服装、音乐，整体表现突出从江特色。

（三）多种舞台表现，追求视觉震撼

1.大舞台与全息投影、雾化系统、实景造型结合。

2.大气势灯光表现与背景音画结合。

3.演员阵型变换调度与大规模舞台完美结合。

4.大道具与曲目结合。

（四）接轨国际标准制作

整台晚会的制作，采用与国际接轨的多媒体系统、雾化系统、实景造型、复合灯光、激光，结合演出场地背景的立体舞台进行表现，追求"立体化、多层次、多色彩""声、光、电、水、色、像一体化"的有机结合。

四、晚会主题及舞台处理

晚会主题：中国聚宝盆　大美黔东南　远古岜沙魂——黔东南州第七届旅游产

业发展大会暨中国·从江原生态第十四届侗族大歌节开幕式大型文艺晚会

主题诠释：按照州旅发大会"一会推一县"传统诉求，在"中国聚宝盆，大美黔东南"基础上，突出"远古岜沙魂"（按这一主题，整个主题诉求需置放于舞台上方，左右两侧不作处理）。

五、晚会时长与表现形式

1.晚会时长。

整台晚会，由引子（黔东南风情片，1分钟）、万人侗族大歌（6分钟）、《小黄姑娘》歌伴舞（6分钟）、岜沙树魂歌舞情景小品剧（10分钟）、《云上绣娘》歌舞秀（10分钟）、《醉美梯田》大型舞蹈（6分钟）、原创流行歌曲二重唱（6分钟）、主持即兴诗歌朗诵（3分钟）、大型舞蹈《最美是这里》（6分钟）及原创晚会主题《最美是这里》歌曲演唱（6分钟）等14个节目构成，加上主持人串场表演解说，总计时长75分钟左右。

2.晚会表现形式。

整台晚会，采用画外音独白渲染气氛，主持人入戏串联曲目，大型民族歌舞+场景小品，影视片段播出+主演现场秀，原创歌曲演唱+主持诗歌朗诵，片花、字幕背景配以精美的画面，加上宏大气势的立体舞美设计、雾化系统、实景造型、歌、舞、颂、画、声、光、音、造型完美结合等多元化的舞台表现手法，给观众留下一个"大气势、大手笔、大触动、大欢乐"的令人难忘的晚会印象。

六、晚会的串联方式与曲目章节

（一）串联方式

打破传统文艺晚会采用"主持介绍+节目表演"的模式，结合旅发大会属性，首创"主持人入'戏'串曲目、以旅游者感受串歌舞"的表现形式，形成整台晚会的基调。

整台晚会，通过讲述旅游者"大山"来到黔东南及从江大山，爱上这充满风情美和生态美的大山的故事展开。外国游客（拟邀请著名主持人大山扮演），为寻找养心圣地，来到从江，来到了本次晚会现场，在导游（即主持人）的盛情邀请下，参加了本台晚会的主持。在参与主持过程中，他真切感受到了：从江不仅是世界上最美的地方，还是人类抚慰心灵的温馨家园和喧嚣繁华尘世中的一片净土，尤其是了解到从江少数民族从古代延续下来的对自然环境的保护和对人与自然和谐的追求后，深深爱上了从江，并主动担任从江旅游形象大使，来展现本台晚会诉求主题。

本台晚会将高高在上的主持人串联换成从旅游者感受角度来进行串联的表现手法，旅游者大山来到"大山"感受大山，更容易唤起旅游者共鸣。

（二）曲目章节

整台晚会，结合黔东南州第七届旅发大会，共分七个章节。

第一章：引子：寻梦黔东南，寻梦从江——展现生态美

大山为寻找世上最美的养心圣地，从互联网上了解到贵州黔东南是"中国聚宝

盆"，是世上最美的地方，从江更是一片风光秀美、亘古千年的养心圣地，一个远古遗存、民风淳朴、神秘的民族原乡，这引发了他乘坐高铁来一探究竟的想法。通过画外音独白，拉开整台晚会的序幕。

本章节配合大山的画外音独白，大屏幕依次展现黔东南以及从江迷人的风情和醉人的风光，避开舞台表演不能很好展现生态的短板，使整台晚会前奏曲犹如一部精美的现场风情广告片，将人带入"大美黔东南"和"养心圣地"的优美意境。

第二章：情醉天籁·第一节——万人侗族大歌

大山来到从江，来到了晚会现场，受到了导游（即女主持人）的欢迎。在导游的热情邀请和观众们的一致赞同下，大山同意和导游一起主持本台晚会，欲借此深入了解从江，开始他的心灵之旅。大山表示，他之所以来到从江，首先就是想亲耳听听闻名世界的"天籁之音"——侗族大歌。导游告诉他，他正好赶上了堪称吉尼斯世界纪录的"万人侗族大歌"。在大山正惊讶这有限的舞台怎能容纳万人时，台上台下响起了一片侗族大歌声。

本章节表现形式：多媒体和主、副立体舞台多区表现+原生态侗族大歌演唱+大道具（比如巨型月亮、巨型秋蝉等）+舞蹈+情景表现+背景3D画面形式结合+主持人（导游）解说，形成强烈的五官冲击。

第三章：情醉天籁·第二节——《小黄姑娘》——最美的传统村落文化

随着万人侗族大歌的歌声渐落，大山发出了"此曲只应天上有，人间哪得几回闻"的感慨。导游告诉大山，小黄村及七星侗寨都是中国最美的古村落之一，小黄更有"歌的故乡，歌的海洋"之称，这里的村民"会走路就会跳舞，会说话就会唱歌"。在一群侗族姑娘的伴舞下，《小黄姑娘》的原唱者来到了舞台上进行现场演唱（背景3D画面展示小黄村及七星侗寨美景）。大山更是迷上加迷，情不自禁地学唱了两句侗族大歌，引发了大家的欢笑。导游告诉大山，从江是世界上最神秘的地方，比如占里侗寨，已经有700多年的历史了。几百年来，这个村寨的人口到现在为止只增长了20多人，而且最神奇的是每一个家庭的子女都是一男一女。为什么呢？这是因为当地一种叫作"换花草"的神奇草药，如果你第一胎生了个男孩，只要吃了"换花草"，那么第二胎肯定是女孩。导游问大山的子女情况，还想不想要一个女儿，如果要，就到占里去住上几天，保证心想事成！

本章节表现形式：大屏幕歌词意境3D画面展示+原唱歌手演唱+多场景组合舞蹈伴舞。

第四章：岜沙树魂——展现岜沙古朴的生态文化及对古老传统的坚守

在大山幻想一定要到占里寻找"换花草"，再生一个女儿时，导游又告诉大山，从江的岜沙苗寨是中国最后一个枪手部落，这个苗寨至今还保留着肩扛火枪、镰刀剃头、祭拜古树的古风，被专家誉为"活着的兵马俑"。岜沙是苗语，它的意思是草木茂盛。在岜沙，当孩子出生的时候，父母就要给他种下一棵生命树，当他去世的时候，他的子孙要给他种下一棵常青树，人埋在树下，生命在两棵树之间轮回。树是生命的起点，也是生命的终点。那为什么岜沙至今为止都要保持这种传统文化呢？道理很简单：人活树养，树活人养。这种道法自然、天人合一的理念，就是我们黔东南各族人民的生活写照。人与树木、人与自然和谐共生的关系，也是从江之所以成为"贵州长寿之乡"的缘由之一。这时，随着灯光暗转，一首悠久神圣的歌谣响起，舞台背景大树开始绽放四季景色。一位岜沙小男孩走上舞台，他的身后跟着男女老少村民，岜沙汉子们对天鸣枪，开始了对古树庄严、神圣的祭奠……大山和导游受这气氛感染，也加入了进去……

本章节表现形式：原生态苗族歌声领唱、伴唱+场景祭奠仪式。

第五章：《云上绣娘》——展现绣在衣服上的人文历史和民族风情

祭祀结束，大山还沉浸在岜沙人对生命、对自然的敬畏中，导游主持又向他介绍了苗族服饰——绣在衣服上的人文历史，并邀请他观看电视连续剧《云上绣娘》片段。

电视连续剧《云上绣娘》片段播出后，大山对剧中的女一号、女二号产生了爱慕之心。在他的一再请求下，《云上绣娘》女一号、女二号来到了舞台上，向大山介绍了几幅苗绣的人文历史，并在大山要求下唱起了《云上绣娘》主题歌。一群苗族姑娘跳起了新编排的苗族舞蹈《绣娘舞》。姑娘们手绣的锦缎小鸟，飞到了大屏幕上，引来大山的赞叹。

本章节表现形式：电视剧片段播出+演员现场秀+苗族大型风情舞蹈+多媒体音效。

第六章：《迷人瑶浴》——与美丽山水和民族风情结合的大健康产业

大山还沉浸在绣在衣服上的人文历史中，导游主持又向他介绍从江是一个由苗族、侗族、壮族、瑶族、水族等五个少数民族为主体的养心圣地。从江瑶族的"药浴"和大健康产业，更能够让人们的身心得到放松。这时，一群瑶族姑娘推着一个个瑶浴盆上场，表演起旖旎迷人的《瑶浴舞》。瑶族姑娘们婀娜多姿的身影和美轮美奂的灯光效果，让人沉浸在美好的向往里。背景展现从江大健康园区。

本章节表现形式：瑶族大型沐浴风情舞蹈+道具秀。

第七章：醉美梯田——展现梯田农耕文化美

看完《瑶浴舞》，大山提出想到迷醉了天下人的加榜百里梯田看看。导游答应了他的要求。灯光暗转后，在优美的前奏曲中，立体舞台展现出一片片加榜百里梯田风光，随着原生态的山歌，舞台上呈现了气势磅礴的原创农耕文化劳动舞蹈场面。参加《星光大道》并获奖的从江歌手也上台演唱起歌颂加榜百里梯田农耕文化的男女生二重唱原创流行歌曲《你是山，我是云》（暂定）。舞蹈结束，大山诗兴大发，在导游主持和歌手的鼓励下，他现场朗诵起了他即兴创作的诗歌《我爱从江》，全场观众对大山报以热烈的掌声。

本章节表现形式：大型原创劳动美舞蹈+原创流行歌曲二重唱+表现河流优美的舞蹈+诗歌朗诵。

第八章：尾声：《最美是这里》——民族和谐家园展示

随着掌声的平息，导游主持告诉大山，从江的少数民族不仅有苗族、侗族，还有壮族、瑶族、水族。在历史的长河中，从江人民创造了辉煌灿烂的民族民间文化。各个民族和谐地共生共荣，建设、保护着自己的家园，尤其是改革开放和扶贫攻坚以来，从江拥有了"七张国字号名片"，最具代表的文化旅游资源有"七个一"和"七个香"。号称"上有天堂下有苏杭"的浙江杭州萧山区也与从江结成了对口帮扶县，从江的未来将会越来越美。随着导游主持的介绍，黔东南籍知名歌手唱起了晚会原创主题曲《最美是这里》。各个民族的舞蹈演员入场跳起了欢快的大型舞蹈（包括斗牛舞、水族铜鼓舞、壮族舞蹈等展现各民族不同风情的舞蹈），在演员们的邀请下，大山和导游，《云上绣娘》女一号、女二号，表演嘉宾们也纷纷加入进去。在欢快的舞曲声中，大山主动向全场观众发出申请，要求担任从江的义务旅游大使，在全场观众一致同意下，大山向场外观众发出盛情邀请，邀请大家一起醉在从江，爱上从江，将晚会气氛推向高潮。

本章节表现形式：大型舞蹈+黔东南籍或国内一线明星歌手演唱原创歌曲《最美是这里》。

七、晚会表演基调

壮美热情，欢快幽默，绚丽璀璨，大气磅礴。情节推进紧凑、连贯，错落有致、一气呵成。整台晚会表演声美、光美、色美、图美、歌美、舞美、情美，美不胜收。

八、晚会十一大亮点

1.整个节目设计，从形象打造和广告宣传角度，围绕"最美是这里"主题展开，充分展现了从江独具特色的"五大内涵"，使整台晚会犹如一部大型形象宣传片和广告片，有效解读了"中国聚宝盆，大美黔东南"。

2.创新了文艺晚会曲目串联形式，站在旅发大会角度，让主持人兼具旅游者身份，突出旅游者的感受，唤起旅游者的共鸣，使整台文艺晚会就是一部在现场观众眼皮底下录制的舞台剧。

3.将人们对岜沙文化的"猎奇"心理，引导为对岜沙文化的深刻内涵和价值意义的感悟。

4.多媒体和主、副立体舞台多区表现结合，创新视听结合的侗族大歌表现形式，让人直观地理解侗族大歌表现的意境美和内在美。

5.充分利用大屏幕展现黔东南以及从江迷人风光风情，避开舞台表演不能很好展现生态的短板，与精美的舞台设计结合，将人带入"大美黔东南"和"养心圣地"的优美意境。

6.与立体舞台结合，首创全国独一无二的"大型梯田农耕文化舞"，以磅礴的气势体现了"劳动创造美"的主旋律。

7.邀请知名外籍相声演员大山担任剧中主持，不仅蕴含"大山"走进大山、醉在大山、爱上大山的谐音深意，而且巧妙使其成为从江乃至黔东南义务形象宣传大使。

8.根据领导建议新设置的瑶浴舞章节，不仅打造了美轮美奂的视听盛宴，让人感受到多彩的从江民族风情，而且可以起到助推从江大健康产业发展的作用。

9.针对晚会主题及内涵设计表现的原创歌曲《你是山，我是云》（暂名）以及《最美是这里》，通过精心打造，可成为流行歌曲，让人对晚会留下深刻记忆，延展晚会效应。

10.结尾《最美是这里》大型舞蹈，充分展现从江多元少数民族文化元素（斗牛文化、水族铜鼓文化等）。

11.立体舞台与自然山水的结合，形成大气磅礴的视觉震撼。

九、舞台与舞美设计

晚会舞美设计，采用巨型 LED 屏与实景造型相结合，分为主、副表演区，展示区等立体表演舞台。重点突出中国十大梯田之一的"加榜百里梯田"，以及"七星侗寨""增冲鼓楼""岜沙汉子""苗族服饰、银饰""巨型月亮""巨型古树"等元素，将舞美设计、灯光设计、视频设计、多媒体模拟实景设计融为一体，运用高端的多媒体技术，呈现时尚、精美、震撼的视觉效果，使晚会的舞台展现出大气恢宏、优美雅致，立体、多层次，热情欢快又充满诗情画意的从江缩影，形成本届大会的核心吸引力和引爆点，与晚会主题交相辉映。

舞美设计说明：异形的 LED 屏构成一棵连接天地的神树，一棵树呈现出春的萌动、夏的热情、秋的絮语、冬的圣洁。神树的枝蔓绵延出一片片的梯田。神树的庇佑下是我们孕育生命的田园。巨大的田园 LED 屏上呈现一幅幅我们生生不息编织梦想的画卷。舞台两边利用两个十来米高的音响架做成鼓楼，在演出前用投影来呈现鼓楼修建的过程，用 3D 视频设计出鼓楼从骨架到建成的整个过程，再在建成的鼓楼上透视出里面硕大的铜鼓，在激情中擂响，用通彻旷远的鼓声来拉开演出帷幕。

说明：

以上节目及舞美设计，仅为初步框架策划，具体创意、编排、设计，以及串联脚本台词创作，将在正式受托以及具体节目经领导明确后，组建专业团队进行采风，根据实际情况进行创作。

除侗族大歌和岜沙雄风演员外，专业、业余舞蹈演员共需 100～200 名（根据最终节目创意编排而定）。专业演员来源：从江县歌舞团、黔东南州歌舞团、贵州省民族歌舞团等专业演出团体。

在舞美设计以及服装设计上，我们将根据各位领导意见，进一步改进，突出从江特色。在节目串词和大屏幕展现中，我们将注意表现从江的扶贫攻坚和经济发展的变化，同时注意各个章节的自然衔接。

十、创作制作团队

以下团队可以根据开幕式需求适当调整。（略）

十一、VR科技点燃创新体验

根据上次会议讨论，我们在本稿中强化了梯田农耕文化，突出了岜沙的悠久古老文化以及对生命、对自然的敬畏与环保文化理念，增加了中国最美古村落展现，在节目编排上，注重民族文化与流行文化的结合，增加了原创，避免与以前多次表现的形式雷同。在进一步的创作中，我们将在采风基础上，创新每一个节目的表现形式，以及深化主题，并结合主题创作一首晚会主题曲和歌颂梯田文化的原创流行歌曲，邀请黔东南籍知名歌手进行演唱。整台晚会的串联台词，将精心构思，力争简明扼要、生动活泼，增强节目与舞台、演员与观众台上台下的互动，在舞美上升华表现。

1.制作"云上黔东南——从江魅力"VR体验宣传片。

全程航拍，商业级制作，大气磅礴地呈现出黔东南及从江优美的景色和迷人的文化风情。

2.设置VR体验区。

活动期间，现场设置VR展点和VR设备，来宾扫码即可观看黔东南VR宣传片。

3.开幕式嘉宾集体体验。

在开幕式现场铺设100个VR眼镜，让100位嘉宾同时体验"云上黔东南——从江魅力"，背景大屏幕同时播放，现场惊呼声、赞叹声将成为整场晚会开启时的最大亮点。

4.开幕式现场采用VR拍摄录播。

利用高新前沿技术VR进行全景拍摄，一方面使活动增加高新科技的亮点，另一方面对活动做完整保存，活动结束后，无论何时何地，观众戴上眼镜即可重回活动现场，感受活动现场氛围（备注：2017年春晚、王菲演唱会以及2018年全国两会均采用VR技术进行拍摄及直播）。

十二、媒体选择

大型网络平台：微信朋友圈+新浪网+今日头条+旅游行业网站。

其他媒体平台：CCTV旅游电视台、人民旅游网。

本土资源平台：今日贵州、多彩贵州网、贵州都市网、印象贵州网、贵州电视台、黔东南电视台。

本届活动我们还将邀请贵州省全域旅游规划研究院、贵州省全域旅游发展研究院、贵州省智慧旅游与文化研究院、贵州省智慧城市研究所、贵州省智慧教育研究院等相关专家、学者来到从江共同为从江的大繁荣、大发展进行研究与探讨，把从江的特色文化推向中国、推向世界，并为从江大数据、大健康、大金融、大农业等方面的发展建言献策，同时邀请一些企业家、社会名流，对从江乃至黔东南的项目进行投资建设，为推动当地的发展贡献应有的力量！

以上方案为沟通方案，策划中所列景区图及表演形式图片大部分来源于网络，仅供各位领导参考。

本策划文字阐述节目及效果，需策划团队及制作团队根据节目精心编排和创意设计，从舞美设计、视觉效果、表演形式等融入科技手段全新打造一场有文化、有内涵、有底蕴，突出黔东南及从江特色的大型文艺演出。感谢各位领导的信任！

如有不妥，望领导批评指正！

本方案版权属于我公司所有。

本章小结

从本章的策划案中，可以看到"知行合一""实事求是""不遗余力""力争上游"在具体策划中的体现。能明确感受到策划人的策划预期，充分发挥现有资源综合运用的价值，在每份策划案中都让思维创意的光芒引导着策划的进行。在阅读这些策划书后，会产生如下感受：

第一，策划人的阅历在策划中的基础地位要求策划人处处留心长学问。

第二，根据实际情况决定工作方针，不能用高谈阔论解决实际问题，"空谈误国，实干兴邦"。

第三，策划人要做为社会做贡献的社会人，主动积极地为事业、企业单位做公益宣传广告的策划。

第四，在服务策划对象中，向被策划者学习，吸纳他们的创意，在策划实务中，美美与共。

案例七点评

思考与练习

思考：

1.策划人在策划实际施行中，要撰写各类文案（文章），我们要做哪些方面的准备？

2.每次策划都是一次学习的机会，读过本章的策划案，我们会有哪些方面的体会？

3.太阳每天都是新的，面对不同的策划主，是否需要我们用全人类的知识武装自己？

练习：

1.准策划人，主动寻求策划对象，按策划的规矩写出策划案，交策划主批评选用。

2.到有策划业务的公司，跟随公司的策划人团队，从头至尾参加一两次策划实践。

延伸阅读：在实干中学习策划

第 10 章

策划的过程

学习目标

通过本章的学习，确实弄清策划实际施行的过程，明白策划中知彼知己的意义，学会运用集脑会商的方法解开难题，掌握通过碰撞，在多种创意中选择和确定最佳创意。

引例

布伦南·格里森：印在啤酒瓶上的简历

布伦南·格里森是加拿大温哥华一位年轻的平面设计师，他刚毕业不久，还没有找到自己理想的工作。每天他在找工作之余最喜欢做的事，就是在自家的啤酒厂里自酿啤酒。

有一天，布伦南正在试验一种新口味啤酒的时候，父亲走了过来，说想让他这个学平面设计的儿子帮家里的啤酒设计一个新的包装。原来今年家里的啤酒厂重新扩建后，虽然生产量直线上升，可销售量却还和去年差不多，没有多大的增加，所以希望他能为新啤酒设计一个全新的包装，让新啤酒在一上市就吸引人们的眼球，从而带动自家啤酒的销量。

布伦南一口答应了父亲的要求，因为他觉得给啤酒设计一张独特的包装纸，对他这个专业的设计师来说可谓小菜一碟。可让他想不到的是，当他把自己精心设计的三张包装纸送给父亲挑选的时候，父亲看看这个，摸摸那个，最后说感觉好像三张都差不多，说不出到底哪张要好一些，让他自己决定。

父亲的话让布伦南一惊，他突然意识到自己的设计根本没有达到父亲的要求，因为三张啤酒包装纸中没有一张让父亲有眼前一亮的感觉，那么又怎么可能在众多的啤酒中让人们对他家的啤酒情有独钟呢？

晚上，他在电脑上反反复复研究国内国外那些知名啤酒的包装，突然他发现了一个特别一致的现象，那就是每个品牌的啤酒包装都是统一的，也就是说所有的啤酒都只有一个包装。这时他突然脑子里灵光一闪，他想如果把自己的作品做成啤酒的包装纸，那么既可以给自家的啤酒一个独一无二的包装，还可以让消费者在品酒的时候欣赏到他的作品，那样他就有了更多的机会向人们展现自己的创意。

想到这儿，他无比兴奋，连着用了一周的时间把自己这么多年来设计的几万张作品分别做成了一张张啤酒包装纸。他还把自己的受教育经历和工作经历印制在啤酒箱上，在啤酒瓶盖上印上自己的个人标记，并且给自家的啤酒起名为"Resum-Ale"，意为履历啤酒。

看到一张张展示布伦南设计作品的包装纸时，父亲被震惊了，他十分欣赏和支持儿子的创意。这不只是因为儿子的设计另类和新奇，更因为儿子的作品可以随着自家酿制的啤酒一起走进千家万户，这是一件多么让人兴奋的事情啊！就这样，贴着布伦南别具一格的作品的啤酒正式投入了市场。

第二天，布伦南还没起床，就接到一个朋友的电话。电话中，朋友兴奋地说："嗨，布伦南，你快打开电脑看看新闻，你成名人了。"他听了莫名其妙地打开电脑，这才发现，原来一个消费者把他的履历啤酒发到了微博上，并且还配发了那别出心裁设计的啤酒图片。不到两个小时，那条微博和图片就被数以万计的网友转载和评论，后来还有好多人源源不断地上传他设计的啤酒包装纸。他新颖的设计获得了网友们的一致好评和称赞，最后好多网友为了欣赏他那些创意作品，竟然跑去超市抢购他家的啤酒。

在网友热议和不断地转帖中，他家的啤酒一夜之间销量翻了好几倍，这可乐坏了父亲，连连赞叹他的包装纸设计得好。看到父亲的笑脸，他很欣慰，但没想到让他惊喜的还在后面。第二天，他竟然接到了温哥华一家著名设计院人事部打来的工作邀请电话。原来这家设计院的人事部部长在喝啤酒的时候无意间看到了他的设计作品，欣赏他出色的设计才华，更欣赏他非凡的创新能力。

布伦南没想到，印在啤酒上的简历不仅让自家的啤酒销量大增，还让他的设计才华被人发现，得到了自己梦寐以求的工作。如何让自己在众多求职者中脱颖而出，可以说一份充满创意的简历必不可少，那么这个创意该如何界定呢？布伦南印在啤酒瓶上的简历对于目前很多为找工作而四处奔波的大学生来说应该有一定的启发。

资料来源　孔祥凤. 印在啤酒瓶上的简历［J］. 思维与智慧，2014（23）.

【分析与思考】

初生牛犊不怕虎，刚毕业不久的布伦南·格里森用行动证明了敢于创新也许能成功。

布伦南是设计师，也是传播策划创意者，他父亲是策划主客户，他俩合作成功的策划过程，大体少不了要约、试做、否定、修改、确定、推广、市场反馈几个阶段。

请思考：

（1）如果布伦南面对的策划主客户不是自己的父亲，结果会怎样？

（2）许多学习策划的大学生，带着任务学策划，能否从身边容易成功的项目开始？

|10.1| 知彼知己

知彼知己是指对自己和对方都了解得很透彻，出自《孙子·谋攻》："知彼知己者，百战不殆。"宋代罗大经著《鹤林玉露》卷八有云："郭仲晦云，用兵以持重为贵，盖知彼知己，先为不可胜以待敌之可胜，此百战百胜之术也。"

10.1.1 策划的起点，莫过于知彼知己

知彼知己是进行策划的起点，如同在田径赛场上的那一条"起跑线"。

策划人及策划团队在发令枪响之前，已做了许多时日艰苦的训练和充分的准备，争取"夺冠"的选手在教练和助手们的帮助下，此时应是"成竹在胸"，抛弃杂念，竭尽全力，射出"自身"这支箭。

赛前的对手分析，是必需的。要成功一定要知彼知己。

策划的基础条件如同绿茵场上的竞赛，要知彼知己。

知彼，是要准确地把握策划指向的对手：他们正在干什么？今后要干什么？他们过去成功的经验和失败的教训有哪些？核心竞争力在哪里？他们的"软肋"在哪里……

知己，要准确把握策划主是谁，要干什么，基础条件是什么，还要准确把握在策划人的能力和努力下能实现什么效果。

任何成功都有路径，都要经过一定的程序。

小案例 10-1　　　　　　　　**成功需要有"智径"**

在关于成功的话题中，"成功有没有捷径可走"，一定属于最让人感兴趣的问题之一。畅销书作家沙恩·斯诺不喜欢用"捷径"这个词。他创造出了一个比捷径更高明的词：智径。

捷径和智径的区别在于：捷径可能是不道德的和违反法律的，因此要付出代价；智径是一种不用付出代价的、完全符合道德和法律的捷径，通过聪明的方式取得更大成就。

他写了一本书——《出奇制胜：在快速变化的世界如何加速成功》（中信出版社），在里面总结了9种寻找快速成功通道的方法。

第一种方法是"换梯术"。也就是说，不要按部就班顺着既有职业路径去攀爬，而是适时更换跑道。以全世界最为成功的职业——美国总统为例，美国历史上

评价最高的十位总统，都不是按照传统的政治路径一步一步往上走，才当上美国总统的。在这里，换梯的要诀在于：能当上总统的人，必然是有领导力的人，所以，只要你从事的是能证明自己领导力的工作即可，不一定非要在公务员的岗位上不断积累资历，而且，这种换梯通道反而会更快，如特朗普"一步登天"就是证明。

第二种方法是找到导师。沙恩·斯诺引用的例子包括：来自一个大学的研究表明，由教练带着训练的国际象棋学生的全国等级分要比那些没有教练的学生平均提高 168 分；拥有导师的企业家与没有导师的企业家相比，前者的企业募集资金是后者的 7 倍，增长速度是后者的 3.5 倍。

但是，沙恩·斯诺也提到，导师当然重要，但更重要的是学生，以及导师和学生之间那种"深入的、内生性的关系，建立能够引领他们人生旅程的师徒关系，而不仅仅注重实践操作"。

鬼谷子的四名学生，军事方面是孙膑、庞涓，政治方面是苏秦、张仪，其结果迥然不同，说明了"同锅吃饭各修行"的道理。

第三种方法是在实践中快速反馈和迭代。重要的不是会不会犯错和失败，而是能不能迅速地取得进步，改掉错误。有史以来最伟大的篮球巨星迈克尔·乔丹在职业生涯中投丢过 9 000 多次投篮，输掉过 300 场比赛。所以，对最成功的人而言，失败也是家常便饭。

第四种方法是利用现成的平台，也就是，站到巨人的肩膀上。借用马云的一句话，"所有人都想站到巨人的肩膀上，但首先，你得能爬上去"。

第五种方法是借助浪潮。沙恩·斯诺主张，不应该站在同一个地方等风来，而要主动去捕捉浪潮，"如果一个冲浪者在同一地点踩水的时间足够长，就一定会等来好浪：这种情况肯定会在一些人身上发生那么一两次，但不能算是最有效的成功策略。这实际上是一种更加懒惰的做法"。

第六种方法是借助超级联系人。超级联系人可以是在一个行业中有广泛人脉的资深人士，也可以是对行业或更大范围的人群拥有巨大影响力的媒体。超级联系人可以帮助你迅速获得关注、嫁接资源。

第七种方法是主动创造动能。柳传志曾经说过，如果一次成功创业后创业者套现离场，之后没有什么新的想法，那就跟一些"老北京""老上海"因为拆迁赚了很多钱没什么区别，反而徒长出许多新问题，成功也许会给人带来诅咒。走出这种状态的方法就是，重新动起来，再次开始体会胜利和失败的感觉。而且，即使是微不足道的胜利，也会产生与重大突破几乎相同的心理影响。

对于那些总算等到风来的人，则要趁着浪潮，释放自己原本已经积累的能量，这样，即使风停之后，也能继续保持住动能，而不是从风口上摔下来。

第八种方法是做减法。"天才和总统会把毫无意义的选择从他们的工作中剔除出去，这样，他们就可以简化自己的生活和想法"，做减法有助于你保持专注，攻其一点。

第九种方法是"10 倍思维"，或者说"登月思维"。登月思维的提法来自 1962

年9月约翰·肯尼迪总统宣布美国将把人送上月球这件事。肯尼迪总统说："他们选择在未来十年登月，并从事其他很多工作，不是因为它们好做，而是因为它们难做，这个目标有助于组织和检验他们最优秀的能力和技能。"后来谷歌把这种思维方式应用在了自己的公司。

以上就是沙恩·斯诺介绍的9种成功的捷径。不过，其实这些都更像是在介绍思维方式。毕竟，并不可能存在成功操作指南，有的只是对于成功的指导原则和思维方式。

资料来源　李翔. 成功有没有捷径［N］. 经济观察报，2017-10-23.

10.1.2　策略需要耐心等待

美国的传媒大佬罗伯特·默多克1931年出生于澳大利亚墨尔本，从小家境富裕，到他进入牛津大学时，父亲已经拥有四家报社。

不幸的是，1952年父亲突然死于心脏病，四家报社的经营一下子陷入了危机。年仅21岁的默多克，强忍心中的悲痛，挑起拯救危机的重担，从此开始了自己的传媒生涯。

一天中午，事业已如日中天的默多克发现自己的助手迈克没吃午餐，独自发呆。

"你怎么了？"默多克关切地问。"您知道那个做房地产的理查德吗？他本来跟我谈好了要合作一个项目，却临时变卦，跑去跟咱们的竞争对手合作，最可气的是他都不屑于通知我，害得我白等了两个多小时。"迈克怒气冲天地说。默多克听了，笑着说："今天下午，我正巧要出席一个谈判，你跟我一起去吧。"

默多克按照自己多年的习惯，坚持提前5分钟到场。没想到，对方比他们来得更早，一看到默多克的身影，立刻跑过来打招呼。默多克面带微笑，谈判在愉快的氛围中进行。

谈判结束后，对方又站在原地目送默多克走远。这时，默多克对迈克说："你能想到吗？就是刚才这位大老板，当年我初到悉尼发展时，他根本没把我放在眼里，我带人去采访他，到了约好的时间，他故意迟到，让我们足足坐了三个小时的冷板凳。如今，你看他对我毕恭毕敬的态度，与从前相比判若两人。一个人想要做成事情，必须保持内心的淡定；同样，等到事业辉煌时，也要能适应别人的尊敬，不至于得意忘形。"

后来，默多克的事业不断发展，在澳大利亚、英国取得辉煌成绩之后，他又把目标瞄准美国，花巨资买下一系列报纸和杂志，个人资产总值不断上涨，最终，他所创建的新闻集团成为世界上最著名的综合性传媒公司之一。

据说，曾有不少人研究默多克的发展史，他们最终得出这样的结论：一个人成功的经验或许可以被学习，但是任何时候都能保持淡定的心态，却是不容易被模仿的。默多克曾在一次记者招待会上表示："我之所以能够登上所谓事业的巅峰，正是得益于当年'不怕坐冷板凳'的心态。"

大手笔的策划需要等待，"要坚信潜力总会发挥作用"。

有时候，当用常规方式无法激发别人的信心和斗志时，不妨突破惯例，逆向而为，往往能获得意想不到的效果。

小案例 10-2　　　　马云谈判夺主动　豪取高德

2014 年，地图定位服务作为本地生活服务的入口，作用不断被强化。阿里巴巴集团有意收购高德地图公司，控制地图这一关键环节。此时，百度公司也在与高德接洽。

高德一方的态度则是谁给的钱多就与谁合作，所以阿里与百度玩起了价格战术，都想在价格上压制对手。比如：阿里出 3 亿美元，百度出 4 亿美元；阿里出 5 亿美元，百度出 5.5 亿美元……经过两个多月的较劲，双方难分伯仲。

价格再往上抬就会超出阿里集团预算，而且百度一定会穷追不舍。阿里收购小组非常苦恼，决定向集团董事会主席马云请示。马云听后，对他们说："把电话接通，我来跟他们谈判。"

电话接通后，马云直接跟对方说："阿里巴巴集团愿意以 10 亿美元的价格收购高德，这是阿里集团的底价，但是你们只能有半个小时的考虑时间。"

面对如此高额的收购价，高德一方自然欢喜不已，不到半个小时就答应下来。

马云挂掉电话后做了一个胜利的手势。一旁的收购小组成员看得目瞪口呆，等回过神来，纷纷鼓起掌来。但收购小组对马云出 10 亿美元的高价表示不解。

马云笑了笑，耐心地对他们说："其实这很简单，单纯的收购不值，但是对竞争环境中的时间进度来说非常值得。竞争对手之所以敢跟，是因为了解了你的套路和步骤，只有来一个出其不意的毙命招，才能真正跳出对手的包围，把问题快速搞定。"

资料来源　李艳伟. 马云巧收高德 [J]. 伴侣, 2017 (8).

小案例 10-3　　　　"金拱门"一夜成名　麦当劳中国谋变

2017 年 10 月，一则麦当劳中国的更名消息引爆了网络。根据国家企业信用信息公示系统，"麦当劳（中国）有限公司"已正式更名为"金拱门（中国）有限公司"。

麦当劳中国"改姓"

麦当劳中国的更名，缘于麦当劳将中国区业务出售。由于新公司将不再是麦当劳控股子公司，只是中国内地及香港区域麦当劳门店的特许运营商，因此已无必要继续冠以"麦当劳"之名，更名也是顺理成章之事。麦当劳中国回应称，名称变更主要在证照层面，日常业务不会受到任何影响。

早在 2016 年 3 月 31 日，麦当劳就宣布将在其亚洲主要市场引进战略投资者，并进一步推进该公司的未来发展。最终麦当劳与中信集团旗下的中国中信股份有限公司、中信资本控股有限公司、凯雷投资集团达成战略合作并成立新公司。

2017年8月8日，麦当劳宣布新麦当劳中国公司成立。麦当劳中国公司也由此成为麦当劳在美国以外最大规模的特许经营商，运营和管理中国内地约2500家麦当劳餐厅，以及中国香港约240家麦当劳餐厅。同时，麦当劳中国公司已经完全变成一家由中国企业控股的公司，当然授权仍来自麦当劳。

事实上，仔细分析麦当劳中国公司的新名字，可谓用心良苦。一位熟知麦当劳历史的学者向记者表示："麦当劳创始人最初对麦当劳标志（Logo）设计的创意就是'金色的拱门'显得有未来感、有归属感，而且非常显眼，让人一眼就能看到。"

麦当劳"谋变"背后

寻求引入战略投资者的并非麦当劳一家。麦当劳的"老对手"肯德基也在中国引入战略投资者并独立上市，只是肯德基中国仍然由肯德基控股，因此并无改名必要。

近年来，随着90后年轻群体的崛起，洋快餐面向的主要消费群体的消费习惯已经发生了巨大的变化，变革势在必行。

洋快餐巨头们也开始适当改变菜品来迎合消费者需求。例如，肯德基推出全新子品牌门店KPRO，菜品以沙拉、三明治为主，为了迎合年轻消费者生活节奏快、追求新时尚的需求，还推出了人脸支付功能。麦当劳也不甘示弱，考虑到年轻一代消费群体更注重个性化以及信息化，麦当劳在门店上也将突出个性化、数字化的餐厅"未来2.0"大面积铺开。

事实上，对于麦当劳而言，门店数的不足，更需要仰仗中国的战略投资者来弥补。相比肯德基早就过5000的门店数，麦当劳的门店数近年来一直在2000多徘徊。虽然在一二线城市麦当劳已经广泛布点，但对于广大的三四线城市而言，原来的麦当劳中国公司似乎有些力不从心。

然而，中信入主后情况就不一样了。"中信集团是全国最大的综合业务公司，在全国各地都有网点。随着整体金融业务下沉趋势推进，中信银行在三四线城市选址，对当地市场了解比较深入，这些信息和资源都可以与新麦当劳中国公司共享。"新公司成立时，中信资本董事长兼CEO、新麦当劳中国公司董事会主席张懿宸曾向记者表示，"包括万科、恒大、富力等地产公司是中信集团的重要合作伙伴，目前中信方面已经着手把这些公司介绍给麦当劳，几家已经与麦当劳有了实质性的战略合作。"

新麦当劳中国公司发布的中国内地"愿景2022"加速发展计划提出，未来5年销售额年均增长率保持在两位数的目标，开设新餐厅的速度将从2017年的每年约250家逐步提升至2022年的每年约500家。届时，约45%的麦当劳餐厅将位于三四线城市。

资料来源　何天骄．"金拱门"一夜成名　麦当劳中国谋变［N］．第一财经日报，2017-10-27．

|10.2| 吸附创意

创意来之不易，要及时抓住，记载下来，赶快用上，不然瞬间即逝，难以获益。

10.2.1 "处处留心皆创意"

创意的源头无处不在，无时不有。创意人要做生活的有心人，"处处留心皆创意"。

第 4 章 4.3.2 介绍了吸附空气中的尘埃作画的美国女画家艾莉森，她捕捉到了创意，并践行创意，在创意中产生奇迹。无独有偶，英国青年马赫的创意使他摆脱困境获得成功。

一根火柴是微小的。当然，不是把一根火柴折断，以示它微小；也不是用力折断一把火柴，以表现团结的力量。

有个人和他的火柴的故事，说明微小商品在创意引领下能产出价值不菲的艺术品，能获得巨额回报。

1982 年，23 岁的英国青年马赫在家乡爱丁堡西西安小镇上创办了属于自己的一家小型火柴厂。

为了实现自己的创业梦想，马赫将父亲留给他的唯一遗产——一栋上下两层的旧楼房卖了，用卖房款盖了新厂房，再把新厂房抵押给当地银行，贷出 8 万英镑，作为火柴厂的启动资金。

然而，马赫在创立火柴厂之前，并没有做认真细致的市场调查。当时，火柴虽然属于易耗品，但当地有规模的火柴厂不下 5 家。马赫的火柴厂，技术上落后于其他厂家，也没有稳定的客户源，因而，当一盒盒火柴从马赫的工厂车间里生产出来后，并没有销售到市场上，90% 以上的火柴都躺在仓库里"睡大觉"。

这样的状况维持了 4 年，举步维艰的马赫不得不宣告火柴厂倒闭。随即，银行收回了厂房，留给马赫的，只是一堆堆卖不出去的火柴。27 岁的马赫，生活顿时陷入了困境。

这天，马赫无精打采地拨弄着桌上一堆散落的火柴。突然，他看到自己无意间将几根火柴棒摆成了一个人脸的造型。马赫灵机一动，大脑中马上就有了一个大胆的想法：能不能用这些卖不出去的火柴加工成工艺品呢？如果可以的话，那这些火柴的价值就会陡然增加了！反正已经走投无路了，放手一搏，或许有峰回路转的一天。

背水一战的马赫说干就干。

马赫本来从小就喜欢搞设计，而且美术的基础也不错。马赫干脆将自己的床当成了创作台板，将成盒成盒的火柴全堆在自己的床上，只要一睁开眼，马赫就摆弄那些长短一样的火柴棒。

半个月后，马赫制作出了第一件火柴艺术品，那是用 4 000 根火柴做成的一张歌坛巨匠"猫王"的脸。第二天，马赫抱着试一试的心理，将火柴艺术品拿到艺术品市场上去销售。令马赫意想不到的是，"猫王的脸"居然卖出了 18 000 英镑的好价钱。4 000 根火柴装进盒子里只有 40 盒，而 40 盒火柴的价值甚至不到 2 英镑，但马赫把这些火柴做成艺术品后，足足使它们升值了 9 000 倍！

尝到甜头的马赫，此后一发而不可收。随着火柴艺术品的热销，马赫感觉到一个人的努力根本满足不了市场需求。他招聘了 3 个帮手，成立了马赫火柴艺术品公司。30 岁那年，马赫又创办了"马赫与他的火柴"网上商店，足不出户就将自己的火柴艺术品销往世界各地。

2012 年 10 月 8 日，马赫在爱丁堡举办了他的个人艺术品成就展，这次展览一共销售出了 300 万美元的火柴艺术品，仅其中一件高达 1.8 米的"火柴猩猩"就卖出 40 万美元的天价。

如今，马赫已是当地赫赫有名的艺术品富商。更让人惊叹的是，现在，马赫每件艺术品的出售价都不会少于 5 万美元。

马赫的故事再一次告诉那些还在苦苦打拼的人们，只要你有一双善于发现并创造商机的慧眼，运用创意思维的方法，即使如一根小小的火柴，让它升值 9 000 倍也并非神话！

10.2.2　机会来了不放过

好创意有了，赶快付诸行动，在实施创意的过程中完善修改，千万不能指望"一蹴而就"。

20 岁的小青年，靠大胆施行创意实现了"出租全世界别墅"的梦想。

房屋租赁公司实在不足为奇，无非就是租一间门面，雇几个员工，赚取一点微薄中介费的小生意。但是，有一个叫乔鲍林的加拿大年轻人却别出心裁，无意中发现了商机，不仅将这个小生意做成了一个"大蛋糕"，还从中挖到了丰富的"宝藏"。

乔鲍林从小就对做生意特别感兴趣。因为父亲在造纸行业工作，厂里回收的杂志书籍里常常夹杂着一些磁带和 CD 光盘，11 岁时，他就学着将它们清空，然后填充上新的内容再重新出售。

13 岁时，他迷上计算机，15 岁时成为一家网站的兼职网站设计师，一干就是两年。有一天，一个来自巴巴多斯（巴巴多斯是拉丁美洲第一个发达国家，也是世界上第一个黑人为主体的发达国家，位于东加勒比海小安的列斯群岛最东端，西距特立尼达岛 322 千米）的地产商希望在网站上销售他的海滨别墅，但是他没有任何照片。于是他请乔鲍林飞到他的别墅拍摄照片。

17 岁的乔鲍林第一次跨出国门，参观了那些位于旅游胜地的豪华别墅。他发现，这些别墅只是富豪们来度假时才使用，大多时间都处于闲置状态。一掷千金买下的豪宅就这么白白地空着真是太浪费了！乔鲍林敏感地嗅到了一丝商业气息，一个大胆的想法冒了出来：何不创建一个网站出租这些别墅，帮助房主赚钱呢？

然而，他的设想刚开始实施便遭到了迎头一棒。当他敲开第一家别墅的大门时便吃了个闭门羹，主人冷眼嘲笑道："年轻人，你的想法太过于天真了！"他的家人和朋友们也都认为他的想法太疯狂，实施的难度太大了。

乔鲍林却坚持认为，这是个尚待开发的大市场，因为供需双方都潜伏着巨大的需求。全世界的富人何其多啊，每天都有人飞到世界各地旅游或度假。一方面是旅游者有钱，却只能尴尬地入住标准化酒店，另一方面是豪华别墅的大量闲置，如果能给两者牵线搭桥，那将是包括自己在内的三方共赢。

很快，乔鲍林注册了一个别墅出租公司，定位于世界各地的豪华别墅，专门服务于有消费能力的精英人群。为此，他又建了一个网站，开始在网上大作宣传。搞定这一切后，乔鲍林再次飞往巴巴多斯，这次他提出为房主免费服务的优惠条件，以换取20%的租金收益。在他坚持不懈的努力下，终于有7个房主抱着成全他好意的心态愿意让他试试看。

10天后，生意降临。这是一对打算去巴巴多斯度蜜月的豪门情侣。他们不在乎租金多少，要的只是优质的住处。很快，生意谈成，乔鲍林为房主和自己赚到了第一笔收入。

局面打开后，找他出租的雇主和申请租赁的客户越来越多，他的公司开始小有名气，生意也越来越好。而这时，他还只是一个不到20岁的小伙子。

如今，14年过去，乔鲍林的这家别墅出租公司已经拥有近150名员工，名下待租的别墅约有2 000栋，分布于全世界50多个不同的旅游胜地。仅一周的租金，从法国里维埃拉的4万美元到亿万富翁理查德布兰森私人岛屿的40万美元不等。就在2013年，乔鲍林的别墅出租公司的盈利已达上亿美元。

仅仅是一个大胆的创意，加上坚定的行动，优厚的报酬就似水到渠成，源源而来。乔鲍林的成功让很多人羡慕和嫉妒，要知道他还是个连高中都没读完的辍学生啊！

乔鲍林说："我不是那些接受正规教育获得学士学位的人。我的起点很低，必须让自己的眼光看得远些，这样我才能登到高处。"

乔鲍林的实例告诉我们："不怕做不到，只怕想不到。有创意，大胆去施行，成功总在不远处。"

机会只青睐有准备的人，有了好的策划创意，顺势发展，充分利用，成功就在不远处。

10.2.3 戏谑创意不会擦肩而过

抓得住机会，开玩笑的创意也会有好效果。

东京成功申办2020年夏季奥运会，所有商家都希望借奥运会分得一杯羹。

日本东京有一家饮料厂，主打"苦瓜汁"饮料，在夏季，苦瓜是消暑的必备食物，苦瓜汁本来应该受到人们的欢迎，但由于经营不善，接连不断地出现几次质量问题后，"苦瓜汁"再也无人问津，虽然厂家到处贴广告，重振人心，但效果甚微。

经过日本国家食品安全局的检测："苦瓜汁"完全符合国家标准，是放心的饮用品，不仅环保，且有助于缓解肥胖症状。

也就是说，现在的产品质量与安全绝对过关，必须在策划上下功夫，使大家重新记住"苦瓜汁"这种饮料。

奥运会申办成功后，摔跤有幸重新进入奥运会大家庭，哪种民间娱乐运动也可以进入奥运会，成了日本民间街谈巷议的重头话题。

东京电视台夜间黄金节目，例行要插播 1 分钟的广告，在 2013 年 9 月 11 日当晚，电视台出现了这样一则令人啼笑皆非的广告："东京奥运会，您准备好了吗？'苦瓜汁'力挺捉迷藏进入东京奥运会。"

捉迷藏也可以进入奥运会吗？无理取闹，胡说八道，简直是匪夷所思。

当晚，许多网站、博客与微博，都在议论这则奇怪的广告，众说纷纭，莫衷一是。有人甚至说道：花那么多钱做这么一个奇怪的广告，这家公司的老板一定只是小学毕业。

但无论如何，只用了一天时间，日本受众再次记住了一种叫"苦瓜汁"的饮料，广告效应明显，人们知道苦瓜也可以做成饮品，知道苦瓜汁有这么多奇妙的功效。

不管广告多么"烂"，多么让人不可思议，制作"苦瓜汁"的设备开始日夜不停地运转，许多女孩子手中多了"苦瓜汁"这种饮料，送礼、过节，"苦瓜汁"成了首选。

看似毫无关联、无关痛痒的广告，却深藏着妙不可言的逻辑：第一是抓住了东京成功申奥这样一个好契机做文章；第二是用戏耍的口气将捉迷藏融入其中，一下子将观众们的心揪住了；第三是经典的玩笑，一句广告词，不过是跟你开个玩笑罢了，一下子吊起了人们的胃口。

"苦瓜汁"看似与奥运会毫无关系，却夺取了无数人的眼球与注意力，朗朗上口的广告词使人容易记住，可以称得上经典之作。

|10.3| 集脑创技

集脑创技是一种产生创意的好方法，在《创意思维法大观》中被称为集体创新法。

这是一种集体参加的创造性解决关键问题的技法。此法是把约集的与会成员按各自思维特点分成领导者、扩散思维者和集中思维者三个部分。领导者主持会议，扩散思维者提供信息和设想，集中思维者对设想进行评价后负责组织执行，通过集体创新法的实施，可以把不同思维方式的人紧密组织起来，充分发挥各自的思维特长，共同解决面临的问题。其程序如下：

第一，提出问题。与会者各自提出问题，并详细说明问题的背景。

第二，扩散思维。扩散思维者们凭借自己的经验，针对与会者所提出的问题再提出有关的问题和具体问题，把每一个问题简要地记录在一张卡片上。

第三，集中思维。集中思维成员依据问题卡片，提出次位问题并排序。

第四，扩散思维。扩散思维者用扩散思维的方法决定各次位问题的实质，并记录在卡片上，一张卡片写一个问题。

第五，集中思维。领导人与集中思维者对次位问题的实质进行评价后得出真伪的结论，并一个个分开写在不同的卡片上。

第六，扩散思维。由扩散思维者针对结论卡片的内容与第二步中的有关问题间的疑问进行答辩，并建立卡片。

第七，集中思维。集中思维者从答辩中找到解决问题的关键，并设定今后的课题，最后由小组领导归纳认定。

该技法并不限于策划创意和创造性开发领域，在预测、技术评价、长期经营规划决策、集体教育训练等领域都很有效。

集体创新法的程序示意图如图 10-1 所示。

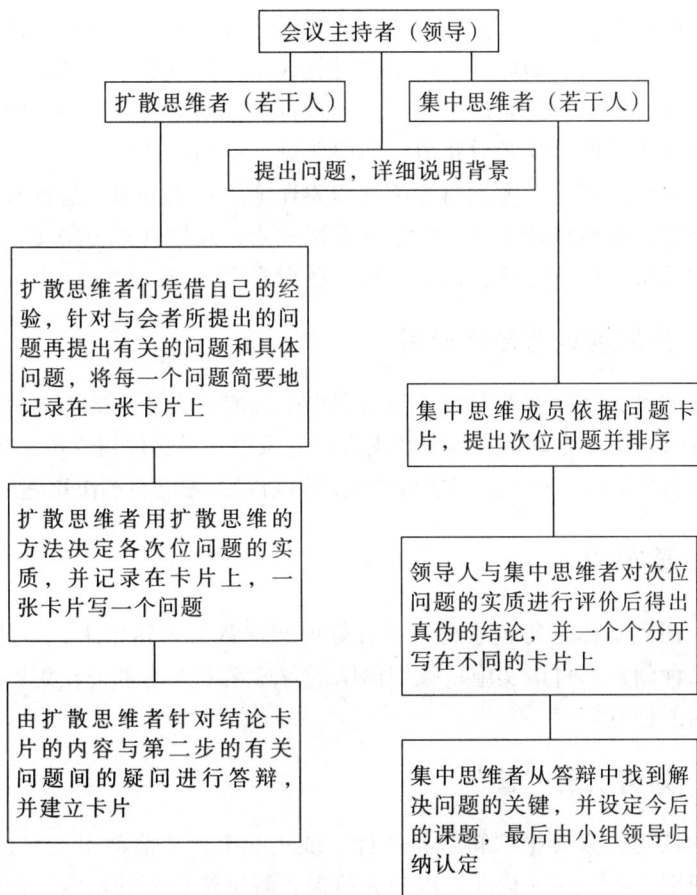

图 10-1　集体创新法的程序示意图

|10.4| 创意碰撞

创意是碰撞出来的。万事万物都是对立的，对立面经过碰撞形成统一，再在新形成的对立中碰撞，使新的形态不断出现、新的创意不断产生，人类社会就这样不断发展。

10.4.1　策划创意从学习积累中来

策划创意是策划运行中的最高层次，不言而喻，它有一定的难度。

策划创意不是凭空产生的，而是艰苦努力的果实，在营销策划中，它切忌脱离经营或推销的实际，而只从纯粹的形式上、理论上、艺术手法上、表现手段上去创意。策划创意自始至终应围绕解决策划主的难题这个实际情况而展开。

策划创意就如同在科学理论中要有新的发现，前提是必须掌握足够的通过调查获得的资源，同时，创意人要具有运用这些资源的能力。若策划人不具备扎实的综合专业知识、良好的素质修养，只凭自己的主观臆想、空想，是不可能产生好创意的。

真正优秀的策划人不是天生的，而是在后天的学习与实践中培养出来的。这样的策划人团队，集中创意的碰撞，产生的智慧火花，那一定是优秀的创意。

在目前，那种能够驾驭全局、能给企业进行系统策划的综合型人才是各个企业急需的，而这种人才的供需矛盾在短时间内还难以得到缓解。

高等学府要尽快培养一大批精于策划相关理论的专业教师，这批教师还得到社会活动的策划中去检验理论、充实理论、发展理论，建构具有中华文化特色的策划学理论。这支队伍的成熟之日，也是策划产业形成之时。

10.4.2　策划创意为施行而用

没有创新的民族是没有希望的，为实现中华民族伟大复兴的中国梦，策划创意伴随我们所做的一切。为策划主客户解决难题的策划不只是停留在电脑中的方案上，而是能实施的创意策略。只有经过实践检验的策划案，才能在解决难题中分出高下。

|10.5|　从善如流

在策划人团队集体进行创意时，各种好的想法都会表达出来，但从实际出发，又不可能将每种创意都付诸实施，策划团队的首席策划人有责任在集思广益中选取并确定要采用的创意。

10.5.1　如何识别"善"

阳明心学认为，只有把"知"和"行"统一起来，才能称得上"善"。从善的前提是怎样识别"善"——标准是以善为前提，解决策划主的难题。正如"打鬼子的方法有很多种，在后方生产也是一样"，只要有利于解决策划主难题的正能量创意都是"善"的。进一步说，这是上善的创意吗？需要进一步分析，这是"短平快"的创意，还是有难度、花力气、费用高的创意；是能调动感情的创意，还是晦涩难懂、令人摸不着头脑的创意；是"善"意地帮助人们实现对美好生活的追求的创意，还是变着法子帮助不法商人掏受众-顾客-消费者兜中的钱的创意。

10.5.2 排除杂念，坚持善行

有决定权的策划团队的首席策划人，要秉公，不受策划团队个人感情因素的干扰；要抗压，不向策划主暗示的倾向倾倒；要鼓劲，不使没有选中创意的策划人心灰意冷。

策划团队的首席策划人不仅是解决策划主的难题的带头人，也是策划团队集体智慧的鉴别人。

几年前，笔者带领几位大三的学生为一个有"历史"的小镇做旅游开发策划时，学生们生龙活虎的思维机器开动后，各种想法都迸发出来，要把几年所学都用到策划中去。

当然，作为导师，笔者心中已有了策划的雏形，但这时是不能说出来的。

在集脑会商中，同学们的创意经碰撞后，几种"善"的创意形成组合，由学生们执笔写出的《我心想往——悠游花山小镇》的旅游开发策划方案得到小镇文化经营者的肯定。

本章小结

策划是一项系统工程，要依据事物发展变化的规律逐步推进。在准确掌握客观——彼，又充分认识主观——己的情况下，采用科学的思维方法，使好的策划创意碰撞出智慧的火花，经判断选择后，用到策划最需要的地方。

思考与练习

思考：

1.策划要循序渐进，第 5 章 5.5 中所表述的策划从缘起到效果检验的内容与本章的表述内容之间的关系是什么？

2.策划是为了解难，犹如打仗，知彼知己在策划过程中处于什么地位？

3.在策划团队中，多个创意产生出来后，向策划主推荐创意的标准怎样确定？

练习：

1.搜集有创意的瓶贴，说说它们各自的创意的不同点。

2.设定题目，在学习小组中进行一两次集体创新活动。

3.从熟悉的品牌广告口号的变化中分析其变化的因素。

延伸阅读：排除不确定性

第 11 章

策划的创意

学习目标

通过本章的学习，深刻领悟创意是策划的灵魂的道理，懂得创意是人脑特有的高级神经活动，策划人有了好的创意，策划主的难题会如庖丁解牛迎刃而解，明白有了好创意，还要操作好创意，在策划施行中创造性地实现创意。

引例

《战狼2》40亿元票房背后的营销之秘

截至2017年8月9日18时24分，猫眼实时票房数据显示，《战狼2》的综合票房已经达到37.56亿元人民币，在8月7日就问鼎中国电影最高票房的宝座，目前正在冲向40亿元大关。

40亿元！对一部电影票房来说，是一个天文数字！

这部制作费仅为2亿元的国产电影，仅仅上映12天，票房就达到了34亿元，超过《美人鱼》33.92亿元的票房纪录，问鼎中国最高票房纪录。这个现象级电影燃爆背后的营销逻辑到底是什么？

北京商报记者卢扬、邓杏子在2017年8月7日载文认为有以下四点：

（1）资本助推。本片制作成本原定8 000万元，实际2亿元，出品方有21家（实际是14家出品方，7家发行方），包括光线传媒、万达影视、淘票票等影视公司，对院线上映起到一定的推动作用。

（2）档期选择。首先，本片上映时间为2017年7月27日，正好在"八一"建军90周年前夕，而《战狼2》的军事题材又与其相适应，这会吸引很多的观众群体。其次，目前的国际形势已经调动了国民的民族情绪，影片中的爱国情怀也很容易让观众产生共鸣。

（3）制作吸睛。水下搏斗、坦克漂移、军舰导弹发射以及影片中实打实的真刀真枪，4 077组快节奏感镜头，火爆的动作场面几乎可以与好莱坞大片媲美，影片中全面升级的海陆空战争大戏也赚足了观众的眼球。

（4）口碑效应。豆瓣评分7.6分（实为7.5分），好于83%的动作电影，稍显刻意的主旋律煽情显得不合时宜，个人光环太浓烈。

仅从以上观点，似乎足以说明这部电影的燃爆要点，但笔者袁洁平认为除此之外，这部电影燃爆背后的营销逻辑其实另有答案！

一部电影即使拍得再好，在你没看到之前，都源于主观判断，比如导演、主演或剧本，以及影片的宣传，影片的好或不好，其实你是无法评论的，而让你掏出银子步入影院的根本原因是你的思想指导了你的行动。

你的思想怎么了？因为你得到了一个信息：《战狼2》来了！刚开始一定是听片方王婆卖瓜，自卖自夸，看过《战狼》算是有参照物，没看过就是听看过的人说好看或不好看，而当获得票房数字问鼎冠军这个信息的时候，你是看还是不看？

这个现象级电影燃爆背后的营销之秘到底是什么？

带着这个问题，笔者专门在该片上映12天后去现场体验了一番，这次是因为要写这篇文章才去看的电影，但如果不写这篇文章，会不会去看呢？会！

第14天笔者又重看了一遍，这次加深了对影片的理解。

大家对传销应该不会陌生，它的应用理论就是几何级数！

《战狼2》的票房4小时破亿元，83小时破10亿元，7天达18亿元，11天破31亿元，12天达34亿元，中国票房实时数据截至2017年8月9日16点24分，14天票房为37.56亿元，票房破40亿元是就在眼前的事，这其中的营销逻辑已经没有逻辑可言，其实其后的营销作用已经不由当初的营销者来控制，而是已经进入口碑营销的自发裂变阶段。

2017年7月30日，中国人民解放军建军90周年朱日和沙场大阅兵直播，是对这部影片最好的推动力！

中印边境的两军对峙，让身处平安中的普通人关心起战争，而这部战争片的口碑效应撩拨着普通百姓的神经，这部影片成了人们了解现代战争的一个窗口。

这是天时！

在市场竞争方面，《战狼2》的21家出品方与发行方对院线上映起到一定的推动作用。影片上映前后的热门影片《神偷奶爸3》《悟空传》等，上映时长已经超过两周，难以形成竞争威胁，《绣春刀2：修罗战场》尽管一直稳坐单日票房冠军，但并没有形成大规模的观影热潮，同类型影片《建军大业》票房增长缓慢，艰难突破3亿元，《三生三世十里桃花》上映首日票房虽然超1.5亿元，但由于口碑惨淡，票房遭遇断崖式下滑。

这是地利！

《战狼2》的口碑并非一边倒地叫好，在猫眼的平均得分为9.7分，在苛刻的豆瓣上得分为7.5分，对影片的争议，其实是一件好事，因为它对票房具有促进作用。

人民网 8 月 6 日报道:《战狼 2 举报被偷票房 7 天票房远远不止 18 亿 "良心" 盗版商:值得去影院看》,这是媒体将还在犹豫中的观望者踢入影院的临门一脚!

这是人和!

从百度指数可以看到,《战狼 2》7 月 30 日及 31 日搜索指数为第一波峰,2017 年中国人民解放军建军 90 周年朱日和沙场大阅兵直播正是这部影片的第一波峰推动力!8 月 7 日为第二波峰,正是源于人民网曝光《战狼 2》被偷票房,值得去看的正面报道,以及其他媒体围绕着该片破最高票房纪录的大量报道。第二波峰高过第一波峰,截至 8 月 8 日 0 时,《战狼 2》以 34.24 亿元的综合票房超过《美人鱼》33.92 亿元的票房纪录,稳坐票房冠军宝座,如果超过 40 亿元大关,必将形成新的一个波峰。

口碑爆棚,各种自媒体、传统媒体,甚至国家官方媒体,每天都有《战狼 2》的最新信息,在这种好看、过瘾的一片叫好声中,还能够忍住不去影院看的人,需要具有极强的抗诱惑能力,一些原本对电影不那么感兴趣的人也会被卷到影院中去,而有些人可能会看两遍以上。

一部影片获得成功了,许多人归因于营销起了作用,归纳这个因素,归纳那个因素,包括笔者在内的营销人士都喜欢做事后诸葛亮。

搜狐娱乐记者就含蓄地问过吴京:其实关于电影的宣传营销这件事情,很多人觉得这个不是导演应该……

吴京一句话怼过去:他营销怎么了,自己地里种了瓜还不能卖,你们都别来,他不卖,他不吆喝,他有病吧?

电影不同于一般商品,它的制作生产周期较长,你不知道一年以后的市场行情会怎样,到时你的周边会有什么样的竞争对手出现,所以对电影的营销只能是一个战略,战术上对外只能做套路动作,而外因是可变的客观因素,导演吴京深知内因才是可以由他控制的主要因素,这个内因就是影片的质量!有质量才有口碑效应。

这部影片并没有大牌荟萃,大额宣发,而更多的是真实。

影片在非洲拍摄了 10 个月,辛苦自不必说。剧组请的当地司机在贫民窟遭遇了抢劫;等到开机前遇到了半个月的雨季,搭建的 500 个房屋外景,被龙卷风吹走了近一半;吴京开车时更险些出车祸;在德班取景时还发生海啸,全部店铺都被淹了;一段 6 分钟的水上水下镜头,演员和摄影师每天在水中浸泡超过 10 个小时,剧组拍了半个月;坦克漂移时,摄影师险些被坦克的炮筒削头;在狮子园拍摄时,摄影师被黑蜘蛛咬了之后,半身麻痹进了医院,七八个人被毒蜘蛛咬过……这些幕后镜头在影片中没有人会看到。

为了真实,拍摄狮子的镜头时,剧组团队将自己锁在笼子里,虽然尽量减少与狮子的正面接触,但是驯兽师还是被狮子咬伤了……

为了一个演员用脚踢吴京头部的动作镜头,吴京要求必须实实在在地来一脚,于是反复真踢，把吴京的头也给踢破了……

为了一个落水画面，吴京跳了25次之多，每次跳水后都要有快艇来迅速将吴京救起，稍慢了些，他都有可能被洋流卷走。

飙车追杀、坦克漂移、真打真摔、真枪实弹，炸了上百辆汽车、2辆20吨的等比例坦克模型和1架飞机模型……

以至于吴京在杀青后感慨地说："从去年6月19日到今年4月16日，《战狼2》终于拍完了，起码我活着回来了。"

你只有在看过影片后，才会用"震撼"这个词来描述，因为吴京作为导演，把大量资金投入到了影片的真实场景搭建、武打场景摄制、逼真特效制作等方面，犹如纪录片一样，所有主演都完全不用替身。吴京的这份对电影完美的执着认真劲，加上剧情人性化的体现，博得了观众的认可，这是口碑营销的根本。

看看有些持反对意见的观众短评别有一番滋味，而正是这些苛刻的评论才是《战狼2》更上一层楼的动力。

可以说，这部影片的成绩是吴京等主创人员拿命换来的。所以，这部实实在在由4 000多个镜头组成的影片，的确对得起观众的银子！

这部影片的另外一个让人难以抗拒的理由就是，身为中国人的自豪。影片最后在中国护照上出现了一句话：中华人民共和国公民：当你在海外遭遇危险，不要放弃！请记住，在你身后，有一个强大的祖国！

伟大的电影一定具备两个灵魂要素：真实和人性！

所以这部影片的营销之秘也许只有一个字：值！

资料来源　袁洁平．《战狼2》40亿票房背后的营销之秘［EB/OL］．［2018-07-16］．http：//www.sohu.com/a/163937344_657211.

【分析与思考】

2017年8月13日，《战狼2》票房已突破45亿元，成为2017年全球单一市场单片之首。

请思考：

（1）《战狼2》上映15天获得40亿元票房这个现象背后的营销策划的逻辑到底是什么？

（2）对于营销过程中的宣传策划，创意产生了什么作用？

|11.1| 创意帅旗

创意在策划及施行中始终处于核心地位、统领地位，有无创意也是策划与计划的分水岭。检验一份策划案的等级，标准是创意。

11.1.1 创意将策划人的智慧化于物

马克思在《1844年经济学哲学手稿》中，将人类的创造活动称为人的本质力量的"对象化"。人们在适应环境、改变环境中不断创新，按照人的需求，在改变客观世界中发挥主观能动作用，创造了更适合人们的各种物。

从"两亩地，一头牛，老婆孩子热炕头""土豆烧牛肉"到"楼上楼下，电灯电话"，从"满足人民日益增长的物质和文化需要"到"中国特色社会主义进入了新时代，我国社会主要矛盾已经转化为人民日益增长的美好生活需要和不平衡不充分的发展之间的矛盾"，这些改变是人们本质力量对象化的产物。

创造、创新、创意是人的本质，这些活动都是在对象物上体现的。

策划人的创造性智力劳动，一定指向策划对象，即为了改变什么而做策划。

策划人的本质力量越强，创新、创意能耐就越大，解决问题的本事就越大。

11.1.2　策划人在创意中将物化于人

马克思在《1844年经济学哲学手稿》中，还说了人的本质力量的"对象化"和客观世界的"人化"。

人的智慧按照人的需要来改造世界，使生产更轻松、高效、优质，使生活更舒适、便捷、美好，使人的外部世界更加人性化，更适于人类生存。

许多具有表演功能的机器人，大体依照人形来设计，人体工程学应用到住宅、家具、汽车、飞机、宇宙飞船的乘员空间等方面，是将客观世界"人化"。

在信息传播中，传者和受者之间，选择的是两者认同的"人化"的传播符号。

策划创意人的高明之处，在于完成传者和受者最大限度的沟通，使策划主传出的需要信息被受众–顾客–消费者明白地认知，调动他们的情感因素，牢牢粘住他们的记忆，当他们有需求时，会主动选择点击购买。只有那种将客观世界"人化"的传播，才能产生优质的创意，这种创意正是策划主和策划人都最需要的。

11.1.3　创意极大地将受众吸纳进来

我国改革开放40年，最能集中反映策划创意人智慧的中国国际广告节，如绿茵赛马，是一场中国最佳广告创意的大检阅。

全球5项最重要的广告大奖——法国戛纳广告奖、莫比广告奖、伦敦广告奖、克里奥广告奖、纽约广告奖，都是创意的大比拼。

参赛作品上万件，全场大奖只有一件，"一举成名天下知"；获奖入围的作品，都能为策划主的信息传播带来难以估算的效益。把创意人"逼"上"死路"的"没有创意，就去死吧"这句话是多么残酷的鼓励。

全球排名靠前的企业，不惜花重金买创意，买媒体的时间、空间传播创意，如果赚不回钱来，岂不要收摊关门，哪还有今天的百年老店？

|11.2| 创意思维

"傻帽"创意投资，成为全球首富

尤里·米尔纳的创意，使他成为全球巨富。他主动向脸书创始人扎克伯格投资2亿美元，对方不同意。他亮出不要优先股、不要董事会席位、不要投股权的"三不"保证，扎克伯格没理由拒绝，有人嘲笑尤里是"傻帽"。尤里只投资有发展前景的明星企业，不理会它和同行的竞争，紧接着尤里又主动投资了美国另一个社交网站——推特。尽管脸书和推特双方存在激烈的竞争，两家公司均欣然接受了尤里的投资。后来，尤里又把目光转向阿里巴巴和京东两个零售交易平台。当尤里的"傻帽"创意带来几百亿美元利润的时候，他又被判定为地球上最牛投资人。

11.2.1 创意力量

策划是人类独有的高级神经活动的过程和结果，创意是策划的魂和核。创意是人脑思维的结果。创意的力量在于人们用创意改造世界的同时，也在改造自己。

11.2.2 思维是人类最本质的一种资源

思维是人类最本质的一种资源，是一种复杂的心理现象，心理学家与哲学家都认为思维是人脑经过长期进化而形成的一种特有的机能，并把思维定义为：人脑对客观事物的本质属性和事物之间内在联系的规律性所做出的概括与间接的反应。我们所说的思维方法就是思考问题的方法，是将思维运用到日常生活中解决问题的具体思考模式。

11.2.3 思维之力

思维是人类最本质的资源，又是足以影响人成败的关键因素，它就像蕴藏在大脑中的石油，只要合理地发掘和利用，就能够帮助我们创造出越来越多的奇迹和美好篇章；反之，若开掘无度、无章可循，只能造成资源的浪费与一生成就的湮没。

人的一生中，从衣食住行到事业前途，从情感问题到人际关系，时时刻刻都要面临一些大大小小的问题和矛盾。要想让自己的生活顺利进行，我们必须解决这些问题和矛盾。解决问题和矛盾需要开动我们的大脑，需要进行积极的思考，需要借助有效的思维方式。

心理学家马克斯韦尔·马尔茨说过："所有人都是为成功而降临到这个世界上，但是有的人成功了，有的人没有，那是因为每个人使用头脑的方法不同。"虽然每个人都有思维的器官并都在思维，但是思维的质量有差别。思维的质量直接影响人们做事的质量和生活的质量，决定了一个人是富有还是贫穷，是健康还是多病，是强大还是弱小，是幸福还是不幸。高质量的思维可以保证生活的各个领域都朝着我们期望的方向发展，不良的思维习惯则会让我们付出巨大的代价，包括经济上的损失和精神上的代价。

策划公司为客户服务，"出售"的是自己的"智力"，产品是"策划"和"创意"。

策划创意人，生活在日新月异的今天，立身在天地之间，他们吮吸天地之精华，博采几乎所有学科的灵气，为策划寻找"前人从未走过的路"，做"看似平常，思之伟大"的事业——创意。

创意是人的精心创作，意义非凡的思维结果。

11.2.4　创意思维不同凡响

创意思维是延续人类文明的火花，它让我们把不可能变为可能，把不相关的因素联系到一起，激发出新的生命火花。创意不是艺术家、发明家的专利，创意存在于我们每个人的心中。在这个世界，创意让我们重新找回工作和生活的乐趣，让我们生存得不简单，让我们不再毫无目的地奔波，让我们的生命平衡而放松。

创意思维是一种能够用各种不同的角度解读人生和世界的智慧。当我们的心中有了"这样是不是会更好"的念头时，便是创意闪现、活动的时候了。

创意思维的精灵来到我们的心中，标志着自信、勇气、耐心与智慧之神来到了我们的心中，我们的生命将因此焕发灿烂的光芒。因此可以说，创意是一种生活态度，是乐观向上、不畏艰难、面向未来、充满信心、勇于创造的人生观。

创意思维是对传统的叛逆；是打破常规的哲学；是大智大勇的同义词；是导引递进升华的圣圈；是一种智能拓展；是一种文化底蕴；是一种闪光的震撼；是破旧立新的创造与毁灭的循环；是宏观微缩的审视，点题造势的把握；是跳出庐山之外的思路，超越自我、超越常规的导引；智能与文化神奇组合的经济魔方；是思想库、智囊团的能量释放，是深度情感和理性的思考与实践；是思维碰撞、智慧对接；是创造性的奇思怪想；是投资未来、创造未来的过程。

在策划中，创意思维让我们学会一种崭新的思维方式、竞争策略，让我们能够得到N种赢得机会和成功的权利。

如同诗人需要"灵感"一样，策划人才非常需要"创意"。创意从何而来？要准确地回答这个问题，就像回答诗人的灵感从何而来一样困难，因为每个人的头脑里都会对创意有一个自己的定义。

|11.3| 操作创意

有则寓言讲，一个人得了一把好剑，他连称"好剑，好剑！"但到底好在哪，不知道，更不会用，那么再好的剑也如同砍柴刀。怎样操作创意？我们用具体事例来说明事理。

11.3.1 抓住好创意，果断行动莫迟疑

小案例11-2　　　　　　创意改变了竞赛规则出新成绩

　　1968年，墨西哥城奥运会的田径赛场上，人们蜂拥而入，他们见证了史无前例的一幕。在男子跳高比赛中，一位选手用背弓的方式越过了标志杆。这位21岁的选手是来自美国的迪克·福斯贝里，最后，他以创奥运会纪录的2.24米的成绩一举夺魁。

　　在这之前，传统的跳高方式被称为跨越式跳高（或滚杆式跳高），运动员在跨越横杆的一刹那脸部朝下，运动员需要很好地控制并依次高抬其双腿跨越横杆。福斯贝里在读高中时觉得这种跳法很难，开始琢磨其他的跳法。他跨出了具有想象力的关键一步，他问道："如果我翻过去，让背部先跨越横杆呢？"

　　当时，大多数学校和田径俱乐部的跳高落地坑都是用木屑、锯末铺垫的，这对跨越式跳高而言很方便，对于背部先着地的跳法却非常危险。而福斯贝里所在的高中（位于美国俄勒冈州梅福德）成为美国历史上第一个使用泡沫海绵作为落地坑填充物的学校。这为实现这名高中生看似异想天开的想法提供了保证。

　　无畏教练的劝阻，福斯贝里尝试并发展了这种新的跳法。他从横杆的对角线位置加速跑，以背弓的方式起跳，好似划出了一道抛物线，这样的跳法较传统跳法降低了重心。

　　很快，他掌握了这种跳法，并屡创佳绩。但是，仍有很多教练和体育评论员对此冷嘲热讽，甚至有报纸打出"世界上最懒惰的跳高选手"的标题，还说他"简直就像船上的鱼儿打挺"。他们还给这种跳法取了个名，叫福斯贝里跳。

　　但是，当福斯贝里赢得奥运冠军后，一切都变了。他的新式跳法成为全世界跳高选手的训练标准。

11.3.2 奇妙创意的"冷处理"

　　好创意有时会在一瞬间产生，策划人要且慢拿出来。一是再深思熟虑；二是要矜持；三是要找足证明好创意的支撑点，不会轻易被驳倒。

　　在《策划书写作教程》第一版和第二版中，笔者介绍了"国家级新药'得尔'城乡销售策划"的内容和创意产生的简略过程。

　　那天，已经是下午四点来钟，贵州商业广告公司董事长林坚约笔者到他们公司。双方坐定后，公司AE（客户执行）详细介绍了他们新接的项目：贵州老来福药业公司从国家卫生部新获得的美国20世纪90年代药典中的新药。国家允许按药典生产，并应承4年内不进口类似的药典新药。也就是说，按美国药典生产这种新药，国家有4年保护期，换句话说，药厂抓住机会，至少在三四年内可以独家经营。

　　药厂对这家当时最有实力的广告公司寄予希望：让药品上市一炮打响，迅速

走红。

药品已经投产，内外包装都已经印刷出来，只等销售策划出来后，立马走向市场。

这种叫"得尔"的西药新产品是我国卫生部下文批准投产的国家级三类新药，"得尔"是依据商品名"Advil"翻译而来。

在药盒外包装上印刷了这些信息："得尔"被收载入1990年版《美国药品手册》，具有抗感冒、无嗜睡、高效、速效、安全的功能。

"得尔"对感冒临床表现如发热、头痛、鼻塞、流鼻涕、打喷嚏等，具有快速而持久的疗效；控制感冒症状效果显著；副作用轻微，无嗜睡。

笔者向贵州商业广告公司董事长和两位AE、平面设计人员、办公室主任询问了许多问题，在深度交谈中，笔者回想起以前与贵州老来福药业公司的交往：1997年老来福药业公司应贵州省经委邀请，参加贵州保健品、旅游产品、刺梨产品展销活动，参观者主要是贵州各县市的县长、市长们，目的是打开他们的思路，开发本县市的新产品。生产药品的公司，对布展不内行，找到了从事广告专业教学的笔者，希望笔者为公司50平方米的展厅进行策划、设计、布展。师生们付出了两周的努力，最终展出获得成功。

通过这次成功的展出，策划主和策划人双方达到了初步了解的程度。

商业广告公司人员在介绍产品和生产厂家时，笔者一边听，一边打开"思维雷达"搜索策划对象——标的物"得尔"的相关信息。

第一，老来福药业公司董事长赵新环女士曾是下乡知识青年，一定坐过马车，一定看过和听过赶马车的把式催促马快些跑起来，一边挥动马鞭打出响声，一边嘴里高喊"得尔——驾！"

第二，"得尔"是英语直译，在中文里这两个字没有实际的意项，很难在文案中让人明白和记住。

第三，如果把赶马把式高喊的"得尔——驾"用到文案中，一下子就能让广告受众记住这个毫无实际义项的中文药名。

第四，赶马快跑与治疗感冒有什么关系呢？笔者想到"平安"是两者的契合点。"得尔——驾！祝你身体健康，一路平安！"以此为创意基点，"城市篇""乡村篇"的电视广告创意逐渐在笔者的大脑中形成。

奇妙的创意就在策划人和策划公司人员谈话间已经有了雏形，但此时就抛出创意，是很不恰当的，应该对直觉思维、顿悟出的创意做"冷处理"。这也是对创意的有效保护。

做这样的"冷处理"，理由有四点：

第一，出于对奇妙的创意的保护。新创意在时机不够成熟时，如果轻易抛出来，当有人提出不同看法（反面的、侧面的），而策划人的理由不充分时，容易出现使创意站不住脚的问题。策划人要深思熟虑后，提出完整的意见，使奇妙的创意能立于坚实的基础之上。

第二，还是出于对奇妙的创意的保护。许多人在对创意一知半解时，又会将创意神秘化，或去神秘化。"这么快就有创意了？这不是创意。""创意如此简单，太不值钱了。""原来这就是创意，我都会，找策划人干什么？"产生这些想法，会对奇妙的创意产生打击。

第三，也是出于对奇妙的创意的保护。在商业广告公司的第一次产品介绍会上，笔者有了奇妙的创意，但还没到该抛出的时候。要待到策划思想较为成熟，创意成为策划的灵魂，围绕奇妙的创意产生了表现创意的载体，写出表现创意的文案，相应提出新药"得尔"的城乡销售策略，有了一整套的方案，这个奇妙的创意才会有血有肉地站立起来。

第四，只是出于对奇妙的创意的保护。成套的策划方案未确定下来，好的创意应该有保密性。笔者曾说过："创意是层窗户纸，捅破后一文不值。"只有将策划案全面地放在策划主手中，使他有惊奇、震撼、新鲜感，无可替代感，这份奇妙创意引领的策划案才算成功。

当然，商业广告公司内部不会有人在策划案没有完成前，把奇妙的创意告诉策划主——老来福药业公司，但是也要防止策划主内部也有人做策划，他们可能会用招投标方式套取策划人奇妙的创意。

11.3.3　创意的视觉、听觉表现

在笔者交给贵州商业广告公司的策划案中，"国家级新药'得尔'城乡销售策划"的目标市场定位于"感冒患者；曾患感冒，使用过其他药物疗效不明显者；家有常患感冒病人者；对美英药物信赖者；经济收入较高、在购药时以疗效为重者；文化程度在高中以上、对'得尔'药名和疗效能接受者"。

老来福药业公司对策划的市场销售要求是：

（1）在本策划全面实施以后 1 个月内，使贵阳、遵义、安顺三个中心城市的 40% 市民知其药名和疗效。

（2）以三市为中心，将药名、疗效影响力扩展到所属县市（县级市）。

（3）1 个月后使其影响注入县市属乡镇。

（4）在接下来的冬、春季即感冒多发季节，使药名及疗效的影响铺及全省，目标是使全省近千万人知药名，懂药效。

为实现市场销售要求，策划人为宣传"得尔"设计了广告主题：

（1）老来福新奉献——美国药典新药——"得尔"。

（2）老来福本来已深入贵州人之心，本次策划活动应继续宣传企业形象。

（3）"得尔"来自美国药典，中国国家卫生部批准新药。

（4）"得尔"这个译名要让人们记住。

这些广告主题要求在策划施行中充分利用有效媒体，在视觉、听觉方面对受众进行科学的、有促销作用的广告宣传。

有了传播主题，笔者为"得尔"设计了广告策略：

（1）定位：患感冒急需迅速控制和治愈者的良药。

（2）治感冒的药很多，应避免对比，只宣传自己。

（3）以"大剂量"的广告传播倾泻，在脉冲式的广告活动影响下，实现策划目标。

（4）用中心扩散、逐步渗透的方式占领贵州城乡治感冒的信息通道，为走出省门，奔向全国打好基础。

有了销售目标、广告主题、广告策略，笔者提出了媒体组合的意见：

（1）以多条针对不同受众的电视广告片为主。

（2）在几种读者喜欢的报纸上做广告。

（3）设计印制招贴画、POP、布标、手提袋、传单等广告，选择新创意的发布地点。

（4）以制造新闻创造话题、开展公益广告宣传为辅助手段。

选择有新创意的发布地点，在做好各药店销售人员工作的同时，在各级图书批发市场和城乡的书店里张贴招贴画、POP广告，在乡镇主要干道上挂跨街布标广告，在农村集市赶场时发送传单广告。这些策略能在短时间内有效地把"得尔"新药推向目标市场。

施行媒体的策略，策划人是这样安排的：

（1）电视广告。

电视广告分为三个阶段：

①三城市省台、市台分别做三天悬念广告（字幕）：

请各位注意，别患感冒，三天后才有一种新药奉献给您。

②以感冒患者因有此新药而兴奋为题，拍两个版本（各30秒和15秒）电视广告。

其一，15秒电视广告：雪铁龙轿车，老板以手帕捂鼻上车，驾驶员送上"得尔"新药，老板得意一笑，驾驶员大喊"得尔——驾！"雪铁龙启动。

其二，30秒电视广告：弯曲的盘山公路上，一辆大客车在行驶，车停在路旁，驾驶员将头伸出窗外，表现出感冒难受状。旅客中，一教师送来"得尔"新药，驾驶员端详药盒，笑了，取药一粒，一饮而尽，口喊"得尔——驾，开车啰！"汽车发动。满车人喜悦。推出标版"国家级感冒新药'得尔'，祝各位一路平安、一生平安"。

（2）报纸广告。

在《贵州日报》《贵州都市报》《贵阳晚报》《遵义日报》《遵义晚报》《安顺日报》《安顺晚报》同时推出悬念广告：请各位注意，别患感冒，三天后才有一种新药奉献给您。

第四天在以上报纸上刊整版介绍"得尔"新药的套红广告。

（3）招贴广告。

在电视、报纸悬念广告刊播的同时，在三市的"公告栏"内张贴设计有趣的同样内容的悬念广告，连续三天出现，时间递减，第四天贴出设计精致的招贴画广告（文案内容与报纸整版广告相同）。四次招贴均在同一位置上出现。比如，贵阳市北京路八鸽岩饭店门前的1、2路车车站的公告栏就十分醒目。

（4）跨街布标广告。

在悬念广告揭晓的当天，贵阳市下辖区、郊区县上百条，遵义市、安顺市各60、40条跨街布标广告同时出现。

（5）传单广告。

①在街头散发，时间为第四天全天。

②派人送到居民家里，时间为第四天中午和晚饭时。

（6）在第七天，电视、报纸上登一条信息：天气寒冷，您患了感冒，老来福药业为您送来美国药典新药——"得尔"。请到××处，凭身份证领取。

由专人发药，记下姓名、身份证号、地址、电话等联系方式。两天后，派老来福药业公司技术员、医师，上门拜望、探问、记录。邀请报社、电视台派记者一同前往参加。

如有著名人物此时患了感冒，主动送药上门。追踪治疗，获得用药反映。

（7）每市重点找一居委会，请社区医生介绍本居委会五保户老人健康情况，在其引导下，送药上门，视其服下，拍照，跟踪探视，记录疗效，请记者采访、报道。

（8）每市找一所职业中学，请学校医务室负责人介绍学生健康状况，送药给该校，让患病学生服下，跟踪探视，报道宣传。

（9）由贵阳等三市领导主持向"敬老院""托儿所"赠药。请报社、电视台报道。

（10）印制"老来福药业公司真诚奉献：国家级新药，引进美国药典，疗效快，不瞌睡，感冒药——'得尔'"的手提袋，在贵阳市青云路散发给全省各县来采购图书的书商们，供他们包装图书使用；将招贴送给他们，请他们带回县里去，张贴在书店门口。

通过书店宣传药品，最容易让人们产生新奇感和信任感。

笔者为"得尔"新药设计了多条广告用语：

（1）老来福新奉献，美国药典——得尔！

（2）"得尔"——驾，祝您平安！

（3）感冒好得快，"得尔"跟我来！

（4）卫生部批准投产的新药——"得尔"！

（5）天冷了，"得尔"祝您身体健康！

（6）感冒了，快去找"得尔"！

（7）我是"得尔"，帮助您驱逐感冒来了！

（8）有"得尔"保驾，生命一路平安！

（9）感冒不可怕，"得尔"瓦解它！

（10）"得尔"来自美国药典，老来福生产。

这些广告标语既可以印制在跨街布标、传单广告、报纸广告上，也可以用于电视广告的标版。

"得尔——驾"创意的视觉、听觉表现施行后，实现了策划主——老来福药业公司——提出的城乡销售目标。

11.3.4 创意的鉴定和施行

好的创意要过"三关"：首先是策划主要通过，他认可了才算过了第一关。其次是策划创意要通过媒体表现出来，媒体人员从技术层面也可以否定创意的表现。最后是再好的策划创意，都要落实到受众的认知、情感、意志、行为上，他们才是策划创意的最重要的考官。

"国家级新药'得尔'城乡销售策划"被贵州商业广告公司送到老来福药业公司董事长赵新环手上，她看到策划执笔人的姓名，首先有了对"老朋友"的劳动成果的信任感；再看到"得尔——驾"的创意，唤起她过去的生活体验，产生亲切感；文案中的目标市场、购买群体、主题确定、传播定位、媒体整合、销售效果预测不仅令人满意，而且超出了她的预期（赵新环为老来福SOD的推广，曾两次请外地知名广告公司来贵州策划创意，赵新环和公司高层陪同广告公司人员好些天，最后广告公司提供的创意被公司一线销售人员轻易地否定了）。

相比之下，她很快与贵州商业广告公司达成协议，将国家级新药"得尔"城乡销售广告及施行的事交给了本地的广告公司。这算是过了第一关。

策划人的创意要在设计人员的再创造中表现出来，被广告公司和客户都认可，这才是过了第二关。

根据"得尔——驾！"的电视广告创意，设计人员画出了"城市篇"和"乡村篇"两条电视创意的故事板（如图11-1所示）后，老来福药业公司和贵州商业广告公司都接受了创意表现，老来福药业公司还要求再出一条"在中国也能买到美国药"的电视广告创意。

策划创意的第三关，也是最重要的一关，即创意的受众反馈。

11.3.5 创意的受众反馈

创意的受众反馈，又分为三个层面：首先是受众的认知——认识，知道；其次是受众的情感调动——让他们动心，对策划创意的产品产生好感，喜欢它，从心里接受；最后，也是最重要的是受众接受策划创意，这是检验创意的重要方面，受众的行为则是重要方面里的主要方面。广告传播的落脚点，好比炮弹的"落点"，打中了目标的炮弹才有效。创意被受众认识了、知道了、记住了甚至喜欢了，他们需要这类商品时，才以会指名购买"得尔"治感冒。当实现了商品和货币的交换时，这条策划创意就可以说——成功了。

电视广告脚本故事板 /SCRIPT

总NO( )字	编号:	NO( )
客户/Client	题目/Brand	规格/Specification

创意提供 Campaign	文案提供 Script	脚本绘制 Drawing

像部/Video	画面/Visual	声部/Audio
一辆大客车,在弯曲的盘山公路上行驶。		大客车在弯曲的盘山公路上行驶的声音。
大客车放慢速度,停在公路边上。		大客车放慢速度,熄火的声音。
感冒后的驾驶员将头伸出窗外,在打喷嚏前,眼冒金花,他只好把车停在路边,酝酿这个喷嚏。(中景特写)		正准备打喷嚏的喷嚏声。
一位教师模样的乘客,将一盒药递到驾驶员手中,驾驶员端详药盒。(近景特写)		

导演 Director	制作人 Producer	客户代表 Customer Represent

电视广告脚本故事板 /SCRIPT

总NO( )字	编号:	NO( )
客户/Client	题目/Brand	规格/Specification

创意提供 Campaign	文案提供 Script	脚本绘制 Drawing

像部/Video	画面/Visual	声部/Audio
驾驶员会心一笑,迅速取出一颗胶囊放入嘴中。(近景特写)		服药的声音。
驾驶员露出满意的微笑,并迅速发动起客车。		大声叫道:"得尔一笑"
行驶的车上,旅客们欢呼雀跃。		乘客们齐声喝道:"得尔一笑"
客车又稳稳地行驶在盘山公路上。(客车慢慢地行驶,消失在蜿蜒的山道中。画面渐渐淡出,显示文字主题:"国家级新药'得尔',祝大家一路平安,一生平安!")		驾驶员悦耳的口哨曲加伴奏。

导演 Director	制作人 Producer	客户代表 Customer Represent

图11-1 "城市篇"和"乡村篇"两条电视创意的故事板

"国家级新药'得尔'城乡销售策划",因为有以下三个特点,所以产生了很好的将受众变为消费者的效果:

(1)周密策划:将整个策划活动统筹于一个完整的系统内,实施有序,避免不切实际,"虚晃一枪"。

(2)充满创意:从策划目标的确定、策划主题的提炼、策划策略的制定、策划媒体的组合、广告用语的创作到广告费用的安排,都是经过高级策划人员精心努力后产生的创意。

(3)三方配合:策划人和广告公司与策划主之间的密切配合,是完成此策划的关键。

当然,广告传播在促销组合中起着先导的作用,但最后占领市场还要靠人员推销(线下和线上都不偏向),企业的推销人员需要全面了解策划广告创意的内容,同时、同心、同力地为促销努力。广告创意将新闻、公益广告传播活动都已经排入,这些可作为公共关系。至于特殊的促销手段,策划人还需听取策划主的意见后,再进一步策划。

|11.4| 迎刃而解

运用符合规律的创意思维,难题终会如庖丁解牛,迎刃而解。

《山东青年》杂志刊登了庞启帆编译的一篇题为《诺贝尔奖获得者的问题思考》的文章。

　　一天早上，著名的物理学家、诺贝尔奖获得者欧内斯特·卢瑟福接到了一位同事的电话。同事说他准备给一个学生的物理答卷零分，而这名学生却声称他应该得到满分。于是，师生俩决定找一位不偏不倚的裁判，结果选中了卢瑟福。整份试卷只有一道题。试题如下："如何用气压计测定一栋大楼的高度？"学生的答案是："把气压计拿到楼顶，用一根长绳系住气压计，将气压计垂到地面，然后提上来，测量绳子放下的长度，该长度便是大楼的高度。"

　　一方面，这位学生的确有充分的理由得满分，因为他的回答严丝合缝、准确无误；另一方面，如果给满分，无疑表明他在物理学方面能力突出，但这个答案并不能证实这一点。如何裁决呢？思虑良久，卢瑟福建议让学生再试一次，给他6分钟时间，必须用物理学方面的知识来回答这个问题。5分钟过去了，学生什么也没写。卢瑟福问他是否想放弃，他回答说，他有好几个答案，正在想哪个是最好的。卢瑟福对自己干扰他的思考表示抱歉并请他继续。在接下来的1分钟里，他迅速写出了如下答案："将气压计拿到楼顶的边缘，松开手，让其自由落下，用秒表记录气压计降落到地面的时间，然后运用自由落体公式 $h=1/2gt^2$（高度=0.5×重力加速度×时间的平方），就能计算出大楼的高度。

　　看了学生的答案，卢瑟福问同事是否还坚持刚才的意见。同事哈哈一笑，然后夸赞学生做得非常出色，并且给了他满分的成绩。当卢瑟福正要离开同事的办公室时，突然想起那个学生说过他还有好几种其他的答案，便好奇地问他那几个答案是什么。学生答道："借助气压计测量大楼的高度，有许多种方法。例如，在一个阳光灿烂的日子，把气压计拿到户外，测量出气压计的高度和其阴影的长度，以及大楼所投射出的阴影的长度，通过运用简单的比例法，就可以算出大楼的高度。

　　"好极了，"卢瑟福说，"其他的方法呢？"

　　学生微微一笑，答道："还有一种经典的方法，你也许会喜欢用。方法是：拿上气压计，开始爬楼梯，并在墙上依次标出气压计的长度，记住你一共做了多少个记号。这种方法简言之就是用气压计当尺子去量大楼的高度。"

　　"很直接的一种方法。"卢瑟福笑道。

　　"当然，还有一种更为复杂的方法：你可以把气压计系在绳子的一端，让它像钟摆一样摆动，分别测算在地面和在楼顶上的重力加速度g，理论上，根据这两个g的差值就可以计算出建筑物的高度。

　　"根据同样的方法，把气压计拿到楼顶，用一根长绳系住气压计，将气压计放下，接近地面，然后让其如钟摆一样摆动，根据摆动周期便可以计算出大楼的高度。"

　　"总之，"学生总结道，"还有许多的方法可以解决这个问题。"

　　"或许最好的一种方法是，带上气压计到大楼地下室，去敲大楼看门人的门。看门人开门后，你就对他说：'先生，我这儿有一个很好的气压计，如果您能告诉我这栋大楼的高度，气压计就归您了。'"

说到这，卢瑟福问那个学生："你真的不知道解这个问题的最常规的方法？"他回答说他是知道的，但他说从中学到大学，老师们总是试图教他怎样去思考，对这个楼测高的问题，他实在感到很腻烦。

这个学生的名字叫尼尔斯·玻尔。多年后，他获得了诺贝尔物理学奖。

尼尔斯·玻尔解决问题的答案有许多种，迎着教师的难题，把这些简单易行的解决方法切开了、研究了，从而找到最简单易行的方法，创意这"一把能打开旧锁的钥匙"把他送达到了成功的彼岸。

本章小结

学习本章要深刻领悟创意在策划及策划的施行中，创意是扛帅旗的角色，没有创意的方案，只能叫计划——按某些人的意志去施行工作或行动以前拟定的具体内容和步骤。

策划人要将学会创意、运用操作创意、在策划施行中创造性地实现创意作为自身价值之所在。即使策划人离开了策划岗位，在任何与动脑有关系的事业或项目中，创意都会成为其永远闪光的追求。

思考与练习

思考：

1.创意是什么？为什么它是策划的灵魂和核心？

2.我们敬畏创意，热爱创意，怎样在策划中获得创意？

3.创意是庖丁解牛，面对策划主客户的难题，策划创意人要有什么样的本事？

练习：

1.以本教材的策划案例为研究对象，领会其中的创意，写出学习心得。

2.《战狼2》为什么能获得成功？请在小组中说说它的策划创意点。

3.找找生活中你最喜爱的生活用品的传播创意点，它是怎样"俘虏"你的？

延伸阅读：《战狼2》为什么能成功

第 12 章

策划书写作

学习目标

　　完成一份策划主认可的策划书写作，是学习本章的目标。策划人经过举一反三、触类旁通的自我修炼，能承担由单项到整体，由熟悉项目到陌生项目，由个体完成到团队协同完成，由"跟着走"到引领策划团队的任务，整个成长过程都是在策划书写作的过程中完成的。

　　通过本章的学习，懂得意在笔先的重要性；经过搜索枯肠使资源开发能找准定位；能用简洁的语言将未来的策划表述清楚，使提案清晰；学会运用创意使策划立足创新；经过训练学会撰写策划提纲；在撰写策划中学会展现创意，写作中主次分明，条分缕析，使策划思想通过语言文字和图形图表准确地表达出来。

引例

习近平对起草文稿的要求

　　2017 年 9 月 3 日，中国财政杂志社集纳了习近平总书记对不同场合的写作者对象所做的多次关于写作的讲话。实录（节选）如下：

　　一、提高文稿起草质量的三点要求

　　文风即作风。习近平对秘书起草文稿的质量有何要求？他是如何看待文风的重要性的？推荐阅读下面几篇短文。

　　"我就进一步改进文风、提高文稿起草质量向大家提三点要求，归纳起来是六个字：求短、求实、求新。

　　"求短，就是要用尽可能短的篇幅把问题说清、说深、说透。记得前两年我就和你们讲过。起草文稿要做到'删繁就简三秋树，领异标新二月花'，就是说，一要短小精悍，二要有所创新。我个人觉得，不是所有的讲话都要求全，过于求全就会失去重点，就难以给大家留下深刻的印象。现在的一些讲话稿，讲得很全面，但篇幅太长，这个问题要引起重视，加以改进。今后我的一些讲话，时间要限定得短一点，尽量把文字量压下来，这样可以更加突出重点，给人以精练、利索的感觉，还可以提高会议效率。

"求实，就是要追求朴实的文风，所用的语言不一定华丽但要准确，要实实在在，直奔主题，言简意赅，实话实说。要多用事例、数据来佐证，增强文稿的说服力和逻辑性。

"求新，就是要根据特定的讲话场合写出有特色、有新意的文稿。写文章虽然有一定的模式和规律，但也不要千篇一律，老是拘泥于三段论。有时候形式一变，往往使人耳目为之一新，精神为之一振，带来意想不到的效果。求新既可以体现在谋篇布局上，也可以体现在遣词造句上，适当的引经据典，恰到好处的比喻、排比、对仗等修辞方法，都可以增加文章的形象性和感染力。"

（摘自 2004 年 12 月 9 日在浙江省委办公厅综合一处党支部组织生活会上的谈话）

二、改进作风必须改进文风

"在一定意义上文风也体现作风，改进作风必须改进文风。现在存在一种很不好的文风，喜欢写长文章，讲长话，但是思想内涵却匮乏得很，就像毛主席所批评的那样，像'懒婆娘的裹脚'。要把那些又长又臭的懒婆娘的裹脚，扔到垃圾桶里去，其实诀窍很简单，可用郑板桥的对联概括为'删繁就简三秋树，领异标新二月花'。就是要开门见山，直截了当，讲完即止，用尽可能少的篇幅，把问题说清、说深、说透，表达出丰富而深刻的思想内容。最要反对的是空话连篇言之无物的八股文，诸如'穿靴戴帽'、空泛议论、堆砌材料、空话连篇、套话成串、'大而全'、'小而全'等弊病，都要防止和克服。

"当然，他们提倡短文、短话，并不是说凡是长文就一定不好。有些重要的内容，有些深刻的道理，该强调的还是要强调。总的原则是，当长则长，当短则短，倡导短风，狠刹长风。'兔胫虽短，续之则忧；鹤胫虽长，断之则悲。'为文也是这个道理。"

（摘自 2005 年 8 月 19 日《浙江日报》"之江新语"专栏文章）

三、文风能体现一个领导干部的能力和水平

"文风也能体现一个领导干部的能力和水平。有的人讲话光风霁月，让人觉得简单明了透彻，而有的人讲话云遮雾绕，让人捉摸不透。领导干部要本着对党和人民事业负责的态度，在讲话中勇于坚持对的、反对错的，观点鲜明，态度明确。对于工作，对于问题，对于群众，绝不能含糊其辞，语焉不详，'以其昏昏，使人昭昭'。云遮雾绕，玄之又玄，其实是能力不够、水平不高，既弄不明白问题的是非对错，又怕承担责任，所以只能装腔作态，故作高深。"

（摘自 2005 年 4 月 27 日参加浙江省委办公厅综合一处党支部先进性教育活动组织生活会时的讲话）

（以上是习近平任浙江省委书记、省人大常委会主任，浙江省军区党委第一书

记时的讲话)

【分析与思考】

写作是人的思想的直接体现,"文如其人"。在完成策划书写作中学习写作,学习做人。

习总书记在多个时期多种场合对要完成写作任务的人提出的中肯的要求,首先他是做得很好的,身体力行的;其次他体会到文风不正,作风不清,祸害不浅;最后他将自己的写作体会告诉大家,树立标杆,共同提高,造福社会。

请思考:

(1)学习写作策划书与写作的文风、作风有什么关系?

(2)面临写作任务,我们首先会想到什么?从哪儿做起?最困难的事是什么?

(3)我们在完成策划书写作中将会有什么体会?

|12.1| 意在笔先

思想是走在动笔写作前面的。有科学家研究的结论显示,人类的思维速度能达到600字/分钟,而一般人的语速只有150~200字/分钟,写字的速度那就更慢了。人脑是一台异常勤奋的"计算机",一旦出现需要调动大脑中的资源的任务,它就会主动调用现存的资源来处理当前的信息。面对需要解决的难题,经过训练的人,大脑在瞬间就能产生出几套解决方案。

12.1.1 古老问题的新解释

1.中国古代文人对意在笔先的认识

晋代王羲之《题卫夫人笔阵图后》:"夫欲书者,先干研墨,凝神静思,预想字形大小、偃仰、平直、振动,令筋脉相连,意在笔前,然后作字。"唐代张彦远《历代名画记》:"顾恺之之迹,紧劲联绵,循环超忽,调格逸易,风趋电疾,意在笔先,画尽意在。"宋代徐度在《却扫篇》中说:"草书之法,当使意在笔先,笔绝意在为佳耳。"写字、作画,先构思精审,然后下笔;意在笔先也指在作诗撰文前已经构思成熟。清代陈廷焯《白雨斋词话》卷一:"所谓沉郁者,意在笔先,神余言外。"唐代王勃写作前似蒙头大睡,实际上他在打写作的"腹稿",想好后,掀开被子,提笔一挥而就。千古绝唱"襟三江而带五湖,控蛮荆而引瓯越""潦水尽而寒潭清,烟光凝而暮山紫""落霞与孤鹜齐飞,秋水共长天一色"是意在笔先的产物。

2.思想和行动之间的关系

德国诗人海涅有一句很有名的诗句:"思想走在行动之前,就像闪电走在雷鸣之前。"闪电是光的速度,雷鸣是声音的速度,当然是先看见闪电,后听见雷鸣。海涅的这句诗之所以很有名,就在于它道出了一个真理:思想是行动的指南,有什么样的思路,就会有什么样的出路,所谓"思路决定出路"。

12.1.2 思维走在表达的前面

1.思维速度，就是大脑思考问题的速度

根据生物学理论，信息在神经上以电流的形式传导，在两个神经元间以神经递质的形式传递。当策划人得知新药名称是"得尔"的时候，几乎是一瞬间便产生了"得尔——驾!"的创意。

2.意，是指思考

首先，要对思考有所了解。量化事物速度的首要前提是，确定事物发生的始末节点。通常，我们对"思考"的定义是，思考是一种心理活动，即人的大脑感知到信息，然后发出行为指令，其中包括许多感官体验和处理过程。

其次，根据这个定义，"思考"包括感知（判断所处环境）、决策（确定要做什么）以及行动计划（决定如何去做）。这几个处理环节之间并没有明显的分界线，且相互独立。从深层次上看，每个环节及其子组件，都可以被看作"思考"本身。但是，为了准确研究"思考"的速度，科学家们必须为其设定始点与终点。

最后，意识思维有一个复杂的计算任务，它必须诠释这个现实世界、预测未来并计算一系列要付出的行动，所有这些都与思考者——策划人的知识储备和社会阅历及学习能力密切联系。

对于普通人，思路决定自己的事业成败，家庭幸福与否；对于领导者，思路则决定一个组织、一个地方乃至一个国家的盛衰。一个好的领导者，在决策时就要像高明的棋手那样"走一步，看三步"，高瞻远瞩，未雨绸缪，运筹于帷幄之中，才能决胜于千里之外。

12.2 搜索枯肠

打腹稿是痛苦的。有一个民间故事说，一位读书人在妻子的织布机前走来走去，让专心织布的妻子不能集中精力。妻说："你能不能消停下来?"读书人说："我怎么能停下呢?"这篇文章我没有想好，难受极了。妻说："再难受也不会比生孩子难吧!"读书人说："对了，生孩子再难，是肚子里有孩子啊，我现在的难，是肚子里没货啊!"

12.2.1 开动思维机器

在策划书写作过程中，要尽可能开动思维机器，打开大脑仓库中的储存，找出那些可以使用的资源，让感知（判断所处环境）、决策（确定要做什么）以及行动计划（决定如何去做）几乎在一瞬间就完成，所谓"眉头一皱，计上心来"。

12.2.2 充分运用策划人的知识

人的知识有两种：一种是直接知识；另一种是间接知识。直接知识来源于人们的感官以及亲力亲为，比如炒菜、打球、织毛衣等；间接知识主要是通过眼观耳听得到的别人的直接知识，比如读书、看电视、看手机信息、听广播、听别人诉说等。间接知识在人的知识总量中占有80%的比例。进入大脑的知识都会在传播过程中在大脑皮层留下点什么，当需要提取这些当时不起眼的信息时，就需要搜索枯肠，挖空心思，翻箱倒柜找出能产生联想和想象的那些有价值的资料。

12.2.3　策划人要动脑筋

我们策划人强调，要用全人类的知识武装自己。因为要替策划主解决他的难题，而且这种难题如太阳一样"每天都是新的"，策划人不知道他的下一位客户——策划主是谁，因此，他要像等待命令出港的军舰，虽然去向不明确，但打火、起锚、开动机器，随时可以离港，这些是必需的。

1.全面性

策划人别无选择，不能"偏食""挑食"。要随策划主的要求而动，随时准备为不同的策划主服务。大脑仓库中的"货"越多，服务的效率和效益就越好。甚至在残酷的"比稿""竞标"中，只有高明的策划人才能拿到业务。

2.专业性

策划人必须专业，在与非策划人的比较中，应该是行家里手。诸葛亮不能骑战马驰骋疆场，他坐在椅子上运筹帷幄、出谋划策，却是其他人代替不了的。

策划人有特别强的学习能力，进入一个新产业，接触一个新产品，在调查研究中，很快就进入了"角色"，满足策划对象的要求，很快就掌握了要领，甚至高明于策划主，才能够在策划中产生让策划主吃惊的创意。

3.灵活性

策划是人脑的活动，"一根筋"做不了策划。在实际的策划活动中，经常发生各种变化：策划主改变主意了，要改变策划目标；产品升级了，要改变传播主题；竞争对手策略变了，我们要出高招才能取胜……

策划人既要能在策划快车道平稳行车，又要能在处理意外中迅速拿出新方案，使快车继续平稳行进。

|12.3|　找准定位

策划讲究定位，在"人生的三个问题"中，你是辆什么车，你要开往哪里去，以及如何去，这就是定位问题。"你是谁？现在哪儿？要往何处去？目标是什么？怎样实现目标？"这些具体问题要在策划中用有创意的策略来解决，基本点是"你是辆什么车"即"你是谁"的问题。

有一位专业人士，他在人生定位中与大家开了个玩笑，让人匪夷所思，其实他找到了人生定位，幸福地生活着。

小案例12-1　　　　　　　　　**摄影名家做木工**

去年暑假，有一个美国女孩戴安娜到我的公司实习，她的母亲是华盛顿大学的教授，是一个研究中国历史的专家。她请我到她家吃一天的饭。我在美国很少到别人家里去吃饭，更何况是吃一天的饭。想到要花整整一天的时间，就带了两本书去。到了她家不久，有个人敲门，大概50岁，穿着工装，带着工具箱。女教授对我说："是个木匠，来给我修橱柜的。"于是，我第一次看到上门的美国木匠，我对女主人说："我的同行（我是卖别墅的）来了。"

我在那里很寂寞，就开始观察他。他一边熟练地修着橱柜，一边跟我聊天。这个人很健谈，他说："我最喜欢木工这个职业了，这个职业也给了我丰厚的收入。"我说："我是卖别墅的，对质量要求非常高，对木工很有感情，所以，我很尊敬木工。"讲着讲着，他对我说："春天和秋天的时候，我还有第二份工作，是个兼职。"我问他："那你兼职干什么呢？""我是美国《国家地理》杂志的签约摄影师。"

在世界摄影界，只要你是美国《国家地理》杂志的签约摄影师，也就意味着你在摄影界有着崇高的地位。结果他一讲自己的名字，把我吓了一跳，我看过很多期的《国家地理》杂志，很多著名的非洲照片都是他拍的。

我赞叹道："你是一个大艺术家！"他摇摇头说："我是一个木工，拍这些照片，都是业余的。"我觉得这个人有点犟。他说："在我们传统的美国人眼里，什么是自己的分内工作，什么是业余工作，我们是有着自己的标准的。我父亲也是个木工。我小时候的学习成绩不是很好，但爸爸并没有多管我，他总是跟我讲人要勤劳，你把一件事情做了，你就能获得很好的收入。我牢牢记住了爸爸经常讲的这句话，后来，书读得不怎么样，只好跟着他学本事，学完之后，我就开始自己做木工活。"

在美国，木工收入是中上层的收入，年薪在5万美元以上。这个时候，他做得越多，报酬就越高，生活就变得越好。他说："我喜欢玩，有了多余的钱，就到非洲去旅游。旅游不能不干点事啊，我就照相，我照了相之后就寄给美国《国家地理》杂志。编辑发现我照得蛮好，用了几期后，就和我签约了。现在，我业余的这份工作，一年又能挣个五六万美元。"在美国，每年十几万美元的收入算是很不错了。

一个人成了美国《国家地理》杂志的摄影记者，他仍能心平气和地当作兼职，没有忘记自己的本职，这就是心态。古今中外、各行各业，都是需要这种心态的。

资料来源　聂圣哲. 做木匠的摄影名家［J］. 中国青年，2012（9）.

我们做策划的人，如果能像这位木工摄影家一样，在人生策划中找好定位，也能做出别有创意的成绩。

12.3.1　策划人成作家

中国台湾策划人、广告专家庄淑芬，从学校毕业后做了几年贸易，在报社当过记者，皆不顺利。后又在台湾广告公司做过国外部的英文助理，后改做AE。其后又任职于联广、华商、国泰建业等台湾本土广告公司。1985年正式加入奥美广告公司。1990年，到伦敦奥美广告公司工作。1991年3月，她升任台湾奥美广告公司总经理。

庄淑芬始终致力于打造360度整合企业文化，尽心建立服务于本土及国际品牌的360度业务。其丰富的管理经验使得以创意为根本的奥美北京不断壮大，并实现了持续高速的业务增长。

1987年，定位为策划人的庄淑芬，出版译著《广告大师——奥格威未公之于世的选集》；1996年，又出版译著全新版《如何做广告》，并为《中国时报》写作专栏。

上海盈加广告公司董事长兼执行创意总监袁洁平，2011年出版了他策划的"创意、幽默、风趣、励志"的《走吧走吧，我们出轨去》，2012年出版了回答"纠结、困惑、人生时时刻刻都在抉择"的《我该怎么办？向老天要答案》。两本书从最初内容体例，再到封面装帧设计、撰稿、宣传推广营销都由袁洁平担纲。

在中国广告协会学术委员会成立三十周年的学术交流论坛上，袁洁平发表了题为《浅谈广告的内容营销》的演讲。

袁洁平是20世纪80年代初的第一批广告人。1992年袁洁平就在《中国广告》杂志撰文《论广告设计的创意》，他的许多观点被载入《中国当代广告史》。袁洁平是中国广告协会学术委员会委员，中国发明协会理事会理事，《中国广告》杂志特约记者，世博局世博人才中心首批认证世博传媒高级人才、高级创意，曾任中国管理科学研究院学术委员会特邀研究员，中国科协《发现》杂志副理事长。由其所著的另类创意书《走吧走吧，我们出轨去》在业界引起广泛好评。该书还进入了台湾和香港地区销售。该书颠覆了一般教科书中的理论，提出"面对创意：不要相信大人的话；不要相信教科书；不要相信规则；不要相信我的胡言乱语"的观点，发出"授人以鱼不如授人以渔"的呐喊，在教育界引起极大震动和反响，有高校进行团购或作为课堂教材推广。

12.3.2　教师兼做策划人，写出新案例

在课堂上教书育人、课堂外为社会组织做策划的，大有人在。许多策划人的名片上印有某某大学客座教授的头衔，许多大学教师的名片上印有某某企业策划总监的名头。

如果在课堂上讲授策划的教师，不会做策划，面对求知若渴的学生，他怎么混得下去？

职业道德要求他先要学会策划，为社会组织做出了成功的策划，他上课的底气

才会足。

改革开放以后，教师兼做策划人的情况比比皆是。在我国最早开设广告学专业的厦门大学，陈培爱教授的《广告策划与策划书撰写》中，就有教师带领学生一起做的策划案；1996年四川大学出版社出版的《策划谋略 策划文稿》，在详细讲述策划原理后，选入了教师和学生撰写的16篇策划案；《国家级新药'得尔'城乡销售策划》，是大学广告策划教师应广告公司邀请、客串策划人做出来的。

《小处着眼，大处着手——每周一款美食电视专题片策划书》是大学广告策划教师应学生赵云弋的请求，在学生眼前，花两小时写出来的。这位学生现在已经是几家展览策划、媒体运作、文化传播公司的董事长了。15年前，他们的教师正值花甲之年，广告专业的学生在当地的商报和晚报同时刊载1/3版面的广告以示庆祝：

没有您，我们还在摸黑 （标题、配宫廷大型门环图）

广告的世界很精彩，（正文）

我们来得太茫然。

是您奋然一推，

为我们打开了一个世界。

如今回望，

您仍和颜悦色伫立门边。

桃李不言贺甲子，

春风化雨一百年。

值此恩师花甲之际，

谨祝万事如意 合家幸福。

这是一群从广告专业毕业，踏进广告行业后已经小有成绩或尝到新兴传媒产业甜头，创造千万身家的学生，他们的教师没有蹚水下海，依然在讲台教学。这幅同时在几种报纸上刊登的学生为教师贺寿的广告，让正在"小灵通杯全省大学生写作竞赛"中评阅稿件的几所大学的教师们感慨不已："当教师做到这个份上，足矣。"

12.3.3 总统下野后选择新职业——做广告策划人

"不当总统就当广告人"是美国第32任总统富兰克林·D.罗斯福说的，其原话是："如果我能重新选择生活，任我挑选职业，我想我会进广告界。若不是由广告来传播高水平的知识，过去半个世纪各阶层人民现代文明水平的普遍提高是不可能的。"[①]

美国总统罗斯福为什么要说这句话？罗斯福在位时，美国经济遇到了全球经济危机。经济复苏过程中，广告业就成了一个很灵验的助推产业。所以，罗斯福就由衷地说，我不当总统就当广告人。

---

① 奥格威. 一个广告人的自白 [M]. 林桦，译. 北京：中国物价出版社，2003：177.

罗斯福这一句名言 "不当总统就当广告人"，激励着千千万万的人投身广告业，广告人被社会认为是有成就的群体。然而，广告人是最辛苦的群体，他们起早贪黑，夜以继日，殚精竭虑，他们戏谑地称自己为 "第三种人"（夜间工作者）。

作为美国在位时间最长的总统，罗斯福无疑很有预见性，他的 "不当总统就当广告人" 这句话，也为广告业做了最棒的宣传：半个多世纪后的今天，广告在中国已经成为社会文化中的一种强大势力，席卷了社会生活的每一个角落；而无数青年才俊也在这句话的诱导下投身广告圈，使广告时时焕发出天才的智慧光芒。如果不当广告人，又能干什么？广告真的已经成为我们生活中必不可少的一个组成部分。

|12.4| 立足创新

"没有创意，就去死吧！" 这是一句策划创意人士的口头禅，大家以产生创意为奋斗的目标，没有创意，就意味着失败。所以，创意创新是策划人的立足之本。

12.4.1 策划人如何看 "新"

1.没有永远的新，只有不断追求中的新

新与旧是辩证的统一，看 "新"，总是在对比中才能发现新。新也不是绝对的，它也在变化之中，今天的新，也许是明天的旧。

新，就是力求策划思想深刻、富有新意，正所谓 "领异标新二月花"，策划人面对日新月异的世事，只有永立潮头，不断追求新，才有可以交给策划主的方案；策划人还要懂得当时当地的旧，不知旧为何物，难以创新。

"人不能两次踏进同一条河流" 是古希腊哲学家赫拉克利特说的。阐述 "变" 的哲学充满了辩证法思想。

这句哲语形象地表达了他关于变的思想，他把存在的东西比作一条河，声称人不能两次踏进同一条河。因为当人第二次踏进这条河时，是新的水流而不是原来的水流在流淌。赫拉克利特用非常简洁的语言概括了他关于运动变化的思想："一切皆流，无物常住。" 在他看来。宇宙万物没有什么是绝对静止的和不变化的，一切都在运动和变化。

说 "太阳每天都是新的"，是说太阳本身，但更多的是说与太阳相关联的其他物都在变，其他星球与太阳的位置在变，地球在运动中，看太阳的角度在变，地球上的空气、云层、灰粉也在时时变化，透过它们看太阳，当然就会出现太阳每天都是新的的结果。

策划人看太阳，更多是看与太阳相关的环境（海上看日出，泰山顶上看日出，华北大平原上看日出），太阳受地球上的空气、云层等的影响，每天都是不一样的。

2.策划的新创意也有生命

策划人王志纲当年在为碧桂园做房地产营销时，使用的策略、报纸上传播的策划文案，确实有创意，现在来看，已经不新鲜了。但许多楼盘的营销策划，甚至策划文案、广告语都有当年碧桂园的痕迹。

1997年第五届中国广告节（当时称为第五届中国优秀广告作品展）全场大奖属于"失眠的痛苦，只有自己知道"，得主是贵州万千广告策划公司的周鹏，他领奖后旋即被上海的广告公司以高薪挖走。虽然以后再没看见他有影响的广告设计作品和创意，但他开辟的"两旧换一新"的创意思路，为后来的全场大奖"如果用它支撑我们的身体"的油条广告，以及后几届中国广告节的电视广告的创新创意产生了示范作用。

3.人间正道是求新

策划人总有一个理想：追求创新，产生"一鸣惊人"的创意，拿到全场大奖，拿到最佳创意奖。所以，一旦广告人"江郎才尽"就会感觉落伍了，压力山大，希望掀开压顶五百年的"五行山"，再显"大圣"本事，只有不断创造新东西，方显英雄本色。

12.4.2 策划人创什么新

1.对创新的认识

创新是指在经济和社会领域生产或采用、同化和开发一种增值新产品；更新和扩大产品、服务和市场；发展新的生产方法；建立新的管理制度。它既是一个过程，也是一个结果。创新是人类特有的认识能力和实践能力，是人类主观能动性的高级表现，是推动民族进步和社会发展的不竭动力。一个民族要想走在时代前列，就一刻也不能没有创新思维，一刻也不能停止各种创新。创新在经济、技术、社会学以及建筑学等领域的研究中举足轻重。

从本质上说，创新是创新思维蓝图的外化、物化、形式化。

2.在策划中创新

策划范围虽然宽泛，在策划中追求创新却是共同的。创意创新也是难以把握的，因为对创意创新也是见仁见智的事。因为新，以前的标准不能用了，新标准没有出来，何以为新？

策划创新是以现有的思维模式提出有别于常规或常人思路的见解为导向，利用现有的知识和物质，在特定的环境中，本着理想化需要或为满足社会需求，提出新的策略，改进或创造新的事物、方法、元素、路径、环境，并能获得一定有益效果的行为。

策划创新要以创新思维、新发明和新描述为特征，它有三层递进的含义：第一，更新；第二，创造新的东西；第三，改变。其中第二、三两层更为重要。

策划人的创新，是创意新思维蓝图的外化、物化、形式化，要体现在创意中，使创新能让人看得见、听得着，通过影视、网络、纸媒等能展现、能表演，使受众在感官上耳目一新，记住创意，产生好感。

12.4.3 策划人怎样创新

策划人怎样创新？对这个问题，有各种各样的答案。

1."三点一线"法

这里的"三点"，第一点是策划主客户的目标定位——瞄准点（射击胸靶的十环）；第二点是策划主客户需要解决的问题——关心点（执行射击的枪上的缺口）；第三点是策划人团队解决难题的优势——闪光点（执行射击的枪上的准星）。"一线"是指以上三点连在一条线上，用策划人团队解决难题的优势（准星）置于策划主需要解决的问题（缺口）的中心，两点指向策划主客户的目标定位，便产生了策划的主题，使主题图形化、视听觉化地表现出来。[①]

2.创新五法[②]

延伸法：对原有产品进行再创造使之更为完美。

移植法：对原有产品进行改造使之适用其他用途。

扩展法：利用现有的技术，解决生产生活中的问题。

仿生法：模拟生物的动作、能力解决问题。

变异法：对现有技术通过结合变化构思出新的结构类型。

3.其他方法

在多本教材中可以找到许多基本的创新方法和策划大师们的创新方法。

（1）头脑风暴法。

（2）集体创新法。

（3）垂直思考法和水平思考法。

（4）转移经验法。

（5）李奥·贝纳的固有刺激法。

（6）大卫·奥格威的品牌形象法。

（7）威廉·伯恩巴克的实施重心法。

（8）艾尔·里斯和杰克·特劳特的定位法。

（9）伍甘的FCB模式法。

这些大师们的创新方法，要在"知行合一"中去领会其真谛，在施行中运用，才能见其效果。

4.和田创新十二技法[③]

我国创造学研究者许立言、张福奎所提出的"和田创新法"，是创意元素重组思维的合理总结。这一方法简明扼要地概括了策划创意思维开发过程中常见且容易操作的基本方法，具有较强的实用性。"他山之石，可以攻玉"，这些技法能为我们在进行策划前开启思路提供帮助。

---

① 曹明香，王多明. 图解广告学［M］. 大连：东北财经大学出版社，2016.
② 曹明香，王多明. 图解广告学［M］. 大连：东北财经大学出版社，2016.
③ 王蕾. 策划理论及案例分析［M］. 长春：东北师范大学出版社，2018.

"加一加"：加高，加厚，加多，组合等，改进就是创新。

"减一减"：减轻，减少，省略不必要的等。

"扩一扩"：放大，扩大，提高功效和使用领域等。

"变一变"：变形状、颜色、气味、声响、次序、方式、手段、程序等。

"改一改"：改缺点，改不便或不足之处。

"缩一缩"：压缩，缩小，降低，微型化。

"联一联"：原因和结果的联系，把某些似乎不相干的东西联系起来。

"学一学"：借鉴、模仿形状、结构、方法，学习先进。

"代一代"：用别的工具、方法、材料能不能代替。

"搬一搬"：换个地区，换个行业，移作他用。

"反一反"：能否颠倒一下，说不定会更好。

"定一定"：定个界限、标准，能提高工作效率。

在思维创新过程中，如果按照上面十二个"一"进行核对和思考，就能从中得到启发，获得某种提示，诱发人们的创造性设想，从而获得创意的灵感和思路。

进行策划前的创意思维训练后，策划人成为积极、主动的工作者，完成具体策划的任务就不在话下了。

5.应用思维导图法创新

东尼·博赞创立的思维导图法，又称为心智图、脑图法，是一种放射性思考具体化、表现化的方法。它结合全脑的概念，包括左脑的逻辑、顺序、条例、文字、数学，以及右脑的图像、想象、颜色、空间、整体等。

采用策划创意思维导图（如图12-1所示）是产生策划创意的好办法。

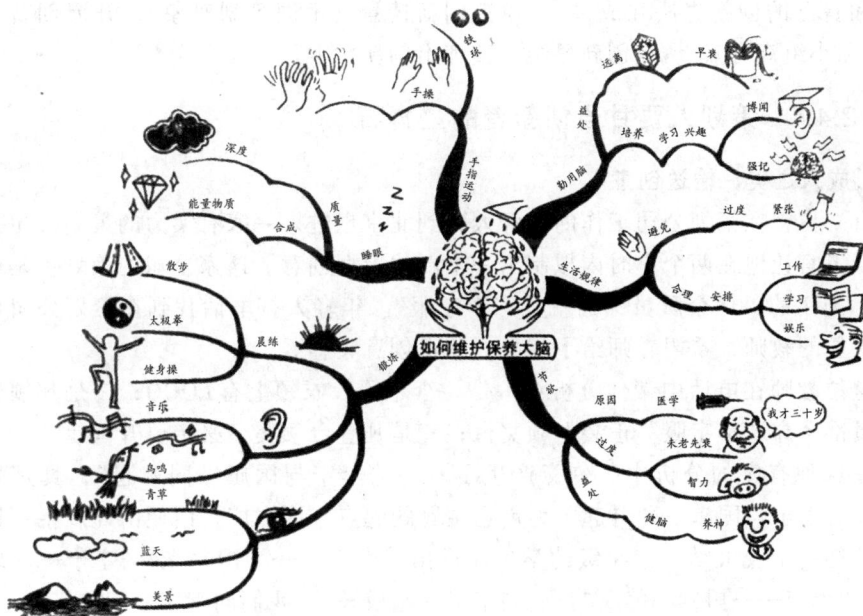

图12-1　策划创意思维导图示意图

策划创意思维导图是发散性思维的表达，也是人类思维的自然功能。这是一种非常有用的图形技术，有人说，创意思维导图是打开大脑潜力的万能钥匙。

策划创意思维导图可以应用于各种策划对象，有助于改进策划人的学习能力，获得清晰的思维方式，改善策划人的行为表现。

策划创意思维导图有四个基本的特征：

（1）注意的焦点清晰地集中在中央图像上。

（2）以主题作为分支从中央图像向四周放射。

（3）分支由一个关键图像或者相关线条上的关键词构成，不够重要的话题以分支形式表现出来，附在较高层次的分支上。

（4）各分支形成一个相互连接的节点结构。

策划创意思维导图还可以用色彩、图画、代码和多维度来加以修饰，增强效果，以便使其显得更有趣味、更美观、更有特性。这些东西反过来会增强创造力、记忆力，特别是有利于回忆信息。

策划创意思维导图会显示出策划人的存储能力，也可以帮助策划人实现存储效率。有效地存储数据会使策划人的能力翻倍。运用和不运用思维导图就像是摆放整齐和不整齐的五金仓库之间的差别，或者一座有索引系统的图书馆和一座无索引系统的图书馆之间的差别。

策划创意思维导图是从线性（一维）思维、横向（二维）思维到立体思维（三维），再到发散性或多维思考进程中的一个步骤。

6.实施创新训练法

从平时创建"创意档案"（有的资深策划人将其称为"创意抽屉"）开始（他人的和自己的创新想法和成果），模拟创新情景（不同策划对象），开展创新竞赛（个人和小组皆可），诱导创新思维，整理出创新文本。

12.4.4　策划人要甘当创新者的垫脚石

1.成人之美，输送创意

有一位曾在策划公司工作的年轻人，到北京想进入一家有实力的策划公司。应聘时，考官让他在两个小时内拟制出一个新的策划创意。这家公司的策划主是李宁服装，当年的奥运会队员穿的就是"李宁服"。年轻人打电话找到在策划公司培训策划人员的教师，希望教师给予指导，获得创意灵感。

这位教师在电话中帮他分析：一是"李宁服"衣领上有LOGO；二是凡领奖的运动员都会穿"李宁服"正装上领奖台；三是凡登台领奖，必定要升国旗。

在这种有序的分析中，创意产生了——"李宁与国旗一同升起"，真是高大上！以"李宁与国旗一同升起"为创意主题的起点，许多广告语便由此产生：针对年轻的初高中及大学一二年级的学生，推出"李宁——为国争光""李宁——敢于拼搏""李宁——勇攀高峰""我们同李宁一起成长""我们同李宁一起分享"……

这位来自广告贫瘠地区的策划人，在完善以上创意后，顺利地进入了北京有实力的广告创意公司。

2.在大学教授策划创意的教师，既是教练，也是运动员

教师参与社会组织的策划活动，这是常事。问题是有些学习策划的学生，有时也装着半瓶水，去应承他暂时做不了的策划；或者家乡的企业听说他在学习策划，将策划任务主动交给他；或者几位学习尖子生，跃跃欲试地找到校外的策划项目，先是隐蔽地做，后来到关键时刻遇到难题了……这时候他们都会回校搬"救兵"——向任课教师求救。

这时的任课教师，别无选择地从教练员位置换到运动员的位置。

3.已经毕业了的大学生，常求教于过去的教师

学生有困难，求教于过去的教师，这是常事，教师不计报酬地劳动，也是常理。

一位已经毕业十多年的学生，经营一家旅游景点管理公司。2016 年冬，他接受了为毕节市交通建设集团在百里杜鹃景区建设的"游客服务中心"做建成后运营策划的任务。对方要以策划案比稿，来决定合作伙伴。面对他的新任务，情急之下，他辗转经过几个人，才找到年过七旬的老教师。这位教师听了他的介绍，跟随他开车到现场考察，细读设计图纸，与策划主——毕节市交通建设集团领导——见面会谈。在听取老教师的提案后，毕节市交通建设集团认可了由老教师撰写的策划案。这项建设投资 2.5 亿元的项目，经一个多月的调查—走访—实地考察—磋商—提案报告—补充修改策划书（前后三次易稿，字数达 5 万多字），终于让毕节市交通建设集团将建成后的百里杜鹃景区"游客服务中心"的运营策划任务交给这位学生的公司。

这位教师在整个过程中，没有收取学生一分钱的劳务费。

|12.5| 撰写提纲

策划书要表达的内容很多，撰写时先拟制提纲，再依次写出，使繁杂的内容归类表达。

12.5.1 何为提纲

纲，原义指渔网的总绳，提纲是举起纲绳能将渔网提起或撒开。《宋史职官志八》有云"提纲而众目张"。目是渔网上的小洞。写作中的提纲，是写作者要表达的内容的要点、顺序。一般要完成篇幅较长的文章，事先要拟制提纲，提纲确定后，纲举目张，再铺开书写。

许多写作教材中所称的"谋篇布局"，指的就是提纲。

策划书一般都不会是一张纸，因而写作前需要周密的谋篇布局，即完成提纲的写作，在策划团队中讨论通过，或交部门领导审阅后，再将具体内容一一写出，这样能避免写作中的"南辕北辙"——下笔千言，离题万里。

12.5.2　提纲类别

我们按提纲的内容物的多少来进行分类。当然，按文体分类，如论文的写作提纲，与党政年度报告的写作提纲、公司董事会报告的写作提纲是不一样的。

策划书写作涉及面广，策划对象的资金标的要数"真金白银"，策划施行时间的长短等会决定策划书提纲的长与短，也能决定策划书的篇幅大小。比如，首次樱花节房车活动策划书就比较短，写作者在大脑中"拟制"提纲就够了；而为百里杜鹃"游客服务中心"这个投资几亿元的项目的营运管理做策划，策划人要拟制书面提纲，交有关领导审读，通过后再写策划书，以免"推倒重来"。

12.5.3　拟制提纲

拟制提纲是将构思的过程和结果写出来，或存在大脑中，"意在笔先"，拟制提纲是把"意"书面化。

对于大项目的策划书，在拟制提纲时，要开门见山写出策划人归纳的主题，对主题的言简意赅的阐释；对内容分成几级分别列出。如第一级列出"一、策划的前提"。第二级为"（一）市场需求；（二）竞争态势；（三）我方优势"等几个标题。再往下为三级，在"市场需求"中，列出"1.供求关系；2.消费倾向；3.短板补缺"等几个标题。实际写作中，在三级标题下面的论点、论据表述时，可以用"第一，第二"或"首先，其次"等将各层的意思条分缕析地说清楚。

提纲中的各级标题，在策划书中就是各段的标题，相当于论文的论点，根据标题展开叙述，有根有据，说理充分就是策划书的内容了。

中型策划书的提纲，有的只拟制一级标题，有的拟制到二级标题。

较短的策划书文字量大体在3 000字。如果时间来得及，最好还是拟制一个提纲，"磨刀不误砍柴工"。如果是做过多次策划的老手，面对"轻车熟路"的项目，交稿催得急，"胸有成竹"，砍几截"竹子"就够了，几千字一挥而就也是很好的。

12.5.4　注意事项

任何事物都有两面性，掌握不准，犯了错都不知道。写作策划书，拟制提纲很重要，也很有必要，但离开时间、地点、条件等"一刀切"，就不行了。

1.因人因事而异

任何事物都会因时间、地点、条件而发生变化，完成一件写作策划书的任务，会因事因人而产生不同的做法和结果。策划的项目大小，策划项目牵涉面多少，项目标的资金投入量有多大，交出策划书的期限有多长，策划团队的实力及能调动利用的资源，策划主能提供的资源……这些因素都是应该考虑的。

在接受策划主交给的策划任务时，有必要先策划自己，再接手做事情。

2.分清轻重缓急

策划主交办策划任务时，他们都是心急火燎的，巴不得"倚马可待""立等可取"。策划人应该明白，写策划不是"七步成诗"。

有一位摄影家开办的广告公司，要应聘人员在一小时完成的应聘答卷上，写一份策划书。有几位应聘人看到这个题目后，没有继续往下做，他们认为这位广告老总不懂策划，因而选择了交卷、离开。

接受策划任务时，沉住气，仔细听取介绍，听的时候，大脑机器同时在高速运转，将与策划对象相关的资源聚在一起，形成一张"思维导图"或"信息交合"，找出主题统领下的第一级的问题。

有不明白或没听清或概念或功能或服务对象不准或想问的问题，都抓紧时间赶快弄明白。

该怎样去完成策划任务，听完介绍，在开动思维机器后，会迅速做出判断。

3.不能一成不变

提纲只是策划写作者工作过程的一个阶段，是最初的思考，随着写作者对策划主和策划对象的深入认识，获得的资料在增加；写作者在集中思考时产生新想法，原先撰写的提纲需要修改、补充，甚至会推倒重来。要实事求是，不能明知需要修改，也要硬撑着，存在侥幸心理，让错误的策划继续错下去。

对策划主负责，就是对自己负责，对策划施行中的传播对象负责。不能将已经获得策划主通过了的策划当成绝对的东西，做到对策划主负责，应当主动承认自己的失误，改进后的策划取得成功之时，策划主会对策划人更信任。

|12.6| 展现创意

优秀的策划，一定是富有创意的，创意是策划的灵魂。也只有将创意展现出来，人们才能认知。

12.6.1 古代学者如何获得创意

在中国的典籍中，闪烁着许多古人捕捉灵感的轶事，我们不妨看一看这些人和这些事。他们的创意不展现出来，我们现在无从了解，也不可能让我们学有所范。

1.苏轼

"作诗火急追亡逋，清景一失后难摹。"苏轼的这句诗真实地道出了创作灵感的特点及重要性。对于文人墨客来说，创作灵感就像追捕逃犯一样急，又确如雨后的第一缕阳光，初春的第一声惊雷，弥足珍贵。因此，古代的文人墨客无不绞尽脑汁捕捉灵感。

2.白居易

唐代大诗人白居易写诗成癖，有"诗魔"之称，他一生创作诗歌近3 000首。白居易平时捕捉灵感有一个绝招：随时随地把灵感装进陶罐里。白居易的书房中，放有很多陶罐，每个陶罐上都分门别类地贴有标签。创作灵感光顾时，他便立即写下来，然后根据诗歌的内容，分类投进身边的陶罐中，待空闲的时候从陶罐中拿出草稿来，细细斟酌，加以修改而成诗。白居易对这些陶罐很看重，从不允许家人碰一下。他外出时，还专门带上一个精美的陶罐，将沿途捕捉到的"灵感"随时投入其中——这个陶罐，实际上成了白居易的"文件夹"和U盘。正是靠着这些陶罐，白居易把日常生活中鳞片一样的灵感串成了一身精美华贵的"金缕玉衣"——《白氏长庆集》，使它成为后世文学宝库中熠熠闪光的瑰宝。

3. 李贺

"正为先生行役苦，故留皱玉荐奚囊。"诗人柳贯的这两句诗是对中唐浪漫主义诗人代表——"诗鬼"李贺——时时刻刻捕捉灵感的真实写照。李贺爱诗如魔，且才华横溢，诗情馥郁。他经常骑马出游，身背一破锦囊，每每触景生情而得诗句，即写投囊中，归家后足成完篇。其母郑夫人见状感叹说："是儿要当呕出心乃已尔。"成语"呕心沥血"便典发于此。正是靠着这种方式，李贺笔下流淌出了许多精警、奇峭而有独创性的语言，如"羲和敲日玻璃声""银浦流云学水声""玉轮轧露湿团光"等匪夷所思的奇语。毛先舒在《诗辨坻》中评价李贺说："大历以后，解乐府遗法者，唯李贺一人。设色浓妙，而词旨多寓篇外。刻于撰语，浑于用意。"

4. 梅尧臣

无独有偶，宋代诗人梅尧臣也和李贺有同样的爱好：他每次交友出行，也都背个布袋，然后将沿途记下的点点滴滴"集藏"起来——这些点点滴滴便是弥足珍贵的创作灵感。空闲时，诗人便在灯下将布袋中的"点点滴滴"一一摊开，然后整理成一首首精彩的诗作。"满腹珠玑，实为血汗凝成"，后人对梅尧臣的赞誉可谓实至名归。

5. 陶宗仪

同白居易、李贺、梅尧臣比起来，元末文人陶宗仪捕捉灵感的方式就显得朴素了些，他既无陶罐，也无布袋，用的是一片片寻常可见的树叶。元末，陶宗仪避乱隐居松江农村躬耕陇亩时，随身带着笔、砚。在田间地头休息时，他把劳动过程中突然而至的灵感一一记下来——因身边无纸，便随手从地头的树上扯下一片叶子，匆匆将感悟记在上面，稍稍晾一晾，便埋在树下。如此日积月累，陶宗仪的"灵感"竟然埋了整整一坑。积攒到坑满时，便将"灵感"挖出来，一一整理，这便是流传后世的《南村辍耕录》的雏形。"遇事肯綮，摘叶书之，贮一破盎，去则埋于树根，人莫测焉。如是者十载，遂累盎至十数。一日，尽发其藏，俾门小子萃而录之，得凡若干条，合三十卷。"《南村辍耕录》记载了元代社会的掌故、典章、文物及天文历算、地理气象、社会风俗、小说诗词等，"凡六合之内，朝野之间，天理人事，有关于风化者，皆采而录之"，共20余万字。

其实，不管古人捕捉灵感、收藏灵感的方式、途径有多少种，都体现了他们创作的两种精神：留心与勤奋。

12.6.2 现代人怎样获得创意

对怎样获得创意，世界公认的创意大师詹姆斯·韦伯·扬有过详尽的论述。他认为创意也是有规律可循的，产生创意的基本方针有两点：

第一，创意完全是把事物原来的许多旧要素作新的组合。

第二，必须具有把事物旧要素予以新的组合的能力。

他认为，创意思维的过程必须经历五个步骤，并绝对要遵循这五个步骤的先后次序。

1.收集原始资料（信息）

一般来说，收集的资料（信息）应该有两种类型：

特定资料——主要是指与特定策划创意对象相关的资料和与特定策划创意对象相关的公众的资料。这类资料，大多由专业调查得到。

一般的资料——这些资料未必都与特定的策划创意对象相关，但一定会对特定的策划思维有帮助。

所以，一般策划者应该对各方面的资料具有浓厚的兴趣，而且善于了解各个学科的资讯。创意思维的材料犹如一个万花筒，万花筒内的材料数量越多，组成的图案就越多。与万花筒原理一样，掌握的原始资料越多，就越容易产生创意。

2.仔细整理、理解所收集的资料

资料收集到一定的程度，就要对所收集的资料进行认真的阅读、理解。

这时的阅读不是一般地浏览，而是要认真地阅读，而且是要带着一个宏观的思路去认真阅读。

对所收集到的全部资料，包括历史的、专业的资料，一般性的资料，实地调查资料，以及脑海中过去积累的资料，统统都应像梳头一样，逐一整理、理解。

3.认真研究所有资料

研究（即商务策划思维步骤中的"判断"环节）是有一定技巧的。需要把一件事物用不同的方式去考虑；还要通过不同的角度进行分析；然后尝试把相关的两个事物放在一起，研究它们的内在关系配合如何。

4.放下题目，放松自己

选取自己最喜欢的娱乐方式，如打球、听音乐、唱歌、看电影等，总之将精力转向任何能使自己身心轻松的节目，完全顺乎自然地放松。不要以为这是一个毫无意义的过程，实质上，这个过程是转向刺激潜意识的创作过程。转向自己所喜欢的轻松方式，这些方式均是可以刺激自己的想象力及情绪的极佳的方式。

5.创意出现

假如上述四个阶段都确已尽到责任，几乎可以肯定会经历第五个阶段——创意出现。创意往往会在策划人费尽心思、苦苦思索，经过一段停止思索的休息与放松之后出现。

詹姆斯·韦伯·扬在研究网版印刷照相制版法的问题时，进行完前两个步骤，他疲劳至极，睡觉去了。一觉醒来，整个运作中的照相制版方法及设备影像映在天花板上，创意出现了！

阿基米德发现水中庞然大物的重量计算方法，是在极度疲劳，放下思索洗澡时。他沐浴完毕起身离开浴盆，哗哗一阵水响，触动了他的灵感!他高喊:"我发现了! 我发现了!"从此以后，人类对浮在水面上的万吨巨轮，亦以排水量来计算其重量。

三国时期的曹冲称象，是以大象在船上的排水量与人能搬动的石块在船上的排水量相同来计算大象的重量。曹冲的创意绝对与希腊人阿基米德无关，东方的小孩也是很有智慧的。

12.6.3 策划人怎样获得创意

金定海和郑欢编著的《策划创意学》第5章"策划创意养成"，谈到"环境孕育创意""知识推动创意""见识激发创意"三个问题。在环境孕育创意中讲到"文化场与创意效应""文化的兼容"，见识激发创意中讲到"经验、阅历与想象""游戏与重新想象"，在这些问题的阐述中，环境、知识、见识都是获得创意的基本元素。

在本教材第2章"策划的基础"中，"现有资源"这一节里阐述了策划人的知识结构、社会阅历、人脉关系、做过的策划案例等对完成策划及创意的意义。

|12.7| 渐次展开

曲径通幽处，城春草木深。文似看山不喜平。好创意仅是一层窗户纸，捅破后一文不值。这些人们耳熟能详的诗句和言语，客观上反映了创意的难与易。

1.容易得到的东西不受珍惜

别人赠送的书，不会及时阅读，自己花钱买的书会连夜读;别人赠送的饰品锁在箱子里，自己买的饰品戴在身上。道理很简单，极需要的会放在首位，暂不需要的会放在次位或次次位。

在物理学中有容易加热的物体散热也快这种浅显的道理。经过艰难玉成的创意，印象深刻，信手拈来的难以解难题。

2.人对学习内容的好奇在于对象的神秘

学习是人的天赋能力，好奇是学习的动因，越是不让他知道的，他越想知道。早年间，福州有家电影院，有部电影票房收入不高。经人策划创意后，在售票处挂出"少儿不宜"的牌子后，观众趋之若鹜。有人把《水浒传》的书名改成"一百零五个男人与三个女人的故事"，会不会更受关注? 莎士比亚的《第十二夜》到底是哪一天? 悬着的问号，有吸引力。

好创意要在层层剥笋中，能抓住受众注意力，"好戏在后头"。

3.最宝贵的在最里层

陕西法门寺地宫密龛里，发现世上仅存的佛祖指骨舍利，这个精彩的过程耐人寻味。

1987年4月13日，考古队连夜清理法门寺地宫后室。一件件稀世珍宝小心翼翼地在人们手上传递着。清理工作即将结束时，意想不到的情况发生了。

工作人员发现，后室的土层好像被动过。挖开土，一个密龛显露出来，密龛里藏着一个包裹，里面又是一个铁函。为什么唯独这个包裹被埋在土里？

1987年5月4日，法门寺地宫文物的最后清理工作开始进行，由中科院研究员王孖和考古学家韩伟主持。谁都不会想到，那个沉甸甸的宝函里套着一重又一重的宝函。直到第七重，里面是镶满珍珠的金质宝函，宝函里是一座宝珠顶小金塔。第八重是个纯金塔，打开后，金座子上有个像手指一样的银柱子，上面还有白花花的东西。佛骨问世了！专家对比后，大家都跳起来了，这就是传说中的佛舍利。但这仍然是玉制仿制品。

之后，人们的注意力再次转到密龛里发现的铁函上。为了万无一失，考古专家们对其进行了透视。X光机扫描的结果，确定铁函内有异物。

1987年5月10日，韩伟打开了铁函，首先映入眼帘的是一大一小两颗水晶珠，下面是一个被丝绸包裹的镏金函。镏金函里有个檀香木函，檀香木函里还有个水晶椁子，水晶椁子里还有一个玉棺。上午8点零6分，韩伟揭开了玉棺棺盖，玉棺里面又是一枚舍利。

据考证，这是一枚真正的佛骨舍利。跟志文碑上记载的相吻合：中间有纹，纹并不彻。历经波折，佛教界至高无上的圣物、世上仅存唯一的佛祖真身指骨舍利，终于显身。

最宝贵的在最里层，策划人的创意在向策划主客户表达时，开门见山是一种方式，卖关子式的剥笋也是一种方式，最精彩的最后才出现。

|12.8| 条分缕析

策划书要将策划人的思想脉络表述清楚，需要剖析深入，有条有理，逐步展开，丝丝入扣地分析介绍。

12.8.1 什么是条分缕析

条分缕析中的"缕"是线，这四个字的意思是讲将线一条一条、一丝一丝地分开，比喻对事对人分析得深入细致，符合逻辑，有条有理。

条分缕析是一种方法，是将事或人分成许多方面来进行研究的方法。

条分缕析是一种秩序，既是自然界生长，也是社会存在和发展的秩序。

12.8.2 条分缕析的好处

英国作家斯宾塞说有条理的好处是："如果一个人的知识缺乏条理，那他的知识越多，他就越感到困惑不解。"

斯威夫特将条理上升为秩序，他说："万事离不开方法，世界离不开秩序。"

莱蒙特则说："世界上的一切都必须按照一定的规矩秩序各就各位。"

我们认为："良好的秩序是一切美好事物的基础。"

做策划、写策划书一定要条理分明，用较强的逻辑性表述写作者的情感，剥笋见芯地表现创意主题。

对于管理界而言，麦肯锡就像珠宝中的名牌Cartier一样。没有哪一家咨询公司能像麦肯锡公司那样，既闻名遐迩、成就非凡、大受吹捧，又行事低调。这一具有传奇色彩的战略思想库培养了许多世界上最出色的管理思想家和商界领袖。

像汤姆·彼得斯、肯尼奇·奥玛、乔恩·凯任巴齐这样的商界巨子，正是在麦肯锡培养了自己像激光般犀利的逻辑和敏锐性。而IBM的卢·戈斯特纳、美国运通的哈韦·葛鲁伯这样的企业巨擘，则把他们在麦肯锡学到的战略思维用于经营这些世界级公司的实践。

麦肯锡方法披露了麦肯锡小心守护的一系列管理技巧——那些可以帮助任何水平的任何人像麦肯锡顾问一样思考的工具。麦肯锡分析专家埃森·拉塞尔提供给大家一套强有力的方法，哪怕是最为复杂的商业问题，在这套方法面前也会迎刃而解。

这是一套你可以在任何组织中运用的方法。

麦肯锡解决问题的七个步骤包括：

（1）界定问题（陈述问题）；

（2）分解问题（问题树）；

（3）优先排序（用漏斗法去掉所有非关键问题）；

（4）议题分析（制订详细的工作计划）；

（5）关键分析；

（6）综合建议（综合调查结果，并建构论证）；

（7）交流沟通（将数据与论证联系起来，讲述来龙去脉）。

步骤就是秩序，这七个步骤，是有秩序的七步方法。

这七步看似简单，每一步都做到精细，则是策划人需要努力奋斗、苦苦追求的。

12.8.3 如何实现做事有条理

1.做好清晰的规划

策划需要细化到什么时间点？产出什么？这个要做好，需要对当前要解决的问题有清楚的认识。然后是做好我们所拥有的资源的分析，包括人、财、物和时间。最后做出策划。

2.要分清主次

不同时做两件事情，只做最重要的，把重要的事做透，再做次要的事。

3.要把握好时间点节奏

做好时间管理，避免经常遗漏要做的事，以至于伤及目标的实现。

|12.9| 提案清晰

提案是提纲式方案的简称。它是沟通策划人与策划主客户间的媒介，内容和形式清晰当是第一需求。

12.9.1 策划提案是什么

1.策划提案

广东省广告公司副董事长丁邦清在《广告策划与创意》一书中说："策划提案，即广告公司将调查结果、策划策略、创意构想、活动策划等内容向策划客户汇报的过程，也就是把策划或创意的成果准确生动地向客户提交与说明，以求赢得客户的认可和支持。"

策划提案是广告公司与客户交流沟通的一种方式，广告公司戏称"提案"是"卖稿"，希望客户能接纳策划人的智力劳动产品。

2.为什么要写策划提案

提案是将策划团队或策划人的智慧劳动表现在可以"脱手"的稿子中，要在提案中表达实现策划主目标的策略，这是策划团队服务于策划主的"临门一脚"。

丁邦清说："策划策略和创意的结果能否顺利被策划主理解和接受，往往依赖于策划提案成功与否。"提案能力是策划公司的 AE（客户主管）/AM（客户经理）/AD（客户总监）、策略总监、创意总监等应该掌握的一项非常重要的能力，其重要性不低于广告策划书的撰写。

12.9.2 怎样写策划提案

1.策划提案分类

提案大致有全案提案、策略提案、创意提案、实施策划提案几种，主要是针对策划主的需要，每份提案都有主题和侧重。

2.提案的基础

策划书是提案的基础。从策划书中挑出要点，用"挤干水分"留下精华，提纲挈领，逻辑推理极强的手法，抓住策划主的注意力；关键策略和创意的表述要简明扼要；用与策划主平等对话的方式，将专业术语和概念名词讲出来，让策划主没有"云里雾里"的感觉。

3.提案的表现形式

提案的表现形式有许多种，如纯文本提案、PPT提案、电视作品故事版展示提案、视频播放提案、图片展示提案等。

本章小结

本章是学习策划必定要有的硬功夫。

在认真学习习总书记对写作的多次讲话的基础上，懂得意在笔先的重要性，使资源开发能找准定位，写出主次分明、条分缕析的策划书，使策划创意思想表述清楚，提案清晰易让人明白，就能在今后的实战中从初试牛刀成长为庖丁解牛。

思考与练习

思考：

1.学习习总书记关于写作的讲话后，我们有什么心得体会？

2.策划书写作的调查与意在笔先有什么关系？

3.定位和创意在策划书的表达中有什么意义？

4.最重要的东西放在策划中的什么地方？有几种方式？说说它们各自的存在理由。

5.写作策划提案要注意些什么？

练习：

1.找一篇习总书记的讲话稿，对照他讲的写作要求，深刻领会其要旨。

2.试就能接触到的策划写一份提纲。

3.针对本教材中的某一个案例另写一份提纲。

延伸阅读：一亿大妈和万亿广场舞市场

第 13 章

策划的执行

学习目标

通过本章的学习，懂得"三分策划，七分执行"的道理，学会在执行策划中将创意实现，特别注意实施执行策划时的各种预料之中和预料之外的细节，坚持做完策划及执行后的认真总结，在回顾策划及执行中总结提高。

引例

白岩松和"东西联大"毕业生的故事

2017年6月27日，"东西联大"第四期"梅花班"11名学生，举行了毕业典礼。除了继续求学的，其他人的工作都已落实。

"东西联大"，是白岩松从2012年开始尝试的"新闻公益课堂"，每个月上一天课，学制两年。每年从北大、清华、人大、传媒大学四所高校的研究生中招生。课程包括读历史书、品茶、欣赏古典乐。

失业了怎么办？

在此之前，他们遭遇"联大"史上"最难就业季"。"那时候每个人都感觉绷不住了。很多招聘单位根本就不给笔试机会，面试完了没有下文。"

那段时间正值全国"两会"，白岩松白天要提案，晚上要直播，处在一年中最忙的月份，但他史无前例地给第四期"联大"加了几堂课。

2017年3月21日，白岩松带"联大"同学去拜访了93岁的著名古诗词学者叶嘉莹。不久，白岩松又带学员到腾讯网编辑部门参观，了解新媒体时代的互联网思维。

在腾讯的参观快结束时，一名"联大"同学现场收到了央视新媒体部的录取短信；学员晨扬最终被一家日报社录取；小吴先后接到几家媒体的邀约，但她最终去了社科院的新闻部门；一直感慨"愁出天际"的曼宁，最后也终于进入了北京人民广播电台工作。

事实上，新闻专业就业形势下行，白岩松比谁都清楚。白岩松曾对媒体说，"东西联大"会办到他70岁，培养260个毕业生，这是他送给这个社会的礼物。但"联大"的学生说，还有一个版本是：如果"联大"学生毕业都不能做新闻，他就不干了。

每个人心中都有一个苏慧廉

听说第四期师哥师姐工作难找，第五期有人暗暗疑惑："虽说难找，最后他们很多去做了和新媒体有关的工作。他们'联大'的课程却很少有有关互联网和新媒体的，老白让看的都是历史书籍、老纪录片。"

2017年6月，记者旁观了一堂"联大"的课程。课前，白岩松和大家一起用自来水毛笔在"联大"宣纸上摩挲："不抄写，不知道文字的节奏。抄写的时候，人成了客体，对文字有想改的冲动。"当天，大家交的书评有关三本书：《他是落花生的女儿》《中国1945》《苏联的最后一天》，都涉及波澜壮阔的历史背景。

"联大"重视历史，尤其重视个体叙事的历史。白岩松认为："一个又一个小器件、一个又一个人、一个又一个文学作品透露出来的真实历史碎片，把这些碎片拼接起来的时候，想假都很难。"

"东西联大"第一期毕业生静娱，已经工作3年，现在是北京广播电台的主持人。刚入台时，静娱和电台里一个领导聊天，聊到一个20世纪80年代红火的乐评人，和那个年代的历史。领导很诧讶。而这些正是白岩松荐读的《孤岛访谈录》《八十年代访谈录》等书中的内容。

"以前总说新闻系毕业的学生，上手快，后劲不足，他觉得'联大'要解决的是，上手要更快，后劲要非常足。"白岩松解释他的做法："后劲不仅仅指的是新闻事业上的，而是人生意义上的。你没法预测未来二三十年，每个人遇到的挑战会发生怎样的变化。要给他们一些有底气的东西，包括人生趣味、对人生和人性的了解、定力，等等。"

学员雪岩现在在一家人物类杂志实习，她盘算着毕业后的一项大事业：寻找自己家乡山东某市的"苏慧廉"①。这个计划，源自白岩松推荐的《寻找苏慧廉》一书的启发。雪岩的家乡有很多别人没听说过的故事，那里有旱码头，有像景德镇烧瓷器那样的产业，雪岩想去寻访。雪岩兴冲冲地去告诉白岩松，白岩松提醒："要先好好积累。"

---

① 苏慧廉，英国人，传教士，教育家。他一生最好的时光都在中国度过，却少有人知。在19世纪晚期至20世纪初的中国，"苏慧廉"这三个字与许多历史大事件、历史名人关联密切。20岁出头的他，漂洋过海从英国来到中国，他的未婚妻也追随而来。他的孩子出生在这里，并由此开始了一生与中国的缘分。他在温州定居二十余载，设立禁烟所，修医院，建学堂。他学习温州方言，编撰便于外国人学习中文的《四千常用汉字学生袖珍字典》，向西方介绍中文典籍。由于他在教育方面的杰出才能，被聘为山西大学堂的总教习。随后受聘于牛津大学，成为牛津大学汉学教授。而苏慧廉的继任者，正是陈寅恪（因第二次世界大战未成行）。苏慧廉的女儿，长大之后回到中国，创办培华女校，这是林徽因的母校。他是中英庚子赔款顾问委员会的英方代表，是让英国庚子赔款最终退还中国的有力推手。苏慧廉经历中国最动荡的时期，而他的历程，也是那个时代的缩影。理雅各、李提摩太、赫德、严复、王国维、蔡元培、吴佩孚、胡适、顾颉刚、费正清，这些我们耳熟能详的名字，都与苏慧廉有着或近或远的联系。《寻找苏慧廉》作者沈迦，历时六年，跨越三大洲，用翔实的史料，为苏慧廉还原了百年前的人生轨迹，也描绘出大时代的波澜诡谲。日光之下，众生如蚁。对历史的追溯，不光是为了这些不能忘却的纪念，还有对那些逝去的岁月，保持一份尊重。

学员海盟说："每个人心中都有一个苏慧廉，也许老白的苏慧廉，就是他这个公益的、还倒贴钱的'东西联大'。"

资料来源　刘楠. 最难毕业季，"老白"也急了——白岩松和"东西联大"第四期毕业生的故事〔N〕. 南方周末，2017-08-10.

【分析与思考】

1. 从北大、清华等四所高校的研究生中挑选出佼佼者，经白岩松两年的"调教"，也有"失业了怎么办"的问题，对此，他们是如何解难的？

2. 学习的目的在于应用，"东西联大"学生的后劲来自哪里？

3. 著名高校的研究生"回炉"上白岩松的"东西联大"，犹如策划书完成后的实施执行，值得细细品味。

|13.1| 七分执行

阿里巴巴董事局主席马云曾说：孙正义跟我有同一个观点，一个方案是一流的idea加三流的实施；另外一个方案是一流的实施加三流的idea，哪个好？我俩同时选择一流的实施，三流的idea。

策划人都知道"三分策划，七分执行"的深刻道理。策划是人类高级思维活动的过程和成果，属于"知"的范畴，要将思维活动的指引引导出来，要在"行"中得以体现。在"行"中检验"知"的正确与否，纠正"知"的偏差，补充"知"的不足，完善"知"的策略，最终要实现知行合一、实事求是的"预期"。

策划书要得到执行，有许多前提条件，政策、法令、社会、文化、经济、技术、竞争对手等情况都会影响策划能否通过；已经被策划主通过了的策划案，也会因为各种情况的变化，在策划的执行中发生变化；策划人在实施执行策划中，要创造性地实施执行，不能因循守旧；在实施执行策划中，发现真有问题，不要遮掩，有误必纠，确保策划目标能创新性地全面实现。

13.1.1　借助政府，服务社区

策划人在参与实施执行策划的策略和落实一项项具体过程时，首先要充分发挥各种资源的作用，尤其是党政领导机关的指导、支持和帮助。第9章的案例三就是为政府做的策划案。

在全国人民抗"非典"时期的一份"联通与市民心连心，送医送药进社区"的方案，正是策划人审时度势、把握机会造就的成功案例。

小案例13-1　　　　　**策划人审时度势，把握机会造就成功**

那是一个非常时期，为防止"非典"（传染性非典型肺炎）传播扩散，策划人所在的省会城市不批准50人以上的社会集体活动。

广告策划公司在2003年3月份与联通公司签订了"5·17国际电信日宣传活

动"的服务合同。由副总经理和策划总监各带一个策划小组，在3月底向策划主提供两份不同内容的策划案。策划总监的创意点是在5月17日以前，入联通网的新用户，在"5·17国际电信日"抽取15人到美国观看NBA姚明所在的火箭队的一场篮球赛。公司副总的策划方案主题是，从4月开始组织全省大学生男子篮球循环赛，在"5·17国际电信日"安排总决赛并颁奖，形成策划活动高潮，扩大联通公司在当地的美誉度，提高联通公司开展新业务项目的知名度。

两份方案都选择了与篮球有关的内容，考虑到姚明是中国联通的代言人、形象大使，在活动中，借姚明形象宣传联通。

策划总监已与航空公司联系购买15人飞往美国的机票，费用已经写入策划书中，15人中有随行记者、旅行社领队、篮球赛事方面的体育官员。

副总经理在写策划书的同时，已与省体委分管篮球赛事方面的体育官员联系，全省大学生男子篮球循环赛的裁判请他们委派，秩序册也请他们参与制定。同时还向省教育厅报告组织篮球赛的策划，得到了原则上的同意。

两份策划书都将宣传联通新业务的促销方案放到里面，通过扩大影响，开展公益，塑造企业形象，最终要在实现传播效益的同时，达到企业公众形象的提升，最后落实到超额完成新推出的业务项目，在与移动通信公司、电信通信公司的竞争中，改变联通"老三"的地位。比如，在各大学周末举行男子篮球赛时，现场的布幅广告、易拉宝广告、运动员胸牌、促销传播传单、裁判的服装上印有联通的标识，新开展的业务项目内容、优惠及资费。

广告策划公司的两份策划书送到策划主联通公司领导手中，经过公司高层传阅，4月初获得了两个方案都批准实施的意见。

正当两家准备签订合同之前，分别接到了"抗非典领导小组"的通知：为预防非典型性肺炎的传播，保护人民群众的健康安全，取消一切50人以上的聚会活动。

策划主和策划人两家公司面对这份"红头文件"，两份精心策划的方案无疑"胎死腹中"。

广告策划公司的副总，考虑到从中央到地方，抗"非典"是头等大事，因为抗"非典"领导不力，卫生部部长和北京市市长分别被撤职；时任党中央总书记、国家主席的胡锦涛号召"万众一心，众志成城，抗击非典"，这是全民抗"非典"，有社会责任感的企业应该积极行动。联通公司的标识由几颗心联结在一起，联通公司应该在抗"非典"中有新举措……

在两家公司高层讨论方案不能做了，"我们怎么办"时，广告策划公司的副总心中已经有了创意的新方向，当即说道：第一，我们绝对服从各级领导抗"非典"的指示；第二，从联通主动承担社会责任这点出发，下午下班前，我们重新策划一份新方案，请联通公司领导审定。

回到广告策划公司，副总把原先的两个策划团队人员召集在一起，提出他的"联通与市民心连心，送医送药进社区"的创意。他一边说，有人一边记，有人补充，形成了有主题的头脑风暴，赶快打印出方案，送策划人员手中用红笔补充修改。下午4点多钟，一份3 000字的"联通与市民心连心，送医送药进社区"创意方案定稿：联通公司与广告策划公司联名向市委宣传部请示；列出送医送药的清单、拟进入的社区名称；落实联通公司半个月的活动费用，协助广告策划公司进社区工作的大学生队伍也初步敲定……在下班之前，5份文件送到了联通公司总经理的手上。

第二天一早上班，接到联通公司总经理签署意见后返回的5份文件。

经过广告策划公司策划团队的补充修改，上午10：30，两家单位联合盖了公章的"请示"交到了市委宣传部。

这位分管策划的副总经理告诉策划团队员工，这份请示一定会批下来，我们做好执行策划的准备。

"这么快，市委批下来了。带合同到联通公司来吧。"

一份轰动当地的非常时期的策划案获得了策划主和市委宣传部的批准。[1]

13.1.2 公关活动，形象至上

策划公司与策划主签订了一年的品牌宣传营销策划合同，根据合同，策划人团队要根据总策划的部署，在几个节点上，提交具体活动的策划。

"三联山花 新鲜到家 '五·一'郊游放飞心情"活动策划，从执行就可倒推出策划的艰辛。

活动抓住几个点：

（1）"新鲜到家"，请受众-顾客-消费者参观三联乳业公司坐落在郊区的一座规模宏大的奶牛场的局部，观看奶牛接受自动挤奶器挤奶、牛奶在密封管中输送、车间流水线无菌包装、当天的牛奶当天就送到消费者家中的过程。

（2）参观郊区农户种植的喂牛牧草的大草场。

（3）组织参加者观看"自行车手野外极限运动"。

（4）事先要将游戏——现场"抓出潜伏的坏蛋"的纸条，埋在不是太难找到的草丛里、石块下、树枝丫处。预先准备奖品——山花利乐包牛奶。

（5）观看智能滑翔机飞行及回收表演。

（6）在运送参加者的大客车中宣传"三联山花 新鲜到家"的具体内容，讲解"'五·一'郊游放飞心情"活动的内容和具体玩法。在出发的车上发送三联乳业公司的产品广告，回程中落实有多少户人家要增订三花牛奶。

策划活动的方案被策划主批准后，策划人及团队要做充分的准备工作。

（1）撰写刊登在报纸上的"征集参加'三联山花 新鲜到家 '五·一'天然牧场二日游活动'报名"的广告文案，供乳业公司刊登传播，安排接听电话报名或登门报名的参加者。

（2）确定两辆大客车，共乘坐80名参加者，每辆车上安排5名工作人员。

---

① 王多明. 策划书写作实案教程［M］. 汕头：汕头大学出版社，2005.

（3）所有工作人员要熟悉三联乳业公司新推出的牛奶产品品种和特点的广告传单，能回答参加者的提问。

（4）提前安排人员到三花奶牛场的种植牧草、放飞滑翔机、"抓坏蛋"游戏和表演"自行车手野外极限运动"的场地踩点，明确参观路线，确定解说员，计算需要的时间。

（5）埋藏"抓出潜伏的坏蛋"的纸条于草丛里、石块下、树枝丫处。带上给抓住"坏蛋"的人送出的奖品——山花利乐包牛奶。

（6）落实智能滑翔机飞行及回收表演的机器及操作者。对他们格外奖励三花牛奶。

（7）聘请参加"自行车手野外极限运动"的三名选手，与其签订合同。

（8）落实三花牛奶公司在牛奶场的解说员，三花公司人员全程参与。

（9）落实参加活动的大学生的劳务报酬和提前要做的培训。

……

这次活动策划组织周密，定位准确，主题鲜明，实地参观，眼见为实，对"三联山花 新鲜到家"有较强的说服力，在回程车上，有30多位参与者增加了订三花奶的份数。

"五·一"两天的活动策划施行，服务到位，达到了宣传"三联山花 新鲜到家"的目的。5月份增加了几千订奶户。

广告策划公司为几次活动撰写了"公共关系活动总结"，分别送三联乳业公司董事长、总经理、市场部和办公室，得到了策划主的赞誉。[①]

13.1.3 实事求是，要接地气

策划公司的策划人，不仅自己做调查、写策划、施行策划，还要接受策划主交办的由外地广告公司做的策划的实施和执行。

2006年，深圳博思堂广告公司为浙江商城灯具广场活动做的策划交到策划主公司总经理手上。他看完后，总觉得有些问题，但问题在哪里，他又不甚明白。

好在浙江商城自己有策划部，策划人员的专业课教师还在讲台上。他们请来大学教师把关，再在本地找几家公司来竞标，确定一家实施执行策划的公司。

教师读完博思堂广告公司为浙江商城灯具广场活动做的策划后，总经理问："这份策划有什么问题？""问题只有四个字——水土不服。""怎么办？""该修则修，该补则补。"

外地大公司写作的策划案，不能生搬硬套，一定要实事求是地落到本土上，采取当地人能接受的活动方案，选择当地人喜闻乐见的媒体，组织当地人愿意参加的活动，才能将受众-顾客-消费者吸引到浙江商城灯具广场，提高其知名度和美誉度，当他们或他们的亲朋好友想购买灯具时，能想到浙江商城灯具广场，并前往

---

① 王多明. 策划书写作实案教程［M］. 汕头：汕头大学出版社，2005.

购买。

广告策划教师应浙江商城总经理的恳求，谈了对修改原策划的意见：

（1）改变原广告发布信息的媒体。与广东省的情况不同，当地的晚报比日报的读者量大5倍（日报是机关报，晚报是市民报），晚报读者才是浙江商城灯具广场的目标受众。

（2）改变原策划的促销宣传演出的时间，由当地的演艺公司组织受众喜欢的节目，安排三个周六晚上和周日白天共六场演出。

（3）替换原策划推荐的用单面只有120平方厘米大小的硬纸型小扇，做宣传活动内容的载体。重新设计定制面积为单面400平方厘米的塑料扇。后者的单价是前者的1/3，可以将六场演出的主要节目和抽奖活动的奖品印在上面。

（4）改变原策划宣传舞台的位置。策划人主张将演出舞台置于灯具广场内的下沉圆形天井，让观看演出的人抬脚就可以进入灯具广场。

（5）改变原策划在市内设计插刀旗的数量，从1 000面减为600面。经过浙江商城总经理的具体测算，这种改变的建议是正确的。

浙江商城最后采用了策划教师的"下水"策案："2006贵阳浙江商城灯具展销节'打造贵阳最大的灯具专业市场'策划及执行案"。

这份执行方案超额实现了预期目标，还为浙江商城节省了10多万元广告费。

13.1.4 执行，重在到位

要使策划成功，执行到位尤为重要。

小案例13-2　　　　　　　　　**纸尿裤和内裤之间的过渡**

金佰利公司和宝洁公司一直是日用品制造行业的竞争对手。金佰利生产的好奇纸尿裤在和宝洁生产的帮宝适纸尿裤争夺市场时，总是处于下风。因此，金佰利请来危机处理专家迈克尔团队，帮助寻找好奇纸尿裤遇到危机的原因，策划创意新的销售方向。

迈克尔带领团队仔细研究了纸尿裤市场整体的销售状况，充分分析纸尿裤外包装对销售的影响，并且采访了许多前来购买纸尿裤的年轻父母。经过调查，迈克尔发现，金佰利的失利很大一部分原因在于：在销售纸尿裤时，没有把它当作一件便利的、可以解决很多问题的商品，而是当作要废弃的有害物品。在家长看来，给孩子穿纸尿裤是为了让宝宝感觉更舒适。从某种程度上说，纸尿裤应该是宝宝的一件衣物，金佰利恰恰忽视了这一点。

经过更加细致的观察，迈克尔发现，那些孩子已经两三岁的家长被问到宝宝现在是否还在穿纸尿裤的时候，都显得十分尴尬。迈克尔忽然想到，这或许是个机遇。两三岁孩子的家长正在烦恼如何让宝宝学会自己如厕，如果能够改变这种尴尬的状况，让好奇纸尿裤摇身一变，成为宝宝学会如厕的工具，不是能带给金佰利更多的销量和一个新的产品类型吗？在这个基础上，迈克尔向金佰利提出了"拉拉裤"的构想。

"拉拉裤"是纸尿裤和内裤之间的一个过渡。宝宝穿上"拉拉裤"，就可以不用大人帮忙而自己如厕，这样也可以令宝宝产生自豪的感觉。迈克尔的这一建议实施后，金佰利的年销售额超过10亿美元。金佰利在竞争中转败为胜，不但领先于对手，还增添了新的专利产品。

小小纸尿裤的创意策划执行到位，能改变竞争的命运。

| 13.2 | 创意发挥

策划中产生了好的创意，固然很可贵，落实和发挥创意，需要策划人特别留意。

13.2.1　力求在策划书中将创意明白地提示出来

《小处着眼，大处着手——每周一款美食电视专题片策划书》就是一篇充满创意的策划，在篇名上就用了逆向思维；开篇介绍撰写策划的思路，将写作的目的、主要内容的安排、策划能产生什么社会效益、带来宣传的正面效果等和盘托出。

菜肴名称（如"新世纪的曙光""木兰从军""咱们工人有力量"）有创意，表演单位（如邀请表演、自报家门表演、别人举荐表演）有创意，主持人人选（如电视台主持人主持、饭店经理主持、厨师主持、家庭主妇主持、明星主持、饭店推荐人主持——可谓不拘一格）有创意，节目形式多种多样也有创意。

这些创意都是能实施可操作的，在施行中还可以再创造、再发挥。

13.2.2　战胜"非典"，庆功创意

"非典"战胜后，当地的市委宣传部要组织一台庆功演出，一是表彰被派到北京小汤山医院的解放军第四十四医院的医护人员，以及派去天津的武警医院的医护人员；二是表彰在抗"非典"期间，联通公司和广告策划公司"心连心抗非典"活动的成功；三是动员社区文化活动在"非典"过后要重新繁荣起来。这台演出，特别请广告策划公司副总经理担任舞台总监。

在设计节目时，策划公司副总经理向市委宣传部领导、解放军部队、武警部队、新华街道社区的负责人提出"①请多位在北京的贵州籍演员回家助兴；②解放军部队、武警部队、街道社区和联通公司各出3个以上节目；③广场上的座位，解放军部队和武警部队分坐两侧，联通公司员工穿白衬衫、戴白色遮阳帽坐中间"的设计创意，在这次会上获得通过，各单位组织选拔节目，市委负责联系在北京的贵州籍演员，由策划公司副总向联通公司传达准备23件礼物奖品，颁发给凯旋的抗"非典"解放军和武警医护人员。

要从联通公司的岗位上请出150人到广场上观看演出，几乎不可能。广告策划

公司从大学调来3个班的学生，一点都不困难。参加的同学每人发50元误餐费，送一顶有联通公司标识的白色遮阳帽。

联通公司的3个演出节目，也是由策划公司的策划文案人员，根据庆功会主题撰写脚本，交给大学生排练、演出。

舞台搭好后，广告策划公司副总对台上台下的安排详细"走"一遍，发现大幕右下角的"协办单位"少了一家，赶紧安排人员到制作喷绘的公司补喷送来，用双面胶粘贴上去，使之天衣无缝。

演出节目、颁发奖励后，策划人预测解放军部队、武警部队有序地撤出后，中间的大学生们一定会拉住刘孜、宁静、聂远、"松下小姐"——刘洁合影，签名留念，于是让搭舞台的广告公司不要急于拆卸舞台。

13.2.3 家具博览，每月一展

有家开在省会城市一环路边的家具商城——嘉润家具商城，请来了报社记者、编辑来策划部兼职。他们虽然是新闻报道的高手，自己动手做策划，却还有难度。于是，家具商城在报纸上打出广告——向社会征集家具促销策划方案。

一位在大学讲授广告策划的教师，读到广告后，约上几位年轻教师，组成了策划团队。到家具商城后，得知：

（1）出售的家居家具和办公室家具，虽然属于中档，但实用性强，市场前景看好；

（2）家具商城自己的口号是，办成"永不落幕的家具博览会"；

（3）在半个月的征稿期结束后，请专家评选策划书，以获得第一的策划为主，吸纳别的方案中的好创意。

一周后，《家佳嘉行动方略——嘉润家具商城整合行销传播营销策划书》交到了家具商城策划部。三周后，家具商城约见策划人团队。他们又得知，广告发布后，收到全国各地的策划方案96篇，第一轮选出10篇，排名下来，他们的策划得了第一。

这篇策划包括"开诚布公（代前言）""调查印象""整合行销广告概念""策划嘉润要回答的几个问题""家嘉佳行动方略""广告创意选案""嘉润家具商城广告排期""活动经费预算""年度'家嘉佳行动'效果预测"，以及"策划人声明"。

从这10个部分看，每个部分都有创意，总体是抓住"家嘉佳行动方略"，阐述了家具商城"永不落幕的家具博览会"的具体做法。其中"策划嘉润要回答的几个问题"，第一是"策划的出发点是什么——跳出家具看家具市场"；第二是"什么样的家庭（社会组织）买家具"；第三是"买什么样的家具"；第四是"家具的销售、购买，怎样传播家具文化"。

好些年过去了，现在读这份策划书，仍然有启发，有人复制，无人超越。①

---

① 王多明. 策划书写作实案教程［M］. 汕头：汕头大学出版社，2005.

|13.3| 细节取胜

汪中求以海尔张瑞敏为对象，写了一本《细节决定成败》的书，很是畅销了一段时间。

13.3.1 细节决定成与败

2003年"非典"时期，在执行"联通与市民心连心，送医送药进社区"的时候，策划人提议，在同济堂中药房购买熬制的"抗非典"袋装水剂送给市民防非典。方案传到卫生局专家手里，他们发现了一个问题：中药房熬制的药水不一定每个人都能接受，个体差异会出现意想不到的问题。因此，他们建议，改用送消毒药水，不入口，这样就安全多了。

在选择进入哪些社区时，市委宣传部为策划人划了三个圈：市中心区社区、市边缘区社区、近郊区社区各占1/3，每天在不同类型的社区设3个点；由社区当地的医疗机构配合派出不少于5名医护人员做防"非典"的知识介绍、量体温、听诊器听前胸和后背、看口腔；联通公司在现场设置"易拉宝"广告展架宣传其新业务，特别邀请来的大学生穿上有联通标识的白大褂，依次向参与的市民发放消毒药水和维生素。

在市民排队领取消毒药水和维生素时，领取人要在登记本上填写姓名、住址、电话。

看似只对市民负责，其实是延缓发放的时间，控制发放的数量，如果排队的市民领了消毒药水和维生素，转身离开，几十万元的医药一天都不够发送。

穿白大褂的人身后拉上"联通与市民心连心，送医送药进社区"的红绸白字布幅。

每天设置的3个社区有专车来回穿梭，送药、调整进度、处理现场的意外，拍摄现场的情况。在向策划主交出书面文字总结的同时，还交出两张编辑好的视频光碟。

正是从细节入手，调整策划，得到党委政府和社区医疗机构的支持，整个活动才得以顺利进行。

13.3.2 策划事无巨细，小事也是大事，万不可掉以轻心

活动期间适逢中国全国助残日——5月的第三个星期日，当年的主题是"发展残疾人事业，共同奔赴小康"。策划施行人员还增派人手在3个社区的干部和医护人员的带领下，将消毒药水和维生素及抗"非典"宣传单送到残疾人家里。第二天，当地两种报纸做了报道。策划施行中，产生了比预期更好的效果。

在设计印制发放给市民的装消毒液和维生素及联通的宣传单广告的袋子时，设计师受惯性思维影响，把袋子印成了"电信蓝"色，不符合联通的"绿色"服务理

念。怎么办？这上万个蓝色塑料袋子作废，重新印制绿色塑料袋子。这种损失，是广告公司交的"学费"。

策划是由策划公司组织人员实施的，每个人都有分工，无暇顾及别的事。联通公司不时派出人员，开着车停在3个社区的远处，拍下活动的照片。

活动结束后，联通公司很满意，增补了几万元活动费给广告策划公司。

13.3.3　于无声处听惊雷

策划人要善于"听风就是雨"，还要未雨绸缪。"联通与市民心连心，送医送药进社区"的策划为什么能在几个小时内拿出新方案？实际上，在北京市长和卫生部长被撤职那天，策划公司副总心里就在酝酿新方案。防"非典"要避免人群聚集，但送医送药总要依次领取。这是做公益，党政部门一定会批准，不批准，就是抗"非典"不作为。

这是从3月份就开始做的方案，已与策划主沟通了几次，策划人一定要交出完整的方案，这是"明知不可为而为之"的精神和态度。

在当年的"5·17国际电信日"，只有联通公司能在闹市区搭台宣传电信日的主题——电信帮助人类实现沟通，电信公司和移动公司都没有机会发出声音。

▎13.4▎　总结提高

前面介绍的灯具广告营销策划、牛奶营销策划、送医送药进社区策划，执行期间，每天都有日志记载，在活动进行中和结束时，都有对策划的小结和总结。

13.4.1　策划团队中每人交一份心得

策划活动做完了，要求实施执行的每一个人，都要交一份心得体会，包括邀请来的大学生。这样做的好处有五点：

（1）对内总结，发现问题，利于今后改进。

（2）对外便于写出交给策划主的策划及施行总结。

（3）从写出的总结中发现先进人物。凡是认真做事的人，总结也会认真，在下次的策划及施行中，便可委以重任。

（4）在每人的总结基础上，更容易写出本次策划及施行的总结。除送交策划主以外，还为策划公司的档案库提供了新的资源，为赢得新的策划主的业务增加了资料。

（5）通过总结，策划人既能"上手更快"，还能善于积累，使"后劲非常足"。

13.4.2　高标准地寻找活动中的不足

凡事都有两面性，成功的策划及施行，不可能十全十美，客观地找出美中不足，是一种高姿态。打胜仗了，往往是"杀敌三千，自损八百"，"联通与市民心连心，送医送药进社区"的策划及施行，虽然成功了，但暴露出策划案中的"费用策划"不够准确，使策划公司收入减少的问题。当策划及施行的总结交给策划主以后，联通公司因为很满意，主动给策划公司增补了几万元活动费。

为残疾人增加的上门服务，也是临时追加的。策划人在最初的方案中，并未安排。原因是对各种可利用的"机会日"策划人不了解，这是明显的失误。

设计印制发放给市民的装消毒液和维生素及联通的宣传单的塑料袋子时产生的错误，是在策划公司内部发现的，及时做了纠正，没有交给策划主，也没有流向社会，这种自查自纠、对策划主负责的态度，避免了传播信息的紊乱，虽然交了"学费"，却为策划主做了实实在在的诚信服务。

13.4.3　从"立言"高度总结成功案例

王阳明提出了"三立"——立功、立德、立言，对于策划人来说，在做完策划及施行后加以总结，便是"三立"的具体实践。

做完策划及施行，成功了，便是为社会、为策划主立功了。

做正能量的事，对社会、对受众-顾客-消费者有益，就是立德。

做出文字总结，彰显成绩，发现不足，留下资料，也可能传给他人或其他公司（策划人就业的流动，会带走他做的策划案），成为其他公司效法、参考的蓝本，这是立言。

本章小结

本章通过几篇策划案实施中的实例，说明策划人要真正懂得"三分策划，七分执行"的道理，千万别以为"交出策划书就完事"，充分、有创造性地执行才是硬道理，要将执行做得有声有色。几篇策划案的成功执行，关键在于策划人特别注意执行时各种预料之中和预料之外的细节，在做完策划及执行后认真总结，从而在回顾策划及执行中得到实实在在的提高。

思考与练习

思考：

1. "三分策划，七分执行"的道理是什么？

2. 在策划的执行中如何使原创意更好地发挥？

3. 为什么在执行策划中要特别注意细节？

4. 坚持做好策划及执行后的总结，有什么好处？

5. 在回顾策划及执行中总结提高有没有必要？理由是什么？

练习：

1. 找到《联通与市民心连心——宣传车进社区活动策划案》《2006贵阳浙江商

城灯具展销节"打造贵阳最大的灯具专业市场"策划及执行案》《家佳嘉行动方案——嘉润家具商城整合行销传播营销策划书》《三联山花 新鲜到家 "五·一"郊游放飞心情活动策划案》，阅读后，体会本章的教学内容。

2.到一家策划公司调查了解执行策划案过程，体会执行策划案的苦衷和乐趣。

延伸阅读：做条不一样的床单

第 14 章

策划的善后

学习目标

通过本章的学习，懂得在策划及策划施行后还要做的工作，包括还要继续与策划主沟通，冷静地分解已做过的工作，在肯定成绩时，重点找到差距，论功行赏，鼓舞士气，以利再战。"迎接每天都是新的太阳"，深刻理解做好这些工作的重要性。

引例

人走奖不能走

2008年，三一重工实现销售收入超百亿元，老板梁稳根对总经理说："召开一个表彰会吧，对有功之臣进行一下表彰。"还特别提到了李冰。李冰原是长安大学工程机械系的副主任，是压实机械的专家，1998年梁稳根动员李冰加盟三一重工。

表彰方案很快报上来，对李冰的奖励却有些低，梁稳根看后强调说："李冰是做出过突出贡献的。"确实，李冰来到三一重工后得到重用，被任命为研究院院长、副总经理。他主持开发全液压路面压路机系列产品、沥青摊铺机和平地机，还主持研发了国内第一台沥青转运机。可是，他在2005年患病去世了。

梁稳根说："当初我动员他来公司，他没有提出任何条件。而且当时我对他承诺了，如果他能在三一重工工作满10年，将给予重奖。""可是他没有干满10年。"上报方案的副总说。"但他是在工作岗位上去世的，或者说正是因为工作才病逝的。""可是他少做了3年的贡献，已经去世了，也不能再为我们工作了。""我的承诺不能随人走而走啊。"梁稳根提出了一个奖励数字。副总一看，吓了一跳，说："现在公司正是用钱的时候，开发设计要钱，你答应奖励营销人员的还没有兑现，再说李冰家也用不了这么多钱。"

表彰会上，梁稳根还是宣布给李冰奖励3 500万元，这成了表彰会最大的亮点，让更多的人看到了老板是个一诺千金的人。这也成了他最有价值的无形资产，此后三一开始腾飞，梁稳根成了中国富商。

资料来源　苗向东. 人走奖不能走［J］. 做人与处世，2017（24）.

【分析与思考】

要为三一重工老板梁稳根点赞。他对员工"一诺千金"，做到"人走奖金不能走"——对逝去3年的企业功臣颁发3 500万元的奖金，何等气魄！这样的人带领出来的团队，不成功都难。

策划人不能"短视"，要从梁稳根这里学习的，是为了将来，一以贯之，信守承诺；事情做完了，事业没有完，或许正开头。

解开思想的绳索需要有智慧和勇气，有些难题，只要解放思想就能解决。

请思考：

（1）企业凝聚力在于"以诚相待"，从三一重工老板梁稳根的作为预测它的发展。

（2）企业以追求利润最大化为目标，策划人从梁稳根这里能学到什么？

14.1　沟通客户

策划书交给策划主客户了，策划施行结束了，策划人与策划主双方还需要继续保持沟通，这对双方都是大有裨益的。

14.1.1　研讨合格策划的标准

策划人与策划主在对待什么是合格的策划案这个问题时，往往有不同看法，因而需要沟通。策划施行了，策划人和策划主对验收成果也需要沟通。

用什么标准来让双方都认可？有一篇题为《这场争论值得吗》的文章可以借鉴。

小案例14-1　　　　　这场争论值得吗

在世界上销售量最大的亚马逊书店提供的310万册图书目录中，各种版本的译自中国古代最著名的军事著作《孙子兵法》的图书销量一直稳居前列。

令人奇怪的是，这本书的绝大多数购买者，并非与军事有关的人，而是各类企业、公司的领导者、总裁、经理。我的朋友乔就有六本不同译本的《孙子兵法》。

因为身为经理人教练这一职业的关系，我与许多大公司的高管都有密切的接触。乔就是其中之一。他现在是一家世界性的大公司的执行总裁，我最初做他的教练时，他还是一家小公司的部门经理。如同其他许许多多的经营管理人员一样，他在职业生涯中也遇到了许多压力、困境和挑战。乔才华横溢，富于奉献精神，创新意识极强，而且业绩斐然。但在另一方面，乔也被许多人视为一个固执武断、爱争执、极难相处的人。

"我知道我所面临的挑战，我知道我急需解决的问题，这就是我热衷于《孙子兵法》的原因。"

"《孙子兵法》能帮你解决问题吗?"

"一定程度上，它确实帮助了我。它虽然是一本讲述战争的艺术的巨作，但事实上它是一本如何避免战争的杰作，我要学习的，就是如何在管理过程中，尽可能地避免战争。"

乔的"自我提升、自我发展"之路并不平坦，甚至可以说甚为艰难。《孙子兵法》只是他苦读的众多书中的一本，他还攻读了许多管理名家们关于提升自我、改变自我的书籍。我也并非他唯一聘请的经理人教练，在我之前，他还接受过另外两位著名的经理人教练的培训，并且也取得了很大的进展。他的一些关键合作伙伴都评价说，他的许多行为都发生了明显的正面的变化。然而，他爱与人争论、不赢决不罢休的习惯却鲜有改变。

"因为这一习惯，我开罪了许多人，也失去了很多机会。我并非不想改掉这个习惯，我研究管理著作，我聘用专业的经理人教练，足以说明我企望完善自我的决心。"

"我完全认同你在提升自我方面所做的一切努力，而且，你已经发生了很多积极的变化。现在，你存在的最大问题，就是控制不住与人争执的习惯，是这样吗?"

"没错。这是我目前面临的最大困境。"

"那么，你与他人发生争执的时候，是赢得多还是输得多呢?"

"大多数情况下，并没有明确的结果。但是，在每一次争论过程中，我都是认定自己正确，才会不休不止地争论下去的。"

因为认定自己正确，所以一定要争论下去，直到对方服输为止，这或许就是乔以及许多爱与人争论不止的人的症结所在。我陷入了沉思，我已经找到了问题的症结，现在所需要的，是找到解决这一症结最有效的办法。半个月后，我再次和乔进行了一次长谈。

"乔，我告诉你一个我小时候的故事:

"那时候，我还是一个小学生，我和同班的一个小男孩发生了激烈的争吵。我已经记不得争吵的原因和内容了，但我永远不会忘记因为那次争吵而学到的生动而有益的一课。

"那天，我确信我是正确的，小男孩是完全错误的;小男孩则更加坚决地认定他是对的，我是错的。我们的老师并没有当场评判我俩的对与错，而是决定在教室里给我们讲授一堂重要的课。她让我俩来到教室的前面，让小男孩站在讲桌的里侧，让我站在讲桌的外侧。在讲桌的中央，是一个很大的黑色球形物体。老师问小男孩球形物体是什么颜色?'白色!'小男孩毫不犹豫地回答道。

"真是难以置信，如此醒目的黑色，竟然被他说成了白色。我俩立即又开始了新一轮的激烈争吵。小男孩固执、坚定的态度，让我气愤至极，我觉得他简直不可理喻。

"当我俩面红耳赤争论不休的时候，老师让我俩相互交换了一下位置，现在，我站在了讲桌的里侧，小男孩站在了我刚才所在的位置。老师问我：'告诉我，这个球形物体是什么颜色？'我看了又看，最后不得不回答道：'白色！'原来，这是一个两面涂有不同颜色的球体。那么，'你们两个究竟谁对谁错呢？'

"我和小男孩同时低下了各自的头。"

乔在听完我的故事后，沉思了很久："看来，之所以会发生持久而强烈的争论，是因为争论的双方都认定自己是正确的。你是不是想告诉我，在争论的时候，要站在对方的立场，用对方的眼光看待问题，为对方考虑一下？"

"不仅如此，乔，很多人都把争论的标准定为我是不是正确，是不是有理，而没有把争论的标准定为，这场争论有没有必要，有没有价值。这才是问题的关键。"

18个月后，乔成为一家世界性大公司的执行总裁，更重要的是，他在越来越多的人心目中，成为一个心胸开阔、能够容纳不同意见的极富效率和亲和力的领导者。我问乔："在过去的一年半时间里，你从培训过程中，学到的哪些内容对你最为重要，影响也最深？"

乔毫不犹豫地回答道："让我受用最大的，是我改变了争论的标准。每当我有可能和别人发生争执的时候，我都会强迫自己停下来，深呼一口气，在开口争论之前问自己：'这场争论值得吗？对我、对他人有益吗？'而不再像以前那样，问自己：'我是正确的吗？我能赢得争论吗？'"

资料来源　尹玉生. 改变你的标准［N］. 讽刺与幽默，2014-06-20.

其实，换位思考是解决许多没有标准的争论的良方。

"这份策划书是优质的吗？""策划施行后成功了吗？"我们是可以用"传播效益、社会效益、经济效益"的标准来量化其成果的。但是在与许多身处第一线的策划人交谈时，他们会倒出许多"苦水"——"我们策划团队绞尽脑汁产生的创意，老板轻易地、毫无理由地否定了""策划主提出的创意是人家成功创意的'翻版'""早知这样，没必要花那么多功夫了，反正客户不懂创意"。

以上这些言辞是在中小型策划公司中常听到的抱怨。

大型策划公司的策划主一般是成熟的企业家，他们有与策划人沟通的经验，往往能够信任策划人的智慧劳动。

14.1.2　主观认识

策划及其执行结束了，并不意味着策划人要与策划主分道扬镳了。策划的善后做好了，有助于：策划公司的未来发展；延续与策划主再次合作；策划主向策划公司介绍新的策划主客户；策划公司已经取得的成绩吸引到新的策划主。

策划的善后包括与策划主更高、更新层面上的沟通，主动分解策划过程的每个环节的成功与不足，主动找出差距，争取在再次合作中表现更加完美。

关于策划人的主观努力和认识，有几种情况值得研究。

1.策划人努力了，但"道行"不够，策划主不满意

策划主对策划案不满意，提出修改、补充，甚至提出否定意见，这都是他的权利，策划人要心平气和地接受。"问号要往自己身上打"，先从自身找问题：

是我们策划团队调查有问题？在市场细分中研究不到位？

是我们诊断有误？没有把准受众-顾客-消费者的脉搏？

是我们定位不准？经度、纬度、高度、深度有偏离？

是我们创意表述不清？策划主不明白、不理解、不接受？

是创意表现的媒体选择不当？整合传播度不够？

是策划设计的预期目标不准？过高、过低？脱离实际？

是针对竞争对手的策略发力不够？稳操胜券还说不上？

……

2.策划人努力的成果超过了策划主的认知范围，策划主不理解优质策划

刘备三顾茅庐，请出卧龙先生，但"隆中对"并没有很好地施行。其原因是客观上曹魏太强大，主观上执行"隆中对"者不给力，"扶不起的阿斗"扯后腿。

在现实的策划人与策划主这对矛盾中，有时策划主成了矛盾的主要方面：

策划主因自身弱，才请策划；策划出来了，还是因为弱，无力施行；最后策划主维持现状，"江山依旧"。

策划主初始做策划，对策划还不甚了解，总想按自己的想法指挥策划人，让策划人成为他策划的施行者。

策划主的知识存储中还缺乏策划人在策划中运用的那部分知识，两者在沟通中难以达成共识，而且这时的策划主还不愿意承认自己的不足。

策划主对策划人信不过，另请"高参"审读策划，这位"高参"不是行内中人，言辞不靠谱，使策划人的辛勤劳动被轻易否定。

策划主的内部设有"策划部门"，策划公司的策划书先交"策划部门"审读，同行不是相亲，而是相轻，他们横挑鼻子竖挑眼，让你的策划过不了这一关。

策划主的"策划部门"若有心术不正的人，要把这项业务"拐"给对自己有利的别家公司去做，那么再好的策划案都通不过。

策划主本身心术不正，请策划公司就是为了套取别人的创意，表面煞有介事地招标，实则是获取策划人的成果。

……

已经做了多年策划的老策划人，就不止一次地碰到"老赖"策划主：有的是"空手套白狼"，为套取策划创意，煞有介事地做出"大款"样，中途与策划人讨论创意，心诚学习求教的样子。当方案已出，需要策划主付款时，"孙子"相露出来了："请策划公司或策划人为其付媒体购买费……"

3.策划人从策划主的实际出发，制作出双方都满意的策划案

策划人制作出双方都满意的策划案，这是我们的目标，要实现它，还得做些努力。

策划人不仅要在科学的调查研究后做好策划，写出策划案，要紧的是对策划主审时度势，全面观察，研究现状，正确估计形势，甚至敢于对策划主说"不"。

策划出来了，如果因为策划主的原因而无力施行，策划公司及策划人就当做公益，扶危济困，帮助策划主走出窘境，也许"明星"正在升起哩。

策划主初始做策划，对策划还不甚了解，策划人应尽力向其介绍策划的意义，使双方相向而行。

策划主的知识存储中还缺乏策划人在策划中运用的那部分知识，策划人在沟通中要深入浅出，用联想、想象、打比方，做解释，用成功的案例帮助策划主，以求双方达成共识。

策划主对策划人信不过，策划人可以用策划公司及策划人的成功案例做论据，证明自己的观点。策划主的内部设有"策划部门"，策划公司先与"策划部门"人员沟通，道明目标相同，寻求相互帮衬，实现"1+1>2"的目标。

策划主的"策划部门"有心术不正之人，策划人在事实面前，实事求是地善意地向策划主提出，让其内部统一意见后，实现高水平的合作。

对策划主本身心术不正想套取创意的行为，应参照广州4A广告公司的招标规则，规范策划主行为，保护策划公司及策划人的利益不受侵害。

4.帮助策划主提高，不是策划的副产品

策划人解决策划主的难题，应该是策划的主产品，而帮助策划主提高，不应该是策划的副产品。这是因为：策划公司及策划人要与策划主一起在合作中共赢，共同成长。

策划人应该把策划主当作"衣食父母"，"皮之不存，毛将焉附"，做好策划其实也是为了策划人自己。

策划主在策划及施行中也会对策划人有情感付出，也会换位思考，帮助策划人发现问题，一起解决新问题。

当为策划主完成了策划目标，他会将下次的策划项目继续交给他信得过的这家策划公司。

策划主甚至会将策划公司介绍给策划主的朋友。当然这位朋友的策划目标与其不同。

因此，帮助策划主提高，也是策划的主产品之一。

14.1.3　客观认同

策划主认同策划公司及策划人，也是在一定的时间、地点、条件等制约下实现的。

1.时间因素

策划主时间紧迫、等不及了，赶快与策划公司签约做策划。

策划主决策人举棋不定，"时不我待"了，随便找家策划公司。

策划主组织机构中，决策人有好几层、好多位，上下意见不统一，谁说话都算数也不算数，让宝贵的时间在等待中迅速流失。

看到别的策划主的策划在施行了，自己又不甘落后，弯道超车抢时间。

时令到了，才想起来要做赶时令的事。

这些时间因素会影响策划的质量，所谓"此一时彼一时"使然。

2.地点因素

"橘生淮南则为橘，生于淮北则为枳"，意思是说南方的橘树移栽到北方以后，就会变成小灌木，橘子也会变成不能吃的"枳"。这是指地点不同，结果不一样。

好的策划在当地灵，换个地方水土不服，是常有的事。

地点是市场依托和表现之地，换个地方，不同的人有不同的需求，调查结果也不一样，策划中的"他"变了，好策划的"这一付药"不能治好另一地方的"他"的"病"。

一线城市的策划案，做成功了，放到二三线城市就不灵，国际品牌在本土开红花，移植后会开出黄花，甚至不开花。

3.各种不同的条件，一定会产生不同的策划

这应是不言而喻的。这些条件包括策划人（我）、策划主（你）、策划对象（他）的各种因素。这些因素如果都是正能量，则上上好，如有走岔道的，要修正、纠正、校正，使之相向而行。如有反其道而行的，策划公司及策划人无能为力，说"不"，也没什么了不起。策划人对策划主说"不"，不掉价、不丢人。策划人对策划主说"不"，是策划人的权利。

|14.2| 分解运作

策划施行了，甚至经过策划主验收，执行了广告服务合同，也收取费用了，分解策划的运作还有什么意义？

作为策划职业者，不是只做一单项目的策划就不干了，而要"平心静气"对策划及施行进行"反思"，为今后再做策划积累资源；为公司提供案例；如果发表后，能在策划界"立言"，更是为业界的丰碑奉献片瓦。

1.依据策划的程序，分解运作，每一步都成功，才能算作总体成功

成功的策划及施行，不是靠碰运气，而是扎扎实实一步步干过来的，因此，分解审视已走过的程序就是必需的。

策划程序大体分为十步，即：

（1）策划缘起—策划主邀请做策划—策划人自主策划；

（2）策划公司安排策划人或组织策划团队；

（3）开展策划调查—调动策划人的知识能力等储备—开展各种形式和各种内容的调查；

（4）策划研究会—剖析各种因素—权衡利弊—运用创意思维方法—寻找创意

方向；

（5）提出初步方案—确立主题—创意—表现策略—媒体选择—尊重否定方案的理由—寻找多种检验方案的方法—与策划主有分歧—修改补充—停止策划；

（6）否定初步方案—重新调查；

（7）撰写策划书—审阅—修改—补充—定稿；

（8）与策划主沟通—拟制提案或制作PPT—与策划主取得一致—拟制新方案—重新研究；

（9）策划施行—组织施行团队—寻找施行合作的公司；

（10）策划效果检验—继续施行—产生新的策划案。

对策划及施行的"反思"有两种方法：一是整体反思，从程序的第一步开始，找寻成功和不足之处，注意以后要特别留意的问题是什么。二是倒推反思，从策划及施行的结果倒推，找出每一步的成功和不足之处。

策划是系统工程，可以说策划及施行的每一步都是"牵一发而动全身"的，只有每一步都做好了，整体才会好。能不能更好？这就是善后要做的事、要积累的经验教训了。

2.新手进行"反思"，更会认真履行策划程序

将对策划及施行的"反思"工作交给新手，一是可以锻炼、培养新人，二是因为他们会不留情面。第一次接受"反思"策划及施行任务的新手，如果面对的是自己已执行的策划，是能够轻松应对的；如果面对的是策划团队中的"老兵"，多数不会畏首畏尾，他们不怕说错话，不怕得罪人，更能产生好效果。

3.对策划及施行的备选方案进行"假设"分析

在策划案中会预设备选方案，大型项目策划会准备第二、第三套方案。在反思时，可以将它们一并摆出来，"假设"施行的是第二套方案，情况会更好还是次之？或是更糟？

这种方式的分析，才是真正有社会责任的策划公司的品质所在。

|14.3| 主动找差

策划人认为"十全十美"的策划是没有的，但我们要追求"十全十美"。这就是策划人主动找差距的理由。

1.没有最好，只有更好，主动找差求更好

策划及施行做成了，不是"刀枪入库，马放南山"之时，而是进入另一种状态的"主动进攻"——在反思中找自己的差距。

以世界的、全国的案例为参照从总体上找差距。

将十个程序逐个分析找差距。比如，创意能更好些吗？媒体选择可以更恰当些吗？

如果将预备案中的策略换为已用过的策略，情况会怎样？

在策划施行时，竞争对手有什么反应？用这面"镜子"可以照出我们自己。

2.用双重标准找不足，主动亮丑并不丑

在主动找差距的过程中，要用策划主（市场）的标准——策划目标的实现情况——找差距，还要用策划人自定的"万无一失""十全十美"的标准找差距。

策划主的标准是一定要实现的，而自定的标准的实现就难了。也只有这样，策划公司才能前进，策划人才能进步。

3.对策划人求全责备没有错，苛求自己，要求完美无缺

古今中外凡带兵打仗的领袖、军事家们，都是赏罚分明的，孙武策划演兵斩姬，诸葛亮挥泪斩马谡，就是案例。

策划人的历史责任是在解决具体难题中，推动社会的进步；在增加社会的正能量中，自身得到提高。主动发现问题，自我修正，也是策划人的真功夫。

|14.4| 奖罚分明

1.奖优罚劣，目的是面向策划公司的未来

策划公司、策划人团队要总结提高，以鼓励为主，也要鞭策后进，赏罚分明。凡有人群的地方，总有先进与后进。为策划主解决难题的智慧集体，也会有相对的后进，后进要受到鞭策，使策划公司和策划人团队永远保持朝气，永远向上，永远有为策划主解决难题的智慧和战斗力。

马厩里的马难分优劣，千里马到赛场上才能被发现。经过策划及施行，优秀策划人会脱颖而出，经过反思和对比，他们的表现会像布口袋装锥子——锋芒一定会显露。

当然，只凭一次策划及施行就确定谁优秀，也难免轻率，多经历几次考验，优秀的人才一定会与众不同。

2.指出不足和改进的方向与方法，是实实在在的奖励

对于该受奖励的人才，一方面，他善于团结，妥善地采纳团队中其他人员的意见，善于归纳团队中其他人员的智慧闪光点，妥善地处理团队中的不同意见，要给予肯定和奖励；另一方面，更应该在肯定的同时，认真地、适当放大地找出其不足，"要让树木成材，不惜对它砍上几刀"。既要让受奖者明白成绩所在，更要让他们看到完善自我努力的方向，实现策划公司的纵深发展、提升进步，在实战中培养人才。

3.派送外出学习是重要的奖励方式

奥美广告公司的内部培训、送大区培训、到美国总部培训，各个阶段的培训，都具有奖励的性质。

"人往高处走"，每位求上进的策划人，从来不会停下前进的步伐，做了简单的开业庆典策划，他会盼望做企业形象策划，再盼望做品牌塑造策划……

"长江后浪推前浪"，新生代策划人会用自己的优势向传统意义（以社会阅历、知识储存、人缘关系为优势）的策划人挑战。

策划公司既要鼓励传统意义的策划人继续发挥积极性，又要培养新生代策划人，一个好办法是送新生代策划人外出培训，给他们留出时间，让他们迅速充电。

解放军战将韩先楚在抗日战争中屡建奇功，突然，他的对手发现他从前线消失了，几年时间没有他在战地的消息。解放战争开始后，他又重新活跃在战场上，只不过原来的八路军团长韩先楚，成长为华北、东北解放军指挥大规模阵地战的纵队司令韩先楚了。原来，他是到抗日军政大学学习和进修去了。

本章小结

本章的亮点是策划及施行完成了，并不意味着可以掉头干别的了，策划公司还要认真地与策划主继续沟通，在内部认真地审视策划程序的每一步的作为，以促进公司未来发展和培养更有策划战斗力的人才为宗旨，找差距，奖励有功的策划人。

三一重工老总梁稳根的"人走奖不能走"事例，其意义值得未来的策划人、成功人士认真思考。

思考与练习

思考：

1.策划及施行完成了，策划公司与策划主沟通的目的是什么？

2.刚做完一项策划及施行，来不及喘息，第二件策划任务来了，有必要做策划的一系列善后工作吗？

3.策划公司、策划人主动找差距是为了什么？

4.策划及施行的"反思"有哪两种方法？还可以用其他什么方法？

练习：

1.邀请策划公司的策划人到学校，与学生座谈，重点谈谈策划及施行完成后，策划公司和策划人继续干什么？为什么要这样做？

2.学生的策划小组做完学校社团活动的策划及施行后，试着分解运作，主动找差，奖优罚劣，在做中体会其难点是什么。

延伸阅读：首席狗粮品尝师

第 15 章

策划的延展

学习目标

通过本章的学习，清楚地认识到，策划人经过艰辛的努力，交出了策划书，并不是学习策划的结束，而是迎接下一个策划任务的开始，因而不能"马放南山，刀枪入库"。

懂得学习和施行策划任重而道远，要不辜负"策划人"这个神圣而求实的称谓，在策划的人生长跑中，像随时都准备离开码头的舰船，航向策划主（客户）指向的目标，迎着波涛，劈波斩浪，启航。

坚定策划人信念，要用自己能得到的所有知识武装起来，在策划团队中发挥团结协作精神，增强向老策划人学习的主动性，不断往自己的策划抽屉添加新方案，老策划人要用诲人不倦的态度帮助策划新人。

引例

凯特皮纳勒公司：一单赔本生意赢来50年畅销不衰

凯特皮纳勒公司是美国一家生产推土机和铲车的机械制造公司。为了彰显公司的整体实力和完善的售后服务，凯特皮纳勒公司在策划中宣称："凡是买了我们产品的人，不管在世界的哪个地方，需要更换零配件，我们保证在48小时内送到你们手中……"

这句广告语打出不久，就遭遇到了现实的挑战。一天，公司总部接到一个偏僻地区经销分公司工作人员的电话，说当地一家建筑公司的一台铲车"罢工"了，是一个小零件损坏了。经销分公司在仓库里找不到这款零件，于是向总部求援。总部工作人员查阅了仓库库存，终于找到了这款零件。但是，一个难题浮出水面：总部离那个地区有几千公里，如果按照公司打出的广告去做，怎样才能在48小时内送达客户手里呢？这简直是不可能办到的事，除非用直升机送零件。可是，这款零件售价仅为50美元，售后净利润只有2美元，而起飞一次直升机的成本高达2 000多美元。很多员工都以为公司会放弃这笔生意。然而，公司总裁凯特说，我们说到就一定要做到，无论花多大的代价！最终，凯特皮纳勒公司租用直升机把那款价值只有50美元的小零件，在48小时内空运到了客户手中。

正是因为这种"说到就要做到"的诚信态度和售后服务，让凯特皮纳勒公司在几次经济危机中，历经50年畅销而不衰。

资料来源　佟才录. 一单赔本生意，赢来50年畅销不衰 [J]. 思维与智慧，2015（3）.

【分析与思考】

当初的"亏本生意"，结果不亏，反而赢得了几十年的经久不衰。不是天方夜谭，而是发生在50多年前的凯特皮纳勒公司。

凯特皮纳勒公司有实力对用户承诺，用实际行动践行承诺，才获得更多需要其产品的现实的和潜在客户的信任。

策划人当然不能做到"历经50年而不衰"，但策划人为策划主做的策划几十年后依然能产生正能量。

"策划的教皇"，美国奥美公司的创始人大卫·奥格威说过，好的创意60年长盛不衰。他为"这辆新型的劳斯莱斯"写的文案，已超过60年，现在仍然被当作广告、策划领域的经典案例。

请思考：

（1）策划任务完成了，策划人还有什么事要做？

（2）翻开做过的策划，回想策划的"当初"，审视策划施行的"现实"，预测策划的"未来"。

（3）规划学习了本课程后，怎样主动找策划的事干？从准策划人向著名策划人方向努力，有信心吗？准备好了吗？

|15.1| 百尺竿头

百尺竿头，原是佛教用以比喻道行修养到了极高的境界，后来泛用于勉励人们不要满足于已经取得的成绩，要继续努力，不断前进。

1958年，郭沫若用10天时间写出了102首诗歌。他抽掉其中的4首，又加入1956年写的3首，出版了《百花齐放》。这本集子中共收诗歌101首。他在后记中写道："普通说'百花'是包含一切的花，只选出一百种花来写，那就是只有一百种，而不包括其他的花，这样，'百花'的含义就变了。因此，我就格外写了一首《其他一切花》，作为第101首。"

2005年7月，有人在北京市报国寺旧货市场淘到《百花齐放》一书，此时距它的出版已整整47年了。

策划人是不断进取的一群人，每位新的策划主客户就是他们每天面对的新太阳。

本教材第2章提到，策划人过去做过的策划，就是完成新策划的基础和资源，无论哪种策划，它们都有内在的联系，有运行的内部规律，做过策划的人，在获得成功的喜悦之时，还要找出不足之处，引以为戒，把下一个策划做得更好。

人才招聘，百里挑一，自然是好中选优，优中掐尖。

小案例15-1　　　　　　　　　　优势互补才能更臻完善

一家世界100强企业在招聘高层管理人员时有9名优秀应聘者经过初试、复试，从上百人中脱颖而出，进入了由公司总裁亲自把关的最终决定性考试，有点像科举的殿试。

总裁看过这9人详细的资料和初复试成绩后，相当满意。但此次招聘只录取3个人，所以，总裁给大家出了最后一道题。

总裁把这9个人随机分成甲、乙、丙三组，指定甲组的3个人去调查本市婴儿用品市场，乙组的3个人调查妇女用品市场，丙组的3个人调查老年人用品市场。

总裁解释说："我们录取的人是负责开发市场的，所以，你们必须对市场有敏锐的观察力。让大家调查这些行业，是想看看大家对一个新行业的适应能力。每个小组的成员务必全力以赴！"临走的时候，总裁补充道："为避免大家盲目开展调查，我已经叫秘书准备了一份相关行业的资料，走的时候自己到秘书那里去取！"

两天后，9个人都把自己的市场分析报告送到了总裁那里。总裁看完后，站起来走向丙组的3个人，分别与之一一握手，并祝贺道："恭喜3位，你们已经被本公司录取了！"总裁看见大家疑惑的表情，呵呵一笑道："请大家打开我叫秘书给你们的资料，互相看看。"

原来，每个人得到的资料都不一样，甲组的3个人得到的分别是本市婴儿用品市场过去、现在和将来的分析；乙组的3个人得到的分别是本市妇女用品市场过去、现在和将来的分析；丙组的3个人得到的分别是本市老年人用品市场过去、现在和将来的分析。

他们得到的资料有一定的参考价值，是公司员工前几个月的作业。

总裁说："丙组的3个人很聪明，互相借用了另外两人的资料，补充了自己的分析报告。而甲、乙两组的6个人却分头行事，埋头竞争，抛开队友，自己做自己的。我出这样一个题目，其实最主要的目的，是想看看大家是否具备团队互助共赢思维。甲、乙两组失败的原因在于，没有为取得更好的结果去寻找更好的方法，忽视了队友的存在！要知道，建立在优势互补上的共赢思维才是现代企业成功的保障！利用别人的肩头，才能出人头地。"

通过优势互补，不仅可以给自己增加机会，也可以促成他人的成功，最终实现多方的共赢，这应该成为指导我们行动的指南。这就是百尺竿头，更进一步。

|15.2| 客户客源

策划人完成了一份策划，盼望着新任务的到来，不顾疲劳，连续作战，才是优秀策划人。新的策划任务从哪儿来？

在第 3 章中，笔者为老来福药业公司做了令其满意的策划，药业公司把本公司的其他几个药产品的包装都交给贵州商业广告公司设计、印制，还专门为策划人介绍了另几家同行药业公司。赵新环将笔者介绍给她下乡当知青的龙里县。这个县在举办民间苗药博览会时，邀请笔者团队为他们做了系列策划———《抖擞龙传人精神 弘扬苗医药文化——中国贵州龙里第三届"神奇"苗医药文化博览会策划案》。

（1）在实施策划中，借与策划主征求意见的恳谈，找机会向策划主透露：希望他牵线搭桥，获得下一项策划任务。

（2）将已经实施的策划，整理成既宣传自己又为策划主保密的资料，征得策划主的同意，请他向他的朋友介绍策划公司及策划人团队。

笔者所撰写的策划书，大多数是策划主举荐新的策划主而获得的。

（3）将策划公司策划团队做过的策划书搜集整理出来，向杂志社、出版社投稿，不仅要为策划主的商战胜利"立功"，还要为策划事业的发展"立言"。本教材附录中列出的 100 篇策划书的目录，是笔者 25 年所做策划的积累。

|15.3| 奖杯口碑

人们常说：金杯银杯，抵不过老百姓的口碑。策划做好了，"桃李不言，下自成蹊"。

1.策划的回报

策划人首先是人，具有七情六欲，也有弱点。做策划，不仅是为了获得金钱的回报，作为文化人，更看重的是精神上的慰藉。策划人的辛勤劳动不仅受到了策划主的认可，在施行中实现了预期的目标，而且策划案被出版部门印成铅字，向社会发行，在策划队伍中产生传播的作用，这是一种肯定和奖励。

2.策划人的"三立"作为

策划人希望满负荷运转，"挑着担子跑得快"；希望不断积累自己的业绩，争取在"三立"（王阳明的立功、立德、立言）中有所建树。

笔者从 1985 年在大学任教时就担任了"广告写作"的课程教学，在边教边学边干边归纳总结中，为广告策划公司撰写了不少策划案，如今回望过去的历程，略感宽慰的是，已留下些许可供社会批评的观点和百来篇策划案例。

1988 年贵州人民出版社主动找到笔者，为其编辑出版《趣味广告》小册子。1993 年在广告业十分贫瘠的西南地区，笔者在一所大学开办了全省第一个广告学专业。1994 年至今笔者已出版《趣味广告》《企业实用广告文体写作》《策划谋略策划文稿》《广告写作技巧》《广告文案》《中国广告大词典》《策划书写作实案教程》《写作策划书实案教程》《策划书写作教程》《策划书精选案例解读》《新策划写作及解读》《策划书写作及精选案例解读》等35本著作，撰写的100篇策划书，在施行后被分别收录在7本策划教材中。

3.实至名归，让人评说

2017年11月末，在北京举行的中国广告协会学术委员会成立30周年颁奖大会上，笔者获得了"中国广告学术发展卓越贡献人物"奖。颁奖词中写道："他植根在广告贫瘠的贵州，入学会20多年，任教多所大学，30年培养广告专业学生4 000多人，写广告、做策划，写论文、编教材，出书35本。他主编的《中国广告大词典》，被赞誉为中国第一本大型广告工具书，填补了国内广告发展的空白。"

长江后浪推前浪，一代新人换旧人，策划人队伍在乘风破浪中发展壮大，中国本土的广告策划理论和实务，已经为世界的广告学、策划学和策划事业贡献出了中国智慧和中国智造。

|15.4| 整理文案

如果说为了写作策划书，实施策划案，完成策划施行中的各种文体文章的写作，策划人及团队还是"作者"的角色，那么在"整理文案"中，其角色就转换成"编辑"了。

编辑的工作与作者不同，首先是站位不同，其次是眼光不同，再次是工作对象不同，最后是工作性质不同。

15.4.1 整理文案具有继往开来的意义

（1）总结已经做过的策划，从中总结经验教训，形成做事善始善终的规矩。

（2）整理文案本身是一次再学习、再认识的过程，参与整理的人，受益更丰，锻炼了更精悍的队伍。

（3）整理文案，装订成册，是策划公司的资产、财富，是公司进步的阶梯。

（4）整理成册的文案是公司新进员工培训的教材，这是最有说服力的教科书。

15.4.2 整理文案与写作策划书的站位不同

作者与编辑的站位是有较大区别的。

作者，一般指文学、艺术和科学作品的创作者，有时也指某种理论的创始人，或某一事件的组织者或策划者。

在法国、德国、西班牙等国的版权法中，作者指通过自己的独立构思、运用自己的技巧与方法，直接从事文学、艺术创作活动，是体现创作者个人特性的作品的自然人，其中包括小说家、诗人、散文作家、剧作家、作曲家、歌词作家、记者、画家、书法家、雕刻家、工艺品设计师、建筑设计师、摄影家、翻译家、计算机程序设计员等。美、日等国的版权法也承认法人为作者。策划书的写作者是作者，这是不言而喻的。

编辑在新闻出版单位既是一种工作类别，也是一类职业身份。编辑要对作者的作品等进行加工。过去也将"编辑"称为"修改"，针对出版书报刊的组织或单位，编辑也属于一种职称。编辑工作的主要负责人称为主编或总编辑（总编）。编辑学是研究编辑基础理论、编辑活动规律及编辑实践管理的综合性学科，属于人文科学范畴。编辑工作是现代出版事业的中心环节。

作者与编辑的站位，作者好比工厂中的第一线生产工人，按分工将生产出的产品，交给编辑检验、认可，移交下一工序——印刷出版。

编辑好比是工厂中的检验员，他要按工艺要求，对产品合格或不合格做出判断。当然，对基本合格的产品不仅要做出判断，还要对作者的作品提出修改补充的建议，文字编辑也可以自己动手对作品中的字词句段进行修改。

15.4.3　整理文案与写作策划书的眼光不同

奥美广告公司在全世界的广告公司中，经营额不是最高的，但其在人员培训、资料整理方面是世界第一流的。大卫·奥格威开创的重视学习、保存和利用资源的传统，全世界的广告公司难以望其项背。

大卫·奥格威为分布在全世界的各分公司写的意见和建议，哪怕只有几行字，也被公司的高层人员收集和整理出来。在奥格威 70 岁生日的时候，一本《广告巨子——大卫·奥格威论广告》的册子被当成礼物送到大卫手中，书中的"只言片语"来源于大卫·奥格威为全世界各分公司写的意见和建议，这些只有几行字的"小纸条"式的文字，被归纳整理成从实际操作中来，具有指导意义的广告理论。在奥美公司任职的庄淑芬就整理出版了《奥美有情》等系列著作。

广东省广告公司副董事长、策划创意总监丁邦清撰写了《广告策划与创意》教材。他在序言中说：我们是站在百年来广告巨人的肩膀上成长的。在我近 20 年的广告策划与创意的职业生涯中，一方面吸收了国内外诸多专家学者与业界历代大师的成果，获益良多；另一方面我参与过 100 多家企业和政府机构的广告策划与创意的实战，市场上的百战经历让我收益良多。通过理论学习与躬行实践的验证与交融，我积累与提炼了一些广告策划与创意的经验、体会与心得。撰写此书，多在忙碌工作之余，夜阑人静、庭户无声之时，希望能给莘莘学子、广告从业人员、市场营销人员提供一些启发和借鉴，至少可以更多了解广告策划与创意实际运作的流程、具体操作的方式、思维的技巧、评估执行的标准等，也算是我对社会的一点回馈。

上海的华与华广告策划公司的华杉与华楠两兄弟出版的著作《超级符号就是超级创意》，以及华杉著的《华杉讲透孙子兵法》，也是策划人撰写的经过整理出版的作品。

在整理文案与写作策划书的站位不同情况下，作者与编辑的眼光不同。

作者看自己的作品，如父母看自己的孩子，哪儿都好。

承担编辑任务的，看作者的策划书更客观一些，眼光更独立些。

出版书报刊的编辑，是作者作品的第一个读者，他代表身后的广大读者审读作品，因而具有责任感，用挑剔的眼光看作品。

我们广告公司、策划公司内部整理策划书文稿（也可以请出版书报刊的编辑到公司担当编辑），可以换位审读，写作策划书的作者从别人撰写的策划书中先是学习，然后是审查、修改错误，提出建议和意见。

15.4.4 整理文案与写作策划书的工作对象不同

在第一线担任策划任务的人员，他的工作对象是策划主提出的需要解决的难题，其工作对象是"策划对象"——策划的标的。

在整理文案中担任编辑任务的人员，他的工作对象是别的策划人写的策划案。对于别人的辛勤劳动，特别是已经被策划主认可、实施的策划书，编辑人员的工作是使这份策划书更臻完善。

担任编辑，整理别的策划人撰写的文案是一次实实在在的学习过程，善学者，能将别人的直接知识变成自己的间接知识，为自己完成今后的策划任务增添了许多可以借鉴的资源。

15.4.5 整理文案与写作策划书的工作性质不同

新闻出版单位书刊编辑的工作内容是：

（1）根据分工负责有关学科的稿件审读，对文稿质量做出客观公正的评价，写出审读和处理意见；

（2）对经审读决定拟采用的稿件写出推荐意见，向编辑部定稿会议推荐；

（3）对定用稿件进行加工修改，确保文稿编辑质量符合编辑规范，使发排稿件达到"齐、清、定"要求；

（4）做好校对工作，努力消灭差错；

（5）积极参加有关专业学术活动，自觉阅读专业论著、期刊，及时了解科研、教学动态，掌握本专业国内外研究现状及发展趋势，提出本专业学科的选题组稿计划，有重点地组稿，努力开发优质稿源；

（6）努力钻研专业知识和编辑业务，积极开展科学研究，撰写专业论文和著作，总结编辑工作经验，不断提高学识水平和编辑能力；

（7）完成编辑部交办的其他工作。

在公司担任整理策划书编辑的工作人员，要做的工作可以参照专职编辑，提高整理文稿的质量，为保存资料或公开出版做好工作。

本章小结

结束本章轻松的学习后，掩卷静思，你会不会有一种爬上这座山，刚要坐下歇息，又望见前面还有更高的山要攀登，从而发自内心继续前行的冲动？总希望在这个假期能找到策划任务，"现蒸热卖"地干一番？如果有这种冲动，你的学习就有成效了。

思考与练习

思考：

1.完成策划的施行后，策划人还有什么事可做？

2.与新闻书报刊单位的编辑相比较，策划公司担任整理文案的人员，其编辑任务有哪些？

3.你有兴趣找些别人撰写的策划书来读一读吗？有写作读书笔记的习惯吗？

4.在校大学生的假期学习实践，对他们毕业后就业有什么影响？

练习：

1.几位同学组成一个小组，利用假期主动到广告策划公司帮助整理文案。

2.在网上或图书馆选读几本策划人写作的具有"解读"性质的策划书。

延伸阅读："我心向往——悠游花山小镇"策划建议书

主要参考文献

[1] 王多明. 策划书写作教程 [M]. 2版. 大连：东北财经大学出版社，2017.

[2] 王多明. 策划书精选案例解读 [M]. 大连：东北财经大学出版社，2014.

[3] 王蕾. 策划理论及案例分析 [M]. 长春：东北师范大学出版社，2017.

[4] 王多明. 新策划书写作及解读 [M]. 北京：中国广播电视出版社，2012.

[5] 王多明. 策划书写作实案教程 [M]. 汕头：汕头大学出版社，2005.

[6] 王多明. 策划谋略　策划文稿 [M]. 成都：四川大学出版社，1996.

[7] 王蕾，王多明. 策划书写作及精选案例解读 [M]. 北京：中国广播电视出版社，2009.

[8] 王多明，孔炯. 中国广告大词典 [M]. 北京：中国广播电视出版社，2009.

[9] 吴粲. 策划学 [M]. 6版. 北京：中国人民大学出版社，2012.

[10] 陈放. 策划学 [M]. 北京：中国经济出版社，2009.

[11] 崔银河. 广告策划与创意 [M]. 北京：中国传媒大学出版社，2007.

[12] 吴粲. 策划学 [M]. 2版. 北京：中国人民大学出版社，2006.

[13] 张金海，龚轶白，吴俐萍. 广告运动策划教程 [M]. 北京：北京大学出版社，2006.

[14] 熊大寻. 拳打策划　脚踢广告 [M]. 广州：广东经济出版社，2006.

[15] 崔秀芝. 中国策划经典案例 [M]. 深圳：海天出版社，2006.

[16] 吴柏林. 广告策划与策略 [M]. 广州：广东经济出版社，2006.

[17] 雷鸣雏. 中国策划教程 [M]. 北京：企业管理出版社，2004.

[18] 梁绪敏，石束. 广告策划 [M]. 济南：山东大学出版社，2004.

[19] 余明阳，陈先红. 广告策划创意学 [M]. 上海：复旦大学出版社，2004.

[20] 乔均. 营销与广告策划教程 [M]. 成都：西南财经大学出版社，2003.

[21] 饶德江. 广告策划与创意 [M]. 武汉：武汉大学出版社，2003.

[22] 朱玉童. 非常策划：朱玉童营销策划实战录 [M]. 广州：广东经济出版社，2002.

[23] 陈培爱，李道平. 广告策划 [M]. 北京：中国商业出版社，2001.

[24] 陈培爱. 广告策划与策划书撰写 [M]. 厦门：厦门大学出版社，2001.

[25] 陈刚. 网络广告 [M]. 北京：高等教育出版社，2015.

[26] 大林，吕志明. 策划方法教程 [M]. 广州：广东经济出版社，2005.

［27］叶茂中. 叶茂中谈新策划理念·谈创意［M］. 北京：中华工商联合出版社，2001.

［28］陈放. 策划学［M］. 北京：中国商业出版社，2000.

［29］陈放. 文化策划学［M］. 北京：时事出版社，2000.

［30］周天华. 现代策划学［M］. 贵阳：贵州民族出版社，2000.

［31］程宇宁. 广告策划教程［M］. 长沙：中南工业大学出版社，2000.

［32］丁邦清. 广告策划与创意［M］. 北京：高等教育出版社，2012.

［33］徐智明，高志宏. 广告策划［M］. 北京：中国物价出版社，1997.

［34］叶万春，叶敏. 营销策划［M］. 北京：清华大学出版社，2005.

［35］黄石，丁肇辰，陈妍洁. 数字游戏策划［M］. 北京：清华大学出版社，2010.

［36］田长广. 历代策划案例选［M］. 北京：北京大学出版社，2008.

附录 王多明撰写的策划书目录①

（1993—2018年）

1. 安顺蜡染总厂面料外销策划
2. 让"中兴"成为真正的购物中心策划提纲
3. 吸引顾客经常光顾——中兴大厦食品部销售策划书
4. 月到中秋分外明，客来中兴倍感亲——中兴大厦食品部月饼销售策划
5. 安顺蜡染总厂1995年蜡染产品整体广告策划书
6. 华日（NEC）彩色电视机品牌形象策划书
7. 威士达山地变速车系列安顺地区销售广告策划书
8. "云雀"轿车销售广告策划书
9. 宝剑牌刀剪广告策划书
10. "皇冠电壁炉"广告策划及电视广播广告脚本
11. 1993年海峡两岸歌星"献给五月"大型募捐联谊会总体策划意见书
12. "贵州省新产品　刺梨产品　旅游产品展示会"老来福药业公司刺梨产品展示策划意见书
13. 金筑大酒店电视专题片策划意见书
14. 关于总结编撰《贵烟文化》的策划意见
15. 知识竞赛策划文稿
16. 清镇市"麒龙城市花园"整合宣传推广策划案
17. 德朗牌电器销售设计案
18. 东信手机贵阳及贵州市场营销策划方案
19. 贵阳市商业银行中山支行乔迁新址活动策划案
20. 贵州首届现代舞大赛策划书
21. 贵阳嘉润家具商城整合营销传播广告营销策划书
22. 莱宝漆贵州市场整合传播销售策划方案
23. 桃源奇峡漂流市场促销策划
24. 贵州天广数据公司数字视频广播（DVB）市场推广策划
25. 天阳天玉米面条整合营销策划案

附：让"黄金食品"变成金——我省玉米加工业的调查与思考

26. 云岩"黔灵文化周"整合传播策划书

---

① 大部分策划案分别刊登在王多明于四川大学出版社、西南财经大学出版社、汕头大学出版社、中央广播电视大学出版社、东北财经大学出版社、中国广播电视出版社出版的相关策划书籍中。

55.三十年成就惊天地，结集展示永留青史——贵阳改革开放30年成就图片展方案

56.关于举办"贵州人奔小康论坛"的请示

57.贵阳市商业银行关于贵州弘一医药有限责任公司的营销策划书

58.为"打造贵阳市最大的灯具专业市场"充分展现"灯世界"的魅力，让展示为销售铺出光明路

59."家嘉佳行动"贵阳嘉润家具商城整合行销传播广告营销策划书（大纲）

60."多彩贵州·家乡美大赛"策划创意方案

　　附：贵阳市乌当区参加"2009多彩贵州·家乡美大赛"执行方案（提纲）

　　　　"2009多彩贵州·家乡美"大赛——凤冈县执行方案

61.出版《风华50年——贵州送变电员工诗词集》策划

62.艾笛声节能灯销售策划

63.古文化瑰宝应发扬光大——安顺文庙宣传文化活动策划大纲

64.安顺文庙风景点推广策划案（初稿）

65.团结工商户共谋大业　乘风破浪求快速发展——安顺市工商联兴伟俱乐部整合策划（大纲）

66.安康高尚　顺时而动——"让安顺时尚起来"整合传播营销活动提案

67.安顺王府大商城开业庆典方案

68.神韵东方　魅力无限——东方商城整合传播营销活动策划案

69.西秀山泉系列产品营销策划案（提纲）

70.关于建设贵阳"银发工程"服务馆的请示及"银发工程"服务馆整合营销策划（提纲）

71.威清厨卫洁具广场策划思路

72.镶嵌在贵州高原边陲的绿宝石

73.艺典居雕饰艺术中心营销策划

74.报恩福地——宝福山陵园十周年庆典暨义葬园开园仪式策划

75.关于开展"背篼乐业"工程的建议书

　　附：实施"背篼乐业"项目的方案

76.贵州大学北校区朝阳路波仔奶茶店促销策划案

77.亲学校、爱学生、助公益，以贵州为例——"雀巢咖啡的销售可以做得更好"策划案

78."避暑之都·花溪之夏·音乐之城"艺术节活动方案

79."塑品牌，展地域文化亮点　抓机遇，促犁倭经济发展"整合营销传播策划

80."中医中药养生文化行"策划案

81.东风雄起，引领贵阳——乌当东风镇整合营销策划（大纲）

82.广东省首届大学生"广告行业-广告专业-广告就业人才需求分析"大赛执行策划书

后 记

笔者在贵州、广东多所大学讲授"策划学原理"等课程，在十几家策划、广告、传媒公司担任顾问或策划总监、副总经理等职。笔者始终站在广告策划、营销的第一线，执笔撰写各级各类策划书100篇，主持广告写作和指导广告策划实施与执行30多年，为策划主带来传播、社会及经营效益；策划案曾获得省部级组织创意方案比赛的最高奖项，被中国广告协会授予"中国广告学术发展卓越贡献人物"荣誉称号。

在本教材中，笔者将几十年的经验体会融入各章的叙述中，导出了其他策划教材所没有的真实感受。

这是一本从内容到形式都全新的策划原理与实务教材。在原理篇，提出了"知行合一""实事求是""不遗余力""力争上游"等新颖的观点，阐述了如何寻找策划的支点、解决难点和突破重点，介绍了策划的历史沿革、现时状况，分析了策划的现象和本质，从规模、内容、大小、急缓、形态等方面对策划进行了多种分类，强调了集思广益及网络应用是成功策划的不二法门，并将策划的难题坦诚地告诉学习者。在实务篇，和盘托出了近年撰写的多篇新策划书，介绍了策划过程，让学习者在知彼知己中运用集脑会商，产生创意碰撞，在从善如流中完成策划；明确指出了创意是帅旗，操作创意、运用创意思维，能使策划难题迎刃而解，强调了"三分策划，七分执行"的道理，帮助学习者在细节取胜和总结中提高。同时，本教材还特别设置了"策划的善后"和"策划的延展"两章。

本教材在多个章节中都讨论了创意，一是为了反复强调创意的重要性，二是将创意的运用展现在不同内容中。

本教材各章选用的引例及紧随其后的"分析与思考"，能帮助学习者为学习各章打下基础和做好知识准备，如第13章的引例"白岩松和'东西联大'毕业生的故事"有助于拓宽学习者的视野，为其今后进入策划行业增加后劲。每章后的"思考与练习"帮助学习者学懂弄通各章内容，理论联系实际，力争做到知行合一。

本教材是笔者学习和践行的心得，在此感谢先贤的教诲，感谢策划创作者的赐予，感谢策划主提供的机会。

既然是创新之作，筚路蓝缕，难免有踩虚的地方，万望读者指出，闻过则喜，改之。

笔者联系方式：1647170991@qq.com。

王多明

2018年6月